U0660425

五凉史料辑录丛书

# 后凉史料辑录

魏军刚 编纂

甘肃文化出版社

甘肃·兰州

**图书在版编目（CIP）数据**

后凉史料辑录 / 魏军刚编纂. -- 兰州 ： 甘肃文化
出版社，2024. 11. -- ISBN 978-7-5490-2891-7

Ⅰ. K238.06

中国国家版本馆CIP数据核字第2024VH4115号

后凉史料辑录

HOULIANG SHILIAO JILU

魏军刚丨编纂

责任编辑丨鲁小娜

封面设计丨石　璞

出版发行丨甘肃文化出版社

网　　　址丨http://www.gswenhua.cn

投稿邮箱丨gswenhuapress@163.com

地　　　址丨兰州市城关区曹家巷1号丨730030(邮编)

营销中心丨贾　莉　　王　俊

电　　　话丨0931-2131306

印　　　刷丨兰州银声印务有限公司

开　　　本丨787毫米×1092毫米　1/16

字　　　数丨311千

印　　　张丨19

版　　　次丨2024年11月第1版

印　　　次丨2024年11月第1次

书　　　号丨ISBN 978-7-5490-2891-7

定　　　价丨52.00元

版权所有　违者必究 (举报电话：0931-2131306)

(图书如出现印装质量问题，请与我们联系)

青海师范大学"藏区历史与多民族繁荣发展研究省部共建协同创新中心"课题（项目批号：XTCXZX202207）成果

# 前　言

　　后凉是十六国后期略阳氐人吕光在河西地区创建的地方割据政权。前秦建元十九年（383）正月，吕光奉前秦苻坚之命率军征伐西域，由此揭开后凉建国的历史序幕。建元二十一年（385）三月，吕光在抚定西域后率军东还，击败前秦凉州刺史梁熙，于九月入主姑臧，自称凉州刺史、护羌校尉，初步建立在河西的统治。建元二十二年（386）九月，吕光听闻前秦苻坚死讯，追谥坚为文昭皇帝。十月，吕光大赦境内，改奉苻坚子苻丕的太安年号。十二月，吕光自称使持节、侍中、中外大都督、督陇右河西诸军事、大将军、领护匈奴中郎将、凉州牧、酒泉公，其在河西的割据局面进一步形成。后凉麟嘉元年（389）二月，吕光自称三河王，后凉政权正式建立。龙飞元年（396）六月，吕光改称天王，定国号为大凉，改元龙飞，进一步完善政权体制。龙飞四年（399）十二月，吕光病逝，其子吕绍、吕纂，侄吕隆先后继位。神鼎三年（403）八月，吕隆率臣民投降后秦姚兴，随迁长安，后凉正式灭亡。自吕光入主河西，至吕隆降后秦，后凉共历四主，计有十九年。

　　后凉全盛时期，其统治区域广大，直接控制了包括今甘肃河西走廊、洮水流域，青海东部河湟谷地和新疆东部吐鲁番盆地等地，还涉及今内蒙古和宁夏西部部分地区。后凉虽然作为地方割据政权，且其存在时间短暂，但在河西历史上乃至整个中国历史上都留下了重要影响，是研究中国西北边疆史、民族史和丝绸之路东西方文化交流史的重要内容。然而长期以来，学界虽然利用传世文献构建起后凉史的基本框架，但对后凉政权的历史地位评价并不高，而且存在片面性的认识，一些观点也失之准确。近年来，笔者在硕士论文基础上不断增改，有志于写一本较有新意的《后凉史》。基于此，一方面对传统史料进行细致研读，另一方面随时关注并尽量掌握新出土材料，本书正是这一行动的"副产品"。本书所辑录的是笔者长期以来搜集整理的传世文献和出土文献中所见的后凉史料，对其分门别类进行尽可能详细全面的辑录和校注。值得注意的是，本书辑录的出土文献所见的后凉史料有22件，包括敦煌藏经洞发现的佛经题记，河西及吐鲁番出土镇墓文、墓券和衣物疏，以及各地出土碑刻墓志等，类型多样，涉及面广，内容丰富。其中，很多是近几年才新公布的，学界尚未全面利用。

当然，辑录史料看似简单，实则是一项繁复的工作，而且限于笔者的能力水平，难免挂一漏万。遗缺之处，祈望读者、专家批评指正，不胜感激。

魏军刚

2023年8月

# 体　例

　　一、时间起自公元385年吕光入主河西，止于403年吕隆投降后秦。因涉及后凉人物或事件，部分史料超出385—403年的时段，故辑录过程采取"上溯下延"原则。

　　二、凡涉及后凉政治、军事、地理、制度、文化、艺术、宗教、人物、事件和吕氏家族等内容的，均予以收录。

　　三、史料分传世史籍和出土文献两部分。传世史籍分为正史、编年、载记、地志、佛典、类书和其他史籍七大类，每类自为一章。凡引用传世史籍，以参考文献所列书目版本为准，每条史料注明其来源出处、卷号，并标注页码，以便读者查阅核对。出土文献包括佛经题记、镇墓文、衣物疏、墓志碑刻等，每条史料注明其出土时地、大小尺寸、收藏信息和著录情况。

　　四、传世史籍中的后凉史料，凡学界已有点校整理本，依照参考版本分段、标点和校勘；未点校整理者，由笔者对所录史料进行分段、标点和校勘。出土文献中的后凉史料，凡前人已有校录的，尽可能参考并作适当调整；前人未做校录的，则依据文献图本释录、分段、标点，并作校注。

　　五、本书辑录史料，凡史料之外说明性文字，用〔〕标注；凡遇年号纪年，后加（），注明相应的公元纪年；凡成段摘录史料，与后凉关联不大者，尽可能省去，用……标注。出土文献，凡缺内容知数者用□标注，不知数者用……标注；出现错、误、讹字，后加〔〕改正，补缺字后加（）写明；墓志碑刻整段呈现，用/表示换行。

　　六、本书辑录史料，保留原文献校勘校注内容，并全部改作页下注；部分文献使用简称，如《晋书·吕光载记》简称《吕光载记》或《载记》，《太平御览》简称《御览》，《资治通鉴》简称《通鉴》等，一律保持不变。编者所注，凡引文献均作全称，并以"编者注"加以区别。

# 目 录

# 第一章　正史类

# 一、《晋书》后凉史料

[唐] 房玄龄等：《晋书》，北京：
中华书局，1974年。

## 卷九　孝武帝纪

[太元九年，384] 十二月，苻坚将吕光称制于河右，自号酒泉公。①（第234页）

[太元十年，385] 九月，吕光据姑臧，自称凉州刺史。（第235页）

[太元十四年，389] 二月，……吕光僭号三河王。（第237页）

[太元二十一年，396] 六月，吕光僭即天王位。（第241页）

## 卷十　安帝纪

[隆安元年，397] 二月，吕光将秃发乌孤自称大都督、大单于，国号南凉。击光将窦苟于金昌，②大破之。（第249页）

三月，③吕光子纂为乞伏乾归所败。光建康太守段业自号凉州牧。……秋八月，吕光为其仆射杨轨、散骑常侍郭黁所攻，光子纂击走之。（第250页）

[隆安三年，399] 十二月，……吕光立其太子绍为天王，自号太上皇。是日，光死，吕纂弑绍而自立。（第252页）

[隆安] 五年（401）春二月丙子，……吕超杀吕纂，以其兄隆僭即

---

① 编者注：[吕光]自号酒泉公，据《资治通鉴》在"太元十一年"。

② 窦苟，原作"窦苟"。周校：光及秃发载记作"窦苟"。《斠注》：《御览》三三六引《后凉录》亦作"窦苟"。按：《通鉴》一〇九亦作"窦苟"，"苟""苟"形近易误，今据改。

③ 编者注：三月，《资治通鉴》《宋书》作"五月"。

伪位。（第253页）

九月，吕隆降于姚兴。（第254页）

## 卷十三 天文志下

### 月五星犯列舍经星变附见

［太元］十二年（387），慕容垂寇东阿，翟辽寇河上，姚苌假号安定，苻登自立陇上，吕光窃据凉土。（第379页）

## 卷十四 地理志上

### 凉州

［张］天锡降于苻氏，其地寻为吕光所据。吕光都于姑臧后，以郭鹰言谶，改昌松为东张掖郡。及吕隆降于姚兴，其地三分。（第434—435页）

## 卷二十九 五行志下

### 龙蛇之孽

吕纂末，龙出东厢井中，到其殿前蟠卧，比旦失之。俄又有黑龙升其宫门。纂咸以为美瑞。或曰："龙者阴类，出入有时，今而屡见，必有下人谋上之变。"后纂果为吕超所杀。（第904页）

## 卷五十八 周访传附琼子虓传

虓字孟威。少有节操。州召为祭酒，后历位至西夷校尉，领梓潼太守。

宁康初，苻坚将扬安寇梓潼，虓固守涪城，遣步骑数千，送母妻从汉水将抵江陵，为坚将朱彤邀而获之，虓遂降于安。……及吕光征西域，坚出饯之，戎士二十万，旌旗数百里，又问虓曰："朕众力何如？"虓曰："戎狄已来，未之有也。"坚党以虓不逊，屡请除之。坚待之弥厚。（第1584页）

## 卷八十七 凉武昭王李玄盛传

武昭王讳暠，字玄盛，小字长生，陇西成纪人，姓李氏，汉前将军广之十六世孙也……少而好学，性沉敏宽和，美器度，通涉经史，尤善文义。及长，颇习武艺，诵孙吴兵法。尝与吕光太史令郭黁及其同母弟宋繇同宿，黁起谓繇曰："君当位极人臣，李君有国土之分，家有骗草马生白额驹，此其时也。"（第2257页）

吕光末，京兆段业自称凉州牧，以敦煌太守赵郡孟敏为沙州刺史，署玄盛效谷令。敏寻卒，敦煌护军冯翊郭谦、沙州治中敦煌索仙等以玄盛温毅有惠政，推为宁朔将军、敦煌太守。玄盛初难之，会宋繇仕于业，告归敦煌，言于玄盛曰："兄忘郭黁之言邪？白额驹今已生矣。"玄盛乃从之。（第2257—2258页）

初，吕光之称王也，遣使市六玺玉于于阗，至是，玉至敦煌，纳之郡府。（第2259页）

初，玄盛之西也，留女敬爱养于外祖尹文。文既东迁，玄盛从姑梁褒之母养之。①其后秃发傉檀假道于北山，鲜卑遣褒送敬爱于酒泉，并通和好。（第2663页）

初，苻坚建元之末，徙江汉之人万余户于敦煌，中州之人有田畴不辟者，亦徙七千余户。郭黁之寇武威，武威、张掖已东人西奔敦煌、晋昌者数千户。及玄盛东迁，皆徙之于酒泉……（第2663页）

士业用刑颇严，又缮筑不止，从事中郎张显上疏谏曰……主簿汜称又上疏谏曰："……梁熙既为凉州，藉秦氏兵乱，规有全凉之地，外不抚百姓，内多聚敛，建元十九年（383）姑臧南门崩，陨石于闲豫堂，二十年（385）而吕光东反，子败于前，身戮于后。"（第2268—2269页）

## 卷九十四　隐逸传

### 郭瑀

及苻氏之末，略阳王穆起兵酒泉，以应张大豫，遣使招瑀。瑀叹曰："临河救溺，不卜命之短长；脉病三年，不豫绝其餐馈；鲁连在赵，义不结舌，况人将左衽而不救之！"乃与敦煌索嘏起兵五千，运粟三万石，东应王穆。穆以瑀为太府左长史、军师将军。虽居元佐，而口

---

① 梁褒，《通鉴》一一四作"梁衷"。

咏黄老，冀功成世定，追伯成之踪。

穆惑于谗间，西伐索嘏，瑀谏曰："昔汉定天下，然后诛功臣。今事业未建而诛之，立见麋鹿游于此庭矣。"穆不从。瑀出城大哭，举手谢城曰："吾不复见汝矣！"还而引被覆面，不与人言，不食七日，与疾而归，且夕祈死。夜梦乘青龙上天，至屋而止，寤而叹曰："龙飞在天，今止于屋。屋之为字，尸下至也。龙飞至尸，吾其死也。古之君子不卒内寝，况吾正士乎！"遂还酒泉南山赤崖阁，饮气而卒。（第2455页）

## 卷九十五 艺术传

### 郭黁

郭黁，西平人也。少明式《易》，①仕郡主簿。张天锡末年，苻氏每有西伐之问，太守赵凝使黁筮之，黁曰："若郡内二月十五日失囚者，东军当至，凉祚必终。"凝乃申约属县。至十五日，鲜卑折掘送马于凝，凝怒其非骏，幽之内厩，鲜卑惧而夜遁。凝以告黁，黁曰："是也。国家将亡，不可复振。"

苻坚末，当阳门震，刺史梁熙问黁曰："其祥安在？"黁曰："为四夷之事也。当有外国二王来朝主上，一当反国，一死此城。"岁余而鄯善及前部王朝于苻坚，西归，鄯善王死于姑臧。

吕光之王河西也，西海太守王桢叛，黁劝光袭之。光之左丞吕宝曰："千里袭人，自昔所难，况王者之师天下所闻，何可侥幸以邀成功！黁不可从，误人大事。"黁曰："若其不捷，黁自伏铁钺之诛。如其克也，左丞为无谋矣。"光从而克之。光比之京管，常参帷幄密谋。

光将伐乞伏乾归，黁谏曰："今太白未出，不宜行师，往必无功，终当覆败。"太史令贾曜以为必有秦陇之地。及克金城，光使曜诘黁，黁密谓光曰："昨有流星东坠，当有伏尸死将，虽得此城，忧在不守。正月上旬，河冰将解，若不早渡，恐有大变。"后二日而败问至，光引军渡河讫，冰泮。时人服其神验。光以黁为散骑常侍、太常。

---

① 少明式《易》，"式《易》"，不明其义，殿本作"老易"，通篇未涉及《老子》。《御览》卷一九全句引作"少明于易"，或然。

鬷后以光年老，知其将败，遂与光仆射王祥起兵作乱。[①]百姓闻鬷起兵，咸以圣人起事，事无不成，故相率从之如不及。鬷以为代吕者王，乃推王乞基为主。[②]后吕隆降姚兴，兴以王尚为凉州刺史，终如鬷言。鬷之与光相持也，逃人称吕统病死，鬷曰："未也，光、统之命尽在一时。"后统死三日而光死。鬷尝曰："凉州谦光殿后当有索头鲜卑居之。"终于秃发傉檀、沮渠蒙逊迭据姑臧。鬷性褊酷，不为士庶所附。战败，奔乞伏乾归。乾归败，入姚兴。鬷以灭姚者晋，遂将妻子南奔，为追兵所杀也。（第2497—2499页）

### 鸠摩罗什

鸠摩罗什，天竺人也。世为国相。父鸠摩罗炎，聪懿有大节，将嗣相位，乃辞避出家，东渡葱岭。龟兹王闻其名，郊迎之，请为国师。王有妹，年二十，才悟明敏，诸国交娉，并不许，及见炎，心欲当之，王乃逼以妻焉。既而罗什在胎，其母慧解倍常。及年七岁，母遂与俱出家。

罗什从师受经，日诵千偈，偈有三十二字，凡三万二千言，义亦自通。年十二，其母携到沙勒，国王甚重之，遂停沙勒一年。博览五明诸论及阴阳星算，莫不必尽，妙达吉凶，言若符契。为性率达，不拘小检，修行者颇共疑之。然罗什自得于心，未尝介意，专以大乘为化，诸学者皆共师焉。年二十，龟兹王迎之还国，广说诸经，四远学徒莫之能抗。

有顷，罗什母辞龟兹王往天竺，留罗什住，谓之曰："方等深教，不可思议，传之东土，惟尔之力。但于汝无利，其可如何？"什曰："必使大化流传，虽苦而无恨。"母至天竺，道成，进登第三果。西域诸国咸伏罗什神俊，每至讲说，诸王皆长跪坐侧，令罗什践而登焉。

符坚闻之，密有迎罗什之意。会太史奏云："有星见外国分野，当有大智入辅中国。"坚曰："朕闻西域有鸠摩罗什，将非此邪？"乃遣骁骑将军吕光等率兵七万，西伐龟兹，谓光曰："若获罗什，即驰驿送

---

[①] 王祥，周校：《吕光载记》作"王详"。按：《通鉴》一〇八亦作"王详"。
[②] 王乞基，周校：《吕光载记》作"王气乞机"。按：《通鉴》一〇九作"田胡王乞基"，胡注云"田胡，胡之一种也"。

之。”光军未至，罗什谓龟兹王白纯[1]曰：“国运衰矣，当有勍敌从日下来，宜恭承之，勿抗其锋。”纯不从，出兵距战，光遂破之，乃获罗什。光见其年齿尚少，以凡人戏之，强妻以龟兹王女，罗什距而不受，辞甚苦至。光曰：“道士之操不逾先父，何所固辞？”乃饮以醇酒，同闭密室。罗什被逼，遂妻之。光还，中路置军于山下，将士已休，罗什曰：“在此必狼狈，宜徙军陇上。”光不纳。至夜，果大雨，洪潦暴起，水深数丈，死者数千人，光密异之。

光欲留王西国，罗什谓光曰：“此凶亡之地，不宜淹留，中路自有福地可居。”光还至凉州，闻苻坚已为姚苌所害，于是窃号河右。属姑臧大风，罗什曰：“不祥之风当有奸叛，然不劳自定也。”俄而有叛者，寻皆殄灭。

沮渠蒙逊先推建康太守段业为主，光遣其子纂率众讨之。时论谓业等乌合，纂有威声，势必全克。光以访罗什，答曰：“此行未见其利。”既而纂败于合黎，[2]俄又郭麐起兵，纂弃大军轻还，复为麐所败，仅以身免。

中书监张资病，光博营救疗。有外国道人罗叉，云能差资病。光喜，给赐甚重。罗什知叉诳诈，告资曰：“叉不能为益，徒烦费耳。冥运虽隐，可以事试也。”乃以五色丝作绳结之，烧为灰末，投水中，灰若出水还成绳者，病不可愈。须臾，灰聚浮出，复为绳，叉疗果无效，少日资亡。

顷之，光死，纂立。有猪生子，一身三头。龙出东箱井中，于殿前蟠卧，比旦失之。纂以为美瑞，号其殿为龙翔殿。俄而有黑龙升于当阳九宫门，纂改九宫门为龙兴门。罗什曰：“比日潜龙出游，豕妖表异，龙者阴类，出入有时，而今屡见，则为灾眚，必有下人谋上之变。宜克己修德，以答天戒。”纂不纳，后果为吕超所杀。

罗什之在凉州积年，吕光父子既不弘道，故蕴其深解，无所宣化。姚兴遣姚硕德西伐，破吕隆，乃迎罗什，待以国师之礼，仍使入西明阁及逍遥园，译出众经。（第2499—2501页）

---

① 编者注：白纯，《晋书》卷九七《四夷传·龟兹国》记载同，同书卷一二二《吕光载记》则作“帛纯”。

② 合黎，《吕光载记》作“合离”。

## 卷九十六　列女传

### 吕纂妻杨氏 吕绍妻张氏

吕纂妻杨氏，弘农人也。美艳有义烈。纂被吕超所杀，杨氏与侍婢十数人殡纂于城西。将出宫，超虑赍珍物出外，使人搜之。杨氏厉声责超曰："尔兄弟不能和睦，手刃相屠，我旦夕死人，何用金宝！"超惭而退。又问杨氏玉玺所在，杨氏怒曰："尽毁之矣。"超将妻之，谓其父桓曰："后若自杀，祸及卿宗。"桓以告杨氏，杨氏曰："大人本卖女与氏以图富贵，一之已甚，其可再乎！"乃自杀。

时吕绍妻张氏亦有操行，年十四，绍死，便请为尼。吕隆见而悦之，欲秽其行，张氏曰："钦乐至道，誓不受辱。"遂升楼自投于地，二胫俱折，口诵佛经，俄然而死。（第2526页）

## 卷九十七　四夷·西戎传

### 焉耆国

焉耆国西去洛阳八千二百里，其地南至尉犁，北与乌孙接，方四百里。四面有大山，道险隘，百人守之，千人不过。……吕光讨西域，[龙熙]复降于光。及光僭位，熙又遣子入侍。（第2542—2543页）

### 龟兹国

龟兹国西去洛阳八千二百八十里，俗有城郭，其城三重，中有佛塔庙千所。人以田种畜牧为业，男女皆翦发垂项。王宫壮丽，焕若神居。

武帝太康中，其王遣子入侍。惠怀末，以中国乱，遣使贡方物于张重华。苻坚时，坚遣其将吕光率众七万伐之，其王白纯[1]距境不降，光进军讨平之。（第2543页）

## 卷一百十二　苻生载记

[苻]健卒，僭即皇帝位，大赦境内，改年寿光，时永和十二年（356）也。[2]尊其母强氏为皇太后，立妻梁氏为皇后。以吕婆楼为侍中、左大

---

① 编者注：白纯，《晋书》卷一二二《吕光载记》作"帛纯"。
② 时永和十二年也，《穆纪》生嗣位在永和十一年。《御览》一二一引《前秦录》，生于苻健皇始五年即位，改元寿光，即晋永和十一年，《通鉴》一〇〇同。此云"十二年"，疑"二"为"一"字之误。

将军，苻安领太尉，苻柳为征东大将军、并州牧，镇蒲坂，苻谀为镇东大将军、豫州牧，镇陕城，自余封授有差。（第2872页）

[苻]生闻张祚见杀，玄靓幼冲，命其征东苻柳参军阎负、梁殊使凉州，以书喻之。负、殊至姑臧，玄靓年幼，不见殊等。……瑾曰："秦据汉旧都，地兼将相，文武辅臣，领袖一时者谁也？"负、殊曰："皇室懿藩，忠若公旦者，则大司马、武都王安，征东大将军、晋王柳；文武兼才，神器秀拔，入可允厘百工，出能折冲万里者，卫大将军、广平王黄眉，后将军、清河王法，龙骧将军、东海王坚之兄弟；其耆年硕德，德侔尚父者，则太师、录尚书事、广宁公鱼遵；其清素刚严，骨鲠贞亮，则左光禄大夫强平，金紫光禄程肱、牛夷；博闻强识，探赜索幽，则中书监胡文，中书令王鱼，黄门侍郎李柔；雄毅厚重，权智无方，则左卫将军李威，右卫将军苻雅；才识明达，令行禁止，则特进、领御史中丞梁平老，特进、光禄大夫强汪，侍中、尚书吕婆楼；文史富赡，郁为文宗，则尚书右仆射董荣，秘书监王飏，著作郎梁谠；骁勇多权略，攻必取，战必胜，关张之流，万人之敌者，则前将军、新兴王飞，建节将军邓羌，立忠将军彭越，安远将军范俱难，①建武将军徐盛；常伯纳言，卿校牧守，则人皆文武，莫非才贤；其余怀经世之才，蕴佐时之略，守南山之操，遂而不夺者，王猛、朱彤之伦，相望于岩谷。济济多士，焉可罄言！姚襄、张平一时之杰，各拥众数万，狼顾偏方，皆委忠献款，请为臣妾。小不事大，《春秋》所诛，惟君公图之。"（第2873—2876页）

[苻]生夜对侍婢曰："阿法兄弟亦不可信，明当除之。"是夜，清河王苻法梦神告之曰："旦将祸集汝门，惟先觉者可以免之。"寤而心悸。会侍婢来告，乃与特进梁平老、强汪等率壮士数百人潜入云龙门，苻坚与吕婆楼率麾下三百余人鼓噪继进，宿卫将士皆舍杖归坚。生犹昏寐未寤。坚众既至，引生置于别室，废之为越王，俄而杀之。生临死犹饮酒数斗，昏醉无所知矣。（第2879页）

---

① 安远将军范俱难，《苻坚载记》屡见"俱难"，无"范"字。《通鉴》一〇四胡注以为俱姓难名。《孝武纪》《谢玄传》并作"句难"，"句""俱"音近，当是传闻以"俱"为"句"，然亦可证其人本不姓范。此"范"字疑衍。

## 卷一百十三　苻坚载记上

[苻坚] 性至孝，博学多才艺，有经济大志，要结英豪，以图纬世之宜。王猛、吕婆楼、强汪、梁平老等并有王佐之才，为其羽翼。（第2884页）

[苻坚] 以升平元年（357）僭称大秦天王，诛生佞倖臣董龙、赵韶等二十余人，赦其境内，改元曰永兴。追谥父雄为文桓皇帝，尊母苟氏为皇太后，妻苟氏为皇后，子宏为皇太子。兄法为使持节、侍中、都督中外诸军事、丞相、录尚书，从祖侯为太尉，从兄柳为车骑大将军、尚书令，封弟融为阳平公，双河南公，子丕长乐公，晖平原公，熙广平公，叡钜鹿公。李威为卫将军、尚书左仆射；梁平老为右仆射；强汪为领军将军；仇腾为尚书，领选；席宝为丞相长史、行太子詹事；吕婆楼为司隶校尉；王猛、薛赞为中书侍郎；权翼为给事黄门侍郎，与猛、赞并掌机密。（第2884—2885页）

是岁，苻双据上邽、苻柳据蒲坂叛于坚，苻庾据陕城[①]、苻武据安定并应之，将共伐长安。坚遣使谕之，各啮梨以为信，皆不受坚命，阻兵自守。坚遣后禁将军杨成世、左将军毛嵩等讨双、武，王猛、邓羌攻蒲坂，杨安、张蚝攻陕城。成世、毛嵩为双、武所败，坚又遣其武卫王鉴、宁朔吕光等率中外精锐以讨之，左卫苻雅、左禁窦冲率羽林骑七千继发。双、武乘胜至于榆眉，鉴等击败之，斩获万五千人。武弃安定，随双奔上邽，鉴等攻之。苻柳出挑战，猛闭垒不应。柳以猛为惮己，留其世子良守蒲坂，率众二万，将攻长安。长安去蒲坂百余里[②]，邓羌率劲骑七千夜袭败之，柳引军还，猛又尽众邀击，悉俘其卒，柳与数百骑入于蒲坂。鉴等攻上邽，克之，斩双、武。猛又寻破蒲坂，斩柳及其妻子，传首长安。猛屯蒲坂，遣邓羌与王鉴等攻陷陕城，克之，送庾于长安，杀之。（第2890页）

[苻洛] 自称大将军、大都督、秦王，署置官司，以平颜为辅国将军、幽州刺史，为其谋主。分遣使者征兵于鲜卑、乌丸、高句丽、百济

---

① 苻庾，《慕容晔载记》作"苻谀"。参卷一一一校记。
② 长安去蒲坂百余里，长安去蒲坂不止百余里，此当是苻柳自蒲坂行百余里，"长安"二字涉上"将攻长安"语而衍，《通鉴》一〇一无此二字可证。

及薛罗、休忍等诸国，并不从。洛惧而欲止，平颜曰："且宜声言受诏，尽幽并之兵出自中山、常山，阳平公必郊迎于路，因而执之，进据冀州，总关东之众以图秦雍，可使百姓不觉易主而大业定矣。"洛从之，乃率众七万发和龙，将图长安。于是关中骚动，盗贼并起。坚遣使数之曰："天下未一家，兄弟匪他，何为而反？可还和龙，当以幽州永为世封。"洛谓使者曰："汝还白东海王，幽州褊陋，不足容万乘，须还王咸阳，以承高祖之业。若能候驾潼关者，位为上公，爵归本国。"坚大怒，遣其左将军窦冲及吕光率步骑四万讨之，右将军都贵驰传诣邺，率冀州兵三万为前锋，以符融为大都督，授之节度。使石越率骑一万，自东莱出石径，袭和龙，海行四百余里。符重亦尽蓟城之众会洛，次于中山，有众十万。冲等与洛战于中山，大败之，执洛及其将兰殊，送于长安。吕光追斩符重于幽州，石越克和龙，斩平颜及其党与百余人。坚赦兰殊，署为将军，徙洛于凉州，征符融为车骑大将军、领宗正、录尚书事。（第2902—2903页）

## 卷一百十四 符坚载记下附王猛传

车师前部王弥寘、鄯善王休密驮朝于坚，坚赐以朝服，引见西堂。寘等观其宫宇壮丽，仪卫严肃，甚惧，因请年年贡献。坚以西域路遥，不许，令三年一贡，九年一朝，以为永制。寘等请曰："大宛诸国虽通贡献，然诚节未纯，请乞依汉置都护故事。若王师出关，请为乡导。"坚于是以骁骑吕光为持节、都督西讨诸军事，与陵江将军姜飞、轻骑将军彭晃等配兵七万，以讨定西域。符融以虚耗中国，投兵万里之外，得其人不可役，得其地不可耕，固谏以为不可。坚曰："二汉力不能制匈奴，犹出师西域。今匈奴既平，易若摧朽，虽劳师远役，可传檄而定，化被昆山，垂芳千载，不亦美哉！"朝臣又屡谏，皆不纳。（第2911页）

明年，吕光发长安，坚送于建章宫，谓光曰："西戎荒俗，非礼义之邦。羁縻之道，服而赦之，示以中国之威，导以王化之法，勿极武穷兵，过深残掠。"加鄯善王休密驮使持节、散骑常侍、都督西域诸军事、宁西将军，车师前部王弥寘使持节、平西将军、西域都护，率其国兵为光乡导。（第2914—2915页）

时吕光讨平西域三十六国，所获珍宝以万万计。坚下书以光为使持

节、散骑常侍、都督玉门以<sup>①</sup>西诸军事、安西将军、西域校尉，进封顺乡侯，增邑一千户。（第2923页）

　　苻坚将有大志，闻［王］猛名，遣吕婆楼招之，一见便若平生。语及废兴大事，异符同契，若玄德之遇孔明也。（第2930页）

## 卷一百十五 苻丕载记附索泮传

　　是时安西吕光自西域还师，至于宜禾，坚凉州刺史梁熙谋闭境距之。高昌太守杨翰言于熙曰："吕光新定西国，兵强气锐，其锋不可当也。度其事意，必有异图。且今关中扰乱，京师存亡未知，自河已西迄于流沙，地方万里，带甲十万，鼎峙之势实在今日。若光出流沙，其势难测。高梧谷口，水险之要，宜先守之而夺其水。彼既穷渴，自然投戈。如其以远不守，伊吾之关亦可距也。若度此二要，虽有子房之策，难为计矣。地有所必争，真此机也。"熙弗从。美水令犍为张统说熙曰："主上倾国南讨，覆败而还。慕容垂擅兵河北，泓、冲寇逼京师，丁零杂虏，跋扈关洛，州郡奸豪，所在风扇，王纲弛绝，人怀利己。今吕光回师，将军何以抗也？"熙曰："诚深忧之，未知计之所出。"统曰："光雄果勇毅，明略绝人，今以荡西域之威，拥归师之锐，锋若猛火之盛于原，弗可敌也。将军世受殊恩，忠诚夙著，立勋王室，宜在于今。行唐公洛，上之从弟，勇冠一时。为将军计者，莫若奉为盟主，以摄众望，推忠义以总率群豪，则光无异心也。资其精锐，东兼毛兴，连王统、杨璧，集四州之众，扫凶逆于诸夏，宁帝室于关中，此桓文之举也。"熙又不从。杀洛于西海，以子胤为鹰扬将军，率众五万距光于酒泉。敦煌太守姚静、晋昌太守李纯以郡降光。胤及光战于安弥，为光所败。武威太守彭济执熙迎光，光杀之。建威、西郡太守索泮，奋威、督洪池已南诸军事、酒泉太守宋皓等，并为光所杀。（第2942—2943页）

　　索泮，字德林，敦煌人也。世为冠族。泮少时游侠，及长，变节好学，有佐世才器。张天锡辅政，以泮为冠军、记室参军。天锡即位，拜司兵，历位禁中录事。执法御掾，州府肃然，郡县改迹。迁羽林左监，有勤干之称。出为中垒将军、西郡武威太守、典戎校尉。政务宽和，戎

---

夏怀其惠，天锡甚敬之。苻坚见而叹曰："凉州信多君子！"既而以泮河西德望，拜别驾。

吕光既克姑臧，泮固郡不降，光攻而获之。光曰："孤既平西域，将赴难京师，梁熙无状，绝孤归路，此朝廷之罪人，卿何意阻郡固迷，自同元恶！"泮厉色责光曰："将军受诏讨叛胡，可受诏乱凉州邪？寡君何罪，而将军害之？泮但苦力寡，不能固守以报君父之仇，岂如逆氏彭济望风反叛！主灭臣死，礼之常也。"乃就刑于市，神色不变。（第2954页）

弟菱有俊才，仕张天锡为执法中郎、冗从右监。苻坚世至伏波将军、典农都尉，与泮俱被害。（第2955页）

## 卷一百十七 姚兴载记上

［后秦姚兴］遣姚平、狄伯支等率步骑四万伐魏，姚硕德、姚穆率步骑六万伐吕隆。（第2981页）

硕德至姑臧，大败吕隆之众，俘斩一万。隆将吕他等率众二万五千，以东苑来降。先是，秃发利鹿孤据西平，沮渠蒙逊据张掖，李玄盛据敦煌，与吕隆相持。至是，皆遣使降。（第2982页）

时硕德攻吕隆，抚纳夷夏，分置守宰，节粮积粟，为持久之计。隆惧，遂降。硕德军令齐整，秋毫无犯，祭先贤，礼儒哲，西土悦之。（第2982页）

［姚］兴徙河西豪右万余户于长安。（第2982页）

［姚］兴遣镇远赵曜率众二万西屯金城，建节王松忩率骑助吕隆等守姑臧。松忩至魏安，为傉檀弟文真所围，众溃，执松忩，送于傉檀。傉檀大怒，送松忩还长安，归罪文真，深自陈谢。（第2983页）

［姚兴］又遣其兼散骑常侍席确诣凉州，征吕隆弟超入侍，隆遣之。吕隆惧秃发傉檀之逼，表请内徙。兴遣齐难及镇西姚诘、镇远乞伏乾归、镇远赵曜等步骑四万，迎隆于河西。难至姑臧，以其司马王尚行凉州刺史，配兵三千镇姑臧，以将军阎松为仓松太守，郭将为番禾太守，分戍二城，徙隆及其宗室僚属于长安。（第2983—2984页）

太史令郭麿言于兴曰："戌亥之岁，当有孤寇起于西北，宜慎其锋。起兵如流沙，死者如乱麻，戎马悠悠会陇头，鲜卑、乌丸居不安，

国朝疲于奔命矣。"（第2986页）

　　［王］尚既至长安，坐匿吕氏宫人，擅杀逃人薄禾等，禁止南台。凉州别驾宗敞、治中张穆、主簿边宪、胡威等上疏理尚曰：

> 臣州荒裔，邻带寇仇，居泰无垂拱之安，运否离倾覆之难。自张氏颓基，德风绝而莫扇；吕数将终，枭鹦以之翻翔。群生婴罔极之痛，西夏有焚如之祸。幸皇鉴降眷，纯风远被。刺史王尚受任垂灭之州，策成难全之际，轻身率下，躬俭节用，劳逸丰约，与众同之，劝课农桑，时无废业。然后振王威以扫不庭，回天波以荡氛秽。则群逆冰摧，不俟朱阳之曜；若秋霜陨箨，岂待劲风之威。何定远之足高，营平之独美！经始甫尔，会朝算改授，使希世之功不终于必成，易失之机践之而莫展。当其时而明其事者，谁不慨然！
>
> 既远役遐方，劬劳于外，虽效未酬恩，而在公无阙。自至京师，二旬之今，出车之命莫逮，姜斐之责惟深。以取吕氏宫人裴氏及杀逃人薄禾等为南台所禁，天鉴玄镜，暂免囹圄，讥绳之文，未离简墨。裴氏年垂知命，首发二毛，嫠居本家，不在尚室，年迈姿陋，何用送为！边藩要捍，众力是寄，禾等私逃，罪应宪墨，以杀止杀，安边之义也。假若以不送裴氏为罪者，正阙奚官之一女子耳。论勋则功重，言瑕则过微。而执宪吹毛求疵，忘劳记过，斯先哲所以泣血于当年，微臣所以仰天而洒泪。
>
> 且尚之奉国，历事二朝，能否效于既往，优劣简在圣心，就有微过，功足相补，宜弘罔极之施，以彰覆载之恩。
>
> 臣等生自西州，无翰飞之翼，久沈伪政，绝进趣之途。及皇化既沾，投竿之心冥发，遂策名委质，位忝吏端。主辱臣忧，故重茧披款，惟陛下亮之。

　　兴览之大悦，谓其黄门侍郎姚文祖曰："卿知宗敞乎？"文祖曰："与臣州里，西方之英隽。"兴曰："有表理王尚，文义甚佳，当王尚研思耳。"文祖曰："尚在南台，禁止不与宾客交通，敞寓于杨桓，非尚明矣。"兴曰："若尔，桓为措思乎？"文祖曰："西方评敞甚重，优于杨桓。敞昔与吕超周旋，陛下试可问之。"兴因谓超曰："宗敞文才何如？

可是谁辈?"超曰:"敞在西土,时论甚美,方敞魏之陈、徐,晋之潘、陆。"即以表示超曰:"凉州小地,宁有此才乎?"超曰:"臣以敞余文比之,未足称多。琳琅出于昆岭,明珠生于海滨,若必以地求人,则文命大夏之弃夫,姬昌东夷之摈士。但当问其文彩何如,不可以区宇格物。"兴悦,赦尚之罪,以为尚书。(第2987—2988页)

## 卷一百十八 姚兴载记下

初,天水人姜纪,吕氏之叛臣,阿谄奸诈,好间人之亲戚。兴子弼有宠于兴,纪遂倾心附之。弼时为雍州刺史,镇安定,与密谋还朝,令倾心事常山公显,树党左右。至是,兴以弼为尚书令、侍中、大将军。既居将相,虚襟引纳,收结朝士,势倾东宫,遂有夺嫡之谋矣。(第2995页)

[姚]兴疾转笃,兴妹伪南安长公主问疾,不应。兴少子耕儿出告其兄愔曰:"上已崩矣,宜速决计。"于是愔与其属率甲士攻端门,殿中上将军敛曼嵬勒兵距战,右卫胡翼度率禁兵闭四门。愔等遣壮士登门,缘屋而入,及于马道。泓时侍疾于谘议堂,遣敛曼嵬率殿中兵登武库距战,太子右卫率姚和都率东宫兵入屯马道南。愔等既不得进,遂烧端门。兴力疾临前殿,赐弼死。禁兵见兴,喜跃,贯甲赴贼,贼众骇扰。和都勒东宫兵自后击之,愔等奔溃,逃于骊山,愔党吕隆奔雍,尹冲等奔于京师。(第3003页)

## 卷一百十九 姚泓载记

[姚]兴之如平凉也,冯翊人刘厥聚众数千,据万年以叛。泓遣镇军彭白狼率东宫禁兵讨之,斩厥,赦其余党。诸将咸劝泓曰:"殿下神算电发,荡平丑逆,宜露布表言,广其首级,以慰远近之情。"泓曰:"主上委吾后事,使式遏寇逆。吾绥御失和,以长奸寇,方当引咎责躬,归罪行间,安敢过自矜诞,以重罪责乎!"其右仆射韦华闻而谓河南太守慕容筑曰:"皇太子实有恭惠之德,社稷之福也。"(第3007—3008页)

兴既死,秘不发丧。南阳公姚愔及大将军尹元等谋为乱,泓皆诛之。命其齐公姚恢杀安定太守吕超,恢久乃诛之。泓疑恢有阴谋,恢自是怀贰,阴聚兵甲焉。(第3008页)

## 卷一百二十二　吕光/吕纂/吕隆载记

### 吕光

吕光字世明，略阳氐人也。其先吕文和，汉文帝初，自沛避难徙焉。世为酋豪。父婆楼，佐命苻坚，官至太尉。光生于枋头，夜有神光之异，故以光为名。年十岁，与诸童儿游戏邑里，为战阵之法，侪类咸推为主。部分详平，群童叹服。不乐读书，唯好鹰马。及长，身长八尺四寸，目重瞳子，左肘有肉印。沉毅凝重，宽简有大量，喜怒不形于色。时人莫之识也，惟王猛异之，曰："此非常人。"言之苻坚，举贤良，除美阳令，夷夏爱服。迁鹰扬将军。从坚征张平，战于铜壁，刺平养子蚝，中之，自是威名大著。

苻双反于秦州，坚将杨成世为双将苟兴所败，光与王鉴讨之。鉴欲速战，光曰："兴初破成世，奸气渐张，宜持重以待其弊。兴乘胜轻来，粮竭必退，退而击之，可以破也。"二旬而兴退，诸将不知所为，光曰："揆其奸计，必攻榆眉。若得榆眉，据城断路，资储复赡，非国之利也，宜速进师。若兴攻城，尤须赴救。如其奔也，彼粮既尽，可以灭之。"鉴从焉，果败兴军。从王猛灭慕容暐，封都亭侯。

苻重之镇洛阳，以光为长史。及重谋反，苻坚闻之，曰："吕光忠孝方正，必不同也。"驰使命光槛重送之。寻入为太子右率，甚见敬重。

蜀人李焉聚众二万，攻逼益州。坚以光为破虏将军，率兵讨灭之，迁步兵校尉。苻洛反，光又击平之，拜骁骑将军。[①]

坚既平山东，士马强盛，遂有图西域之志，乃授光使持节、都督西讨诸军事，率将军姜飞、彭晃、杜进、康盛等总兵七万，铁骑五千，以讨西域。以陇西董方、冯翊郭抱、武威贾虔、弘农杨颖为四府佐将。坚太子宏执光手曰："君器相非常，必有大福，宜深保爱。"行至高昌，闻坚寇晋，光欲更须后命。部将杜进曰："节下受任金方，赴机宜速，有何不了，而更留乎！"光乃进及流沙，三百余里无水，将士失色。光曰："吾闻李广利精诚玄感，飞泉涌出，吾等岂独无感致乎！皇天必将

---

①　拜骁骑将军，各本"骁"作"骠"，宋本作"骁"。本书《苻坚载记》、《鸠摩罗什传》、《册府》二二二、《通志》一九〇、《魏书吕光传》、《御览》八九五引《十六国春秋》并作"骁骑"。周校以为作"骁骑"是。今从宋本。

有济，诸君不足忧也。"俄而大雨，平地三尺。进兵至焉耆，其王泥流率其旁国①请降。龟兹王帛纯距光，光军其城南，五里为一营，深沟高垒，广设疑兵，以木为人，被之以甲，罗之垒上。帛纯驱徙城外人入于城中，附庸侯王各婴城自守。

至是，光左臂内脉起成字，文曰"巨霸"。营外夜有一黑物，大如断堤，摇动有头角，目光若电，及明而云雾四周，遂不复见。且视其处，南北五里，东西三十余步，鳞甲隐地之所，昭然犹在。光笑曰："黑龙也。"俄而云起西北，暴雨灭其迹。杜进言于光曰："龙者神兽，人君利见之象。《易》曰：'见龙在田，德施普也。'斯诚明将军道合灵和，德符幽显。愿将军勉之，以成大庆。"光有喜色。

又进攻龟兹城，夜梦金象飞越城外。光曰："此谓佛神去之，胡必亡矣。"光攻城既急，帛纯乃倾国财宝请救狯胡。狯胡弟呐龙、侯将馗率骑二十余万，并引温宿、尉头等国王，②合七十余万以救之。胡便弓马，善矛矟，铠如连锁，射不可入，以革索为羂，策马掷人，多有中者。众甚惮之。诸将咸欲每营结阵，案兵以距之。光曰："彼众我寡，营又相远，势分力散，非良策也。"于是迁营相接阵，为勾锁之法，精骑为游军，弥缝其阙。战于城西，大败之，斩万余级。帛纯收其珍宝而走，王侯降者三十余国。光入其城，大飨将士，赋诗言志。见其宫室壮丽，命参军京兆段业著《龟兹宫赋》以讥之。胡人奢侈，厚于养生，家有蒲桃酒，或至千斛，经十年不败，士卒沦没酒藏者相继矣。诸国惮光威名，贡款属路，乃立帛纯弟震为王以安之。光抚宁西域，威恩甚著，桀黠胡王昔所未宾者，不远万里皆来归附，上汉所赐节传，光皆表而易之。

坚闻光平西域，以为使持节、散骑常侍、都督玉门已西诸军事、安西将军、西域校尉，③道绝不通。光既平龟兹，有留焉之志。时始获鸠摩罗什，罗什劝之东还，语在《西夷传》。④光于是大飨文武，博议进

---

①编者注：旁国，指焉耆附属国。

②引温宿、尉头等国王，各本"尉头"作"尉须"，今据《汉书》《北史·西域传》及《御览》一二五引《后凉录》改。

③编者注：《晋书》卷一一四《苻坚载记下》"西域校尉"后有"进封顺乡侯，增邑一千户"十字。

④语在《西夷传》，周校：罗什语见《艺术传》，误作《西夷》。〔斠注〕：本书《西戎传》但云光进军讨平龟兹，并无始获罗什及劝其东还之语，且传称"西戎"非"西夷"。

止。众咸请还，光从之，以驼二万余头致外国珍宝及奇伎异戏、殊禽怪兽千有余品，骏马万余匹。而①苻坚高昌太守杨翰说其凉州刺史梁熙距守高梧②、伊吾二关，熙不从。光至高昌，翰以郡迎降。初，光闻翰之说，恶之，又闻苻坚丧败，长安危逼，谋欲停师。杜进谏曰："梁熙文雅有余，机鉴不足，终不能纳善从说也，愿不足忧之。闻其上下未同，宜在速进，进而不捷，请受过言之诛。"光从之。及至玉门，梁熙传檄责光擅命还师，遣子胤与振威姚皓、别驾卫翰率众五万，距光于酒泉。光报檄凉州，责熙无赴难之诚，数其遏归师之罪。遣彭晃、杜进、姜飞等为前锋，击胤，大败之。胤轻将麾下数百骑东奔，杜进追擒之。于是四山胡夷皆来款附。武威太守彭济执熙请降。光入姑臧，自领凉州刺史、护羌校尉，表杜进为辅国将军、武威太守，封武始侯，自余封拜各有差。

光主簿尉祐，奸佞倾薄人也，见弃前朝，与彭济同谋执梁熙，光深见宠任，乃谮诛南安姚皓、天水尹景等名士十余人，远近颇以此离贰。光寻擢祐为宁远将军、金城太守。祐次允吾，袭据外城以叛，祐从弟随据鹯阴以应之。光遣其将魏真讨随，随败，奔祐，光将姜飞又击败祐众。祐奔据兴城，扇动百姓，夷夏多从之。飞司马张象、参军郭雅谋杀飞应祐，发觉，逃奔。

初，苻坚之败，张天锡南奔，其世子大豫为长水校尉王穆所匿。及坚还长安，穆将大豫奔秃发思复鞬，思复鞬送之魏安。是月，魏安人焦松、齐肃、张济等起兵数千，迎大豫于揟次，陷昌松郡。光遣其将杜进讨之，为大豫所败。大豫遂进逼姑臧，求决胜负，王穆谏曰："吕光粮丰城固，甲兵精锐，逼之非利。不如席卷岭西，厉兵积粟，东向而争，不及期年，可以平也。"大豫不从，乃遣穆求救于岭西诸郡，建康太守李隰、祁连都尉严纯及阎袭起兵应之。大豫进屯城西，王穆率众三万及思复鞬子奚于等阵于城南。光出击，破之，斩奚于等二万余级。光谓诸将曰："大豫若用王穆之言，恐未可平也。"诸将曰："大豫岂不及此

---

① 编者注：此处标点有误，句号当在"而"字后。又"而"后有夺字，当补"还"字。应以"……骏马万余匹而[还]。苻坚高昌太守杨翰……"为是。

② 高梧，《苻丕载记》作"高梧"，《通鉴》一〇六从之，胡注云"当在高昌西界"，未能确指其地。《读史方舆纪要》引或说，"高梧，交河之讹"。今按：或说近是，则此"桐"字乃"梧"之讹。但无确证。

邪！皇天欲赞成明公八百之业，故令大豫迷于良算耳。"光大悦，赐金帛有差。大豫自西郡诣临洮，驱略百姓五千余户，保据俱城。光将彭晃、徐炅攻破之，大豫奔广武，穆奔建康。广武人执大豫，送之，斩于姑臧市。

光至是始闻苻坚为姚苌所害，奋怒哀号，三军缟素，大临于城南，伪谥坚曰文昭皇帝，长吏百石已上服斩缞三月，庶人哭泣三日。光于是大赦境内，建元曰太安，①自称使持节、侍中、中外大都督、督陇右河西诸军事、大将军、领护匈奴中郎将、凉州牧、酒泉公。王穆袭据酒泉，自称大将军、凉州牧。时谷价踊贵，斗直五百，人相食，死者大半。光西平太守康宁自称匈奴王，阻兵以叛，光屡遣讨之，不捷。

初，光之定河西也，杜进有力焉，以为辅国将军、武威太守。既居都尹，权高一时，出入羽仪，与光相亚。光甥石聪至自关中，光曰："中州人言吾政化何如？"聪曰："止知有杜进耳，实不闻有舅。"光默然，因此诛进。光后宴群僚，酒酣，语及政事。时刑法峻重，参军段业进曰："严刑重宪，非明王之义也。"光曰："商鞅之法至峻，而兼诸侯；吴起之术无亲，而荆蛮以霸，何也？"业曰："明公受天眷命，方君临四海，景行尧舜，犹惧有弊，奈何欲以商申之末法临道义之神州，岂此州士女所望于明公哉！"光改容谢之，于是下令责躬，及崇宽简之政。

其将徐炅与张掖太守彭晃谋叛，光遣师讨炅，炅奔晃。晃东结康宁，西通王穆，光议将讨之，诸将咸曰："今康宁在南，阻兵伺隙，若大驾西行，宁必乘虚出于岭左。晃、穆未平，康宁复至，进退狼狈，势必大危。"光曰："事势实如卿言。今而不往，当坐待其来。晃、穆共相唇齿，宁又同恶相救，东西交至，城外非吾之有，若是，大事去矣。今晃叛逆始尔，宁、穆与之情契未密，及其仓卒，取之为易。且隆替命也，卿勿复言。"光于是自率步骑三万，倍道兼行。既至，攻之二旬，晃将寇颙斩关纳光，于是诛彭晃。王穆以其党索嘏为敦煌太守，既而忌

---

① 建元曰太安，《御览》一二五引《后凉录》、《通鉴》一〇六"太"作"大"。按："太安"乃苻丕年号，此时光自称大将军、凉州牧、酒泉公，当是用丕年号，非自建元。故《魏书吕光传》称光纪年始于麟嘉，不记建元太安事。编者注：《太平御览》一二五《偏霸部九》引崔鸿《十六国春秋·后凉录》记"光始闻苻坚为姚苌所害，奋袂哀怒，三军缟素，大临于城南。传檄诸州，期孟冬大举。谥坚曰文昭皇帝。十月，大赦境内，改建元为太安"，疑此"建元曰太安"应作"改建元为太安"，若"建元"前加"改"字，即"改建元曰太安"似更合情理。

其威名，率众攻锻。光闻之，谓诸将曰："二虏相攻，此成擒也。"光将攻之，众咸以为不可。光曰："取乱侮亡，武之善经，不可以累征之劳而失永逸之举。"率步骑二万攻酒泉，克之，进次凉兴。穆引师东还，路中众散，穆单骑奔驿马，驿马令郭文斩首送之。

是时麟见金泽县，百兽从之，光以为己瑞，以孝武太元十四年（389）僭即三河王位，置百官自丞郎已下，赦其境内，年号麟嘉。光妻石氏、子绍、弟德世①至自仇池，光迎于城东，大飨群臣。遣其子左将军他、武贲中郎将纂②讨北虏匹勤于三岩山，大破之。立妻石氏为王妃，子绍为世子。宴其群臣于内苑新堂。太庙新成，追尊其高祖为敬公，曾祖为恭公，祖为宣公，父为景昭王，母曰昭烈妃。其中书侍郎杨颖上疏，请依三代故事，追尊吕望为始祖，永为不迁之庙，光从之。

是岁，张掖督邮傅曜考核属县，而丘池③令尹兴杀之，投诸空井，曜见梦于光曰："臣张掖郡小吏，案校诸县，而丘池令尹兴赃状狼藉，惧臣言之，杀臣投于南亭空井中。臣衣服形状如是。"光寤而犹见，久之乃灭。遣使覆之如梦，光怒，杀兴。著作郎段业以光未能扬清激浊，使贤愚殊贯，因疗疾于天梯山，作表志诗《九叹》《七讽》十六篇以讽焉。光览而悦之。

南羌彭奚念入攻白土，都尉孙峙退奔兴城。光遣其南中郎将吕方及其弟右将军吕宝、振威杨范、强弩窦苟讨乞伏乾归于金城。方屯河北，宝进师济河，为乾归所败，宝死之。武贲吕纂、强弩窦苟率步骑五千南讨彭奚念，战于盘夷，大败而归。光亲讨乾归、奚念，遣纂及扬武杨

---

① 编者注：诸史记载吕光诸弟吕他、吕延、吕宝、吕方，诸子吕绍、吕纂、吕弘、吕纬、吕覆，及吕氏宗室吕隆、吕超、吕邈、吕开、吕统、吕纯、吕宪、吕胤等，皆单名，唯吕德世名为双字，颇疑其误。按诸史记吕光字世明，疑其兄弟取字首字皆作"世"，故推测"吕德世"名曰"德"，字曰"世某"。

② 遣其子左将军他、武贲中郎将纂，《举正》："下吕超及隆杀吕纂，吕纬说他击之。他妻梁氏曰：'纬、超俱兄弟之子。'又他谓纬曰：'吾老矣。'而超告他呼为'叔父'。夫隆为光弟宝之子，超乃隆弟。使他为光子，则超为从兄弟，不应称叔父；而是时光没甫三年，他亦不应言老，并以超为兄弟之子。寻前后文义，当为光弟，非子也。"按：《举正》说是，"子"字当在"武贲中郎将纂"上，此处当作"弟"。

③ 丘池，洪亮吉《十六国疆域志》一〇："按两汉张掖有氏池县。《晋书·武帝纪》泰始三年（267）四月'张掖太守焦胜上言，氏池大神谷口有玄石一所，白书成文'，是晋初有氏池县，本未尝省，《地理志》失载也，'丘池'即'氏池'之误。"按：《秃发乌孤载记》《俘檀载记》《沮渠蒙逊载记》并见"氏池"，洪说是。

轨、建忠沮渠罗仇、建武梁恭军于左南。奚念大惧，于白土津累石为堤，以水自固，遣精兵一万距守河津。光遣将军王宝潜趣上津，夜渡湟河。光济自石堤，攻克枹罕，奚念单骑奔甘松，光振旅而旋。

初，光徙西海郡人于诸郡，至是，谣曰："朔马心何悲？念旧中心劳。燕雀何徘徊？意欲还故巢。"顷之，遂相扇动，复徙之于西河乐都。①

群议以高昌虽在西垂，地居形胜，外接胡虏，易生翻覆，宜遣子弟镇之。光以子覆为使持节、镇西将军、都督玉门已西诸军事、西域大都护，镇高昌，命大臣子弟随之。

光于是以太元二十一年（396）僭即天王位，大赦境内，改年龙飞。立世子绍为太子，诸子弟为公侯者二十人。中书令王详为尚书左仆射，段业等五人为尚书。

乾归从弟轲弹来奔，光下书曰："乾归狼子野心，前后反覆。朕方东清秦赵，勒铭会稽，岂令竖子鸱峙洮南！且其兄弟内相离间，可乘之机，勿过今也。其敕中外戒严，朕当亲讨。"光于是次于长最，使吕纂率杨轨、窦苟等步骑三万攻金城。乾归率众二万救之。光遣其将王宝、徐炅率骑五千邀之，乾归惧而不进。光又遣其将梁恭、金石生以甲卒万余出阳武下峡，与秦州刺史没奕于攻其东，光弟天水公延以枹罕之众攻临洮、武始、河关，皆克之。吕纂克金城，擒乾归金城太守卫鞬，鞬瞋目谓光曰："我宁守节断头，不为降虏也。"光义而免之。乾归因大震，泣叹曰："死中求生，正在今日也。"乃纵反间，称乾归众溃，东奔成纪。吕延信之，引师轻进。延司马耿稚谏曰："乾归雄勇过人，权略难测，破王广，克杨定，皆赢师以诱之，虽蕞尔小国，亦不可轻也。困兽犹斗，况乾归而可望风自散乎！且告者视高而色动，必为奸计。而今宜部阵而前，步骑相接，徐待诸军大集，可一举灭之。"延不从，与乾归相遇，战败，死之。耿稚及将军姜显收集散卒，屯于枹罕。光还于姑臧。

光荒耄信谗，杀尚书沮渠罗仇、三河太守沮渠麹粥。罗仇弟子蒙逊叛光，杀中田护军马邃，攻陷临松郡，屯兵金山，大为百姓之患。蒙逊

---

① 编者注：复徙之于西河乐都，西河、乐都为两郡，中间当用顿号断开。

从兄男成先为将军，守晋昌，闻蒙逊起兵，逃奔赀虏，扇动诸夷，众至数千，进攻福禄、建安。宁戎护军赵策击败之，男成退屯乐涫。吕纂败蒙逊于忽谷①。酒泉太守垒澄率将军赵策、赵陵步骑万余讨男成于乐涫，战败，澄、策死之。男成进攻建康，说太守段业曰："吕氏政衰，权臣擅命，刑罚失中，人不堪役，一州之地，叛者连城，瓦解之势，昭然在目，百姓嗷然，无所宗附。府君岂可以盖世之才，而立忠于垂亡之世！男成等既唱大义，欲屈府君抚临鄯州，使涂炭之余蒙来苏之惠。"业不从。相持二旬而外救不至，郡人高逵、史惠等言于业曰："今孤城独立，台无救援，府君虽心过田单，而地非即墨，宜思高算，转祸为福。"业先与光侍中房晷、仆射王详不平，虑不自容，乃许之。男成等推业为大都督、龙骧大将军、凉州牧、建康公。光命吕纂讨业，沮渠蒙逊进屯临洮，为业声势。战于合离，纂师大败。

　　光散骑常侍、太常郭黁明天文，善占候，谓王详曰："于天文，凉之分野将有大兵。主上老病，太子冲暗，纂等凶武，一旦不讳，必有难作。以吾二人久居内要，常有不善之言，恐祸及人，深宜虑之。田胡王气乞机②部众最强，二苑之人多其故众。吾今与公唱义，推机为主，则二苑之众尽我有也。克城之后，徐更图之。"详以为然。夜烧光洪范门，二苑之众皆附之，详为内应。事发，光诛之。黁遂据东苑以叛。光驰使召纂，诸将劝纂曰："业闻师回，必蹑军后。若潜师夜还，庶无后患矣。"纂曰："业虽凭城阻众，无雄略之才，若夜潜还，张其奸志。"乃遣使告业曰："郭黁作乱，吾今还都。卿能决者，可出战。"于是引还。业不敢出。纂司马杨统谓其从兄桓曰："郭黁明善天文，起兵其当有以。京城之外非复朝廷之有，纂今还都，复何所补！统请除纂，勒兵推兄为盟主，西袭吕弘，据张掖以号令诸郡，亦千载一时也。"桓怒曰："吾闻臣子之事君亲，有陨无二，吾未有包胥存救之效，岂可安荣其禄，乱增其难乎！吕宗若败，吾为弘演矣。"统惧，至番禾，遂奔郭黁。黁遣军邀纂于白石，纂大败。光西安太守石元良率步骑五千赴难，与纂共击黁军，破之，遂入于姑臧。黁之叛也，得光孙八人于东苑。及

---

①　忽谷，《通鉴》一〇九作"忽谷"。
②　王气乞机，周校：《艺术郭黁传》及《秃发载记》俱作"王乞基"，"机""基"同音通用。"氣"古为"气"，今为"乞"，字误书，当去其一。参卷九五校记。

军败，恚甚，悉投之于锋刃之上，枝分节解，饮血盟众，众皆掩目，不忍视之，臁悠然自若。

臁推后将军杨轨为盟主，轨自称大将军、凉州牧、西平公。吕纂击臁将王斐于城西，大破之，自是臁势渐衰。光遗杨轨书曰：“自羌胡不靖，郭臁叛逆，南藩安否，音问两绝。行人风传，云卿拥逼百姓，为臁唇齿。卿雅志忠贞，有史鱼之操，鉴察成败，远侔古人，岂宜听纳奸邪，以亏大美！陵霜不凋者松柏也，临难不移者君子也，何图松柏凋于微霜，鸡鸣已于风雨！郭臁巫卜小数，时或误中，考之大理，率多虚谬。朕宰化寡方，泽不逮远，致世事纷纭，百城离叛。戮力一心，同济巨海者，望之于卿也。今中仓积粟数百千万，东人战士一当百余，入则言笑晏晏，出则武步凉州，吞臁咀业，绰有余暇。但与卿形虽君臣，心过父子，欲全卿名节，不使贻笑将来。”轨不答，率步骑二万北赴郭臁。至姑臧，垒于城北。轨以士马之盛，议欲大决成败，臁每以天文裁之。吕弘为段业所逼，光遣吕纂迎之。轨谋于众曰：“吕弘精兵一万，若与光合，则敌强我弱。养兽不讨，将为后患。”遂率兵邀纂，纂击败之。郭臁闻轨败，东走魏安，遂奔于乞伏乾归。杨轨闻臁走，南奔廉川。

光疾甚，立其太子绍为天王，自号太上皇帝。以吕纂为太尉，吕弘为司徒。谓绍曰：“吾疾病唯增，恐将不济。三寇窥窬，迭伺国隙。吾终之后，使纂统六军，弘管朝政，汝恭己无为，委重二兄，庶可以济。若内相猜贰，衅起萧墙，则晋赵之变旦夕至矣。”又谓纂、弘曰：“永业才非拨乱，直以正嫡有常，猥居元首。今外有强寇，人心未宁，汝兄弟缉穆，则贻厥万世。若内自相图，则祸不旋踵。”纂、弘泣曰：“不敢有二心。”光以安帝隆安三年死，时年六十三，[①]在位十年。[②]伪谥懿武皇帝，庙号太祖，墓号高陵。

### 吕纂

纂字永绪，光之庶长子也。少便弓马，好鹰犬。苻坚时入太学，不好读书，唯以交结公侯声乐为务。及坚乱，西奔上邽，转至姑臧，拜武

----

① 时年六十三，《御览》三八五引《凉州记》，谓光石氏建武四年生。按：石赵建武四年当晋咸康四年，置隆安三年，则是六十二岁。

② 在位十年，上文及《孝武纪》并云太元十四年即三河王位，隆安三年卒，应云“十一年”。

贲中郎将，封太原公。

光死，吕绍秘不发丧，纂排闼入哭，尽哀而出。绍惧为纂所害，以位让之，曰："兄功高年长，宜承大统，愿兄勿疑。"纂曰："臣虽年长，陛下国家之冢嫡，不可以私爱而乱大伦。"绍固以让纂，纂不许之。及绍嗣伪位，吕超言于绍曰："纂统戎积年，威震内外，临丧不哀，步高视远，观其举止乱常，恐成大变，宜早除之，以安社稷。"绍曰："先帝顾命，音犹在耳，兄弟至亲，岂有此乎！吾弱年而荷大任，方赖二兄以宁家国。纵其图我，我视死如归，终不忍有此意也，卿慎勿过言。"超曰："纂威名素盛，安忍无亲，今不图之，后必噬脐矣。"绍曰："吾每念袁尚兄弟，未曾不痛心忘寝食，宁坐而死，岂忍行之。"超曰："圣人称知机其神，陛下临机不断，臣见大事去矣。"既而纂见绍于湛露堂，超执刀侍绍，目纂请收之，绍弗许。

初，光欲立弘为世子，会闻绍在仇池，乃止，弘由是有憾于绍。遣尚书姜纪密告纂曰："先帝登遐，主上暗弱，兄总摄内外，威恩被于遐迩，辄欲远追废昌邑之义，以兄为中宗何如？"纂于是夜率壮士数百，逾北城，攻广夏门，弘率东苑之众斫洪范门。左卫齐从守融明观，逆问之曰："谁也？"众曰："太原公。"从曰："国有大故，主上新立，太原公行不由道，夜入禁城，将为乱邪？"因抽剑直前，斫纂中额。纂左右擒之，纂曰："义士也，勿杀。"绍遣武贲中郎将吕开率其禁兵距战于端门，骁骑吕超率卒二千赴之。众素惮纂，悉皆溃散。

纂入自青角门，升于谦光殿。绍登紫阁自杀，吕超出奔广武。纂惮弘兵强，劝弘即位。弘曰："自以绍弟也而承大统，众心不顺，是以违先帝遗敕，惭负黄泉。今复越兄而立，何面目以视息世间！大兄长且贤，威名振于二贼，宜速即大位，以安国家。"纂以隆安四年（400）遂僭即天王位，①大赦境内，改元为咸宁。谥绍为隐王。以弘为使持节、侍中、大都督、都督中外诸军事、大司马、车骑大将军、司隶校尉、录尚书事，改封番禾郡公，其余封拜各有差。

纂谓齐从曰："卿前斫我，一何甚也！"从泣曰："隐王先帝所立，

① 纂以隆安四年遂僭即天王位，吕光死于隆安三年十二月，吕绍立五日而自杀，纂即位即在本年十二月内。《御览》一二五引《后凉录》称纂改龙飞四年为咸宁元年。龙飞四年即晋隆安三年，可证其即位改元在隆安三年岁末。此作"四年"误。

陛下虽应天顺时，而微心未达，惟恐陛下不死，何谓甚也！”纂嘉其忠，善遇之。纂遣使谓征东吕方曰：“超实忠臣，义勇可嘉，但不识经国大体，权变之宜。方赖其忠节，诞济世难，可以此意谕之。”超上疏陈谢，纂复其爵位。

吕弘自以功名崇重，恐不为纂所容，纂亦深忌之。弘遂起兵东苑，劫尹文、杨桓以为谋主，请宗纂俱行。纂曰：“老臣受先帝大恩，位为列棘，不能陨身授命，死有余罪，而复从殿下，亲为戎首者，岂天地所容乎！且智不能谋，众不足恃，将焉用之！”弘曰：“君为义士，我为乱臣！”乃率兵攻纂。纂遣其将焦辨击弘，弘众溃，出奔广武。纂纵兵大掠，以东苑妇女赏军，弘之妻子亦为士卒所辱。纂笑谓群臣曰：“今日之战何如？”其侍中房晷对曰：“天祸凉室，衅起戚蕃。先帝始崩，隐王幽逼，山陵甫讫，大司马惊疑肆逆，京邑交兵，友于接刃。虽弘自取夷灭，亦由陛下无棠棣之义。宜考己责躬，以谢百姓，而反纵兵大掠，幽辱士女。衅自由弘，百姓何罪！且弘妻，陛下之弟妇也；弘女，陛下之侄女也。奈何使无赖小人辱为婢妾。天地神明，岂忍见此！”遂歔欷悲泣。纂改容谢之，召弘妻及男女于东宫，厚抚之。吕方执弘系狱，驰使告纂，纂遣力士康龙拉杀之。是月，立其妻杨氏为皇后，以杨氏父桓为散骑常侍、尚书左仆射、凉都尹，封金城侯。

纂将伐秃发利鹿孤，中书令杨颖谏曰：“夫起师动众，必参之天人，苟非其时，圣贤所不为。秃发利鹿孤上下用命，国未有衅，不可以伐。宜缮甲养锐，劝课农殖，待可乘之机，然后一举荡灭。比年多事，公私罄竭，不深根固本，恐为患将来，愿抑赫斯之怒，思万全之算。”纂不从。度浩亹河，为鹿孤弟傉檀所败，遂西袭张掖。姜纪谏曰：“方今盛夏，百姓废农，所利既少，所丧者多，若师至岭西，虏必乘虚寇抄都下，宜且回师以为后图。”纂曰：“虏无大志，闻朕西征，正可自固耳。今速袭之，可以得志。”遂围张掖，略地建康。闻傉檀寇姑臧，乃还。

即序胡安据盗发张骏墓，见骏貌如生，得真珠簾[1]、琉璃榼、白玉樽、赤玉箫、紫玉笛、珊瑚鞭、马脑钟，水陆奇珍不可胜纪。纂诛安据

---

[1] 真珠簾，《册府》九三〇“簾”作“簾”。《御览》三五九引《后凉录》，七〇〇、七〇一引《凉州记》，八〇二引《晋书》并作“簾”，疑“簾”字讹。

党五十余家，遣使吊祭骏，并缮修其墓。

道士句摩罗耆婆言于纂曰："潜龙屡出，豕犬见妖，将有下人谋上之祸，宜增修德政，以答天戒。"纂纳之。耆婆，即罗什之别名也。

纂游田无度，荒耽酒色，其太常杨颖谏曰："臣闻皇天降鉴，惟德是与。德由人弘，天应以福，故勃焉之美奄在圣躬。大业已尔，宜以道守之。廓灵基于日新，邀洪福于万祀。自陛下龙飞，疆宇未辟，崎岖二岭之内，纲维未振于九州。当兢兢夕惕，经略四方，成先帝之遗志，拯苍生于茶蓼。而更饮酒过度，出入无恒，宴安游盘之乐，沉湎樽酒之间，不以寇仇为虑，窃为陛下危之。糟丘酒池，洛汭不返，皆陛下之殷鉴。臣蒙先帝夷险之恩，故不敢避干将之戮。"纂曰："朕之罪也。不有贞亮之士，谁匡邪僻之君！"然昏虐自任，终不能改，常与左右因醉驰猎于坑涧之间，殿中侍御史王回、中书侍郎王儒扣马谏曰："千金之子坐不垂堂，万乘之主清道而行，奈何去舆辇之安，冒奔骑之危！衔橛之变，动有不测之祸。愚臣窃所不安，敢以死争，愿陛下远思袁盎揽辔之言，不令臣等受讥千载。"纂不纳。

纂番禾太守吕超擅伐鲜卑思盘，思盘遣弟乞珍诉超于纂，纂召超将盘入朝。超至姑臧，大惧，自结于殿中监杜尚，纂见超，怒曰："卿恃兄弟桓桓，欲欺吾也，要当斩卿，然后天下可定。"超顿首不敢。纂因引超及其诸臣宴于内殿。吕隆屡劝纂酒，已至昏醉，乘步挽车将超等游于内。至琨华堂东阁，车不得过，纂亲将窦川、骆腾倚剑于壁，推车过阁。超取剑击纂，纂下车擒超，超刺纂洞胸，奔于宣德堂。川、腾与超格战，超杀之。纂妻杨氏命禁兵讨超，杜尚约兵舍杖。将军魏益多入，斩纂首以徇曰："纂违先帝之命，杀害太子，荒耽酒猎，昵近小人，轻害忠良，以百姓为草芥。番禾太守超以骨肉之亲，惧社稷颠覆，已除之矣。上以安宗庙，下为太子报仇。凡我士庶，同兹休庆。"

伪巴西公吕他、陇西公吕纬时在北城，或说纬曰："超陵天逆上，士众不附。明公以懿弟之亲，投戈而起，姜纪、焦辨在南城，杨桓、田诚在东苑，皆我之党也，何虑不济！"纬乃严兵谓他曰："隆、超弑逆，所宜击之。昔田恒之乱，孔子邻国之臣，犹抗言于哀公，况今萧墙有难，而可坐观乎！"他将从之，他妻梁氏止之曰："纬、超俱兄弟之子，何为舍超助纬而为祸首乎！"他谓纬曰："超事已立，据武库，拥精兵，图之为难。且吾老矣，无能为也。"超闻，登城告他曰："纂信谗言，将灭超兄弟。超以身命之切，且惧社稷覆亡，故出万死之计，为国家唱义，叔父当有以亮之。"超弟邈有宠于纬，说纬曰："纂残国破家，诛戮兄弟，隆、超此举应天人之心，正欲尊立明公耳。先帝之子，明公为长，四海颙颙，人无异议。隆、超虽不达臧否，终不以孽代宗，更图异望也，愿公勿疑。"纬信之，与隆、超结盟，单马入城，超执而杀之。

初，纂尝与鸠摩罗什棋，杀罗什子，曰："斫胡奴头。"罗什曰："不斫胡奴头，胡奴斫人头。"超小字胡奴，竟以杀纂。纂在位三年，以元兴元年（402）死。①隆既篡位，伪谥纂灵皇帝，墓号白石陵。

## 吕隆

隆字永基，光弟宝之子也，美姿貌，善骑射。光末拜北部护军，稍历显位，有声称。

超既杀纂，让位于隆，隆有难色。超曰："今犹乘龙上天，岂可中下！"隆以安帝元兴元年（402）遂僭即天王位。②超先于番禾得小鼎，以为神瑞，大赦，改元为神鼎。追尊父宝为文皇帝，母卫氏为皇太后，妻杨氏为皇后，以弟超有佐命之勋，拜使持节、侍中、都督中外诸军事、辅国大将军、司隶校尉、录尚书事，封安定公。

隆多杀豪望，以立威名，内外嚣然，人不自固。魏安人焦朗遣使说姚兴将姚硕德曰："吕氏因秦之乱，制命此州。自武皇弃世，诸子竞寻干戈，德刑不恤，残暴是先，饥馑流亡，死者太半，唯泣诉昊天，而精诚无感。伏惟明公道迈前贤，任尊分陕，宜兼弱攻昧，经略此方，救生灵之沉溺，布徽政于玉门。篡夺之际，为功不难。"遣妻子为质。硕德遂率众至姑臧。其部将姚国方言于硕德曰："今悬师三千，后无继援，师之难也。宜曜劲锋，示其威武。彼以我远来，必决死距战，可一举而平。"硕德从之。吕超出战，大败，遁还。隆收集离散，婴城固守。

时荧惑犯帝坐，有群雀斗于太庙，死者数万。东人多谋外叛，将军

---

① 纂在位三年，以元兴元年死，周校：《安帝纪》，纂死在隆安五年。按：《通鉴》一一二同纪，纂改元咸宁在隆安三年，在位三年正是隆安五年。《载记》既误纂即位改元在隆安四年，故其死亦误后一年。

② 隆以安帝元兴元年遂僭即天王位，周校：《纪》作隆安五年。按：《通鉴》一一二同纪。《御览》一二五引《后凉录》，吕隆即位，"改咸宁三年为神鼎元年"，咸宁三年即晋隆安五年，《魏书太祖纪》隆立在天兴四年，亦即隆安五年，即误后一年。参上条校记。

魏益多又唱动群心，乃谋杀隆、超，事发，诛之，死者三百余家。于是群臣表求与姚兴通好，隆弗许。吕超谏曰：“通塞有时，艰泰相袭，孙权屈身于魏，谯周劝主迎降，岂非大丈夫哉？势屈故也。天锡承七世之资，树恩百载，武旅十万，谋臣盈朝，秦师临境，识者导以见机，而愎谏自专，社稷为墟。前鉴不远，我之元龟也。何惜尺书单使，不以危易安！且令卑辞以退敌，然后内修德政，废兴由人，未损大略。”隆曰：“吾虽常人，属当家国之重，不能嗣守成基，保安社稷，以太祖之业委之于人，何面目见先帝于地下！”超曰：“应龙以屈伸为灵，大人以知机为美。今连兵积岁，资储内尽，强寇外逼，百姓嗷然无糊口之寄，假使张、陈、韩、白，亦无如之何！陛下宜思权变大纲，割区区常虑。苟卜世有期，不在和好，若天命去矣，宗族可全。”隆从之，乃请降。硕德表隆为使持节、镇西大将军、凉州刺史、建康公。于是遣母弟爱子文武旧臣慕容筑、杨颖、史难、阎松等五十余家质于长安，硕德乃还。姚兴谋臣皆曰：“隆藉伯父余资，制命河外。今虽饥窘，尚能自支。若将来丰赡，终非国有。凉州险绝，世难先违，道清后顺，不如因其饥弊而取之。”兴乃遣使来观虚实。

沮渠蒙逊又伐隆，隆击败之，蒙逊请和结盟，留谷万余斛以振饥人。姑臧谷价踊贵，斗直钱五千文，人相食，饿死者十余万口。城门尽闭，樵采路绝，百姓请出城乞为夷虏奴婢者日有数百。隆惧沮动人情，尽坑之，于是积尸盈于衢路。

秃发傉檀及蒙逊频来伐之，隆以二寇之逼也，遣超率骑二百，多赍珍宝，请迎于姚兴。兴乃遣其将齐难等步骑四万迎之。难至姑臧，隆素车白马迎于道旁。使胤告光庙曰：“陛下往运神略，开建西夏，德被苍生，威振遐裔。枝嗣不臧，迭相篡弑。二虏交逼，将归东京，谨与陛下奉诀于此。”歔欷恸泣，酸感兴军。隆率骑一万，[①]随难东迁，至长安，兴以隆为散骑常侍，公如故；超为安定太守；文武三十余人皆擢叙之。其后隆坐与子弼谋反，为兴所诛。

---

　　① 隆率骑一万，《御览》一二五引《后凉录》、《通鉴》一一三“骑”作“户”。按：《姚兴载记》云吕隆降后，“兴徙河西豪右万余户于长安”，即隆所率东迁之众。作“户”是。

吕光以孝武太元十二年定凉州①，十五年僭立②，至隆凡十有三载，以安帝元兴三年灭。③

史臣曰：自晋室不纲，中原荡析，苻氏乘衅，窃号神州。世明委质伪朝，位居上将，爰以心膂，受脤遄征。铁骑如云，出玉门而长骛；雕戈耀景，捐金丘而一息。蕞尔夷陬，承风雾卷，宏图壮节，亦足称焉。属永固运销，群雄竞起，班师右地，便有觊觎。于是要结六戎，潜窥雁鼎；并吞五郡，遂假鸿名。控黄河以设险，负玄漠而为固，自谓克昌霸业，贻厥孙谋。寻而耄及政昏，亲离众叛，瞑目甫尔，衅发萧墙。绍纂凡才，负乘致寇；弘超凶狡，职为乱阶；永基庸庸，面缚姚氏。昔窦融归顺，荣焕累叶；隗嚣干纪，靡终身世。而光弃兹胜躅，遵彼覆车，十数年间，终致残灭。向使矫邪归正，革伪为忠，鸣檄而蕃晋朝，仗义而诛丑虏，则燕秦之地可定，桓文之功可立，郭黁、段业岂得肆其奸，蒙逊、乌孤无所窥其隙矣。而猥窃非据，何其谬哉！夫天地之大德曰生，圣人之大宝曰位。非其人而处其位者，其祸必速；在其位而忘其德者，其殃必至。天鉴非远，庸可滥乎！

赞曰：金行不竞，宝业斯屯。瓜分九寓，沴聚三秦。吕氏伺隙，欺我人神。天命难假，终亦倾沦。（第3053—3072页）

## 卷一百二十五 乞伏乾归载记

苻登将没奕于遣使结好，以二子为质，请讨鲜卑大兜国。乾归乃与没奕于攻大兜于安阳城，大兜退固鸣蝉堡，乾归攻陷之，遂还金城。为吕光弟宝所攻，败于鸣雀峡，退屯青岸。宝进追乾归，乾归使其将彭奚念断其归路，躬贯甲胄，连战败之，宝及将士投河死者万余人。（第3116—3117页）

吕光率众十万，将伐乾归，左辅密贵周、左卫莫者羖羝言于乾归曰："光旦夕将至。陛下以命世雄姿，开业洮罕，克翦群凶，威振遐迩，将鼓淳风于东夏，建八百之鸿庆。不忍小屈，与奸竖竞于一时，若

① 定凉州，当指光据姑臧，称酒泉公，事在太元十年。《孝武纪》在九年误。
② 僭立，若指称"三河王"，改元大赦，则在太元十四年，前有明文；若指称"天王"，则在二十一年，亦有明文。此处纪年误。
③ 以安帝元兴三年灭，《通鉴》一一三在"二年"。《御览》一二五引《后凉录》称隆灭于神鼎三年，岁在癸卯，当在晋元兴二年。此作"三年"亦误后一年。

机事不捷，非国家利也。宜遣爱子以退之。"乾归乃称藩于光，遣子敕勃为质。既而悔之，遂诛周等。（第3118—3119页）

乞伏轲弹与乞伏益州不平，奔于吕光。光又伐之，咸劝其东奔成纪，乾归不从，谓诸将曰："昔曹孟德败袁本初于官渡，陆伯言摧刘玄德于白帝，皆以权略取之，岂在众乎！光虽举全州之军，而无经远之算，不足惮也。且其精卒尽在吕延，延虽勇而愚，易以奇策制之。延军若败，光亦遁还，乘胜追奔，可以得志。"众咸曰："非所及也。"隆安元年（397），光遣其子纂伐乾归，使吕延为前锋。乾归泣谓众曰："今事势穷蹙，逃命无所，死中求生，正在今日。凉军虽四面而至，然相去辽远，山河既阻，力不周接，败其一军而众军自退。"乃纵反间，称秦王乾归众溃，东奔成纪。延信之，引师轻进，果为乾归所败，遂斩之。（第3119页）

秃发乌孤遣使来结和亲。使乞伏益州攻克［后凉］支阳、鹯武、允吾三城，俘获万余人而还。（第3119页）

元兴元年（402），炽磐自西平奔长安，姚兴以为振忠将军、兴晋太守。寻遣使者加乾归散骑常侍、左贤王。遣随兴将齐难迎吕隆于河西，讨叛羌党龙头于滋川，攻杨盛将苻帛于皮氏堡，并克之。（第3121页）

## 卷一百二十六　秃发乌孤/利鹿孤/傉檀载记

### 秃发乌孤

秃发乌孤，河西鲜卑人也。其先与后魏同出。八世祖匹孤率其部自塞北迁于河西……匹孤卒，子寿阗立。……寿阗卒，孙树机能立，壮果多谋略。……后为马隆所败，部下杀之以降。从弟务丸立。死，孙推斤立。死，子思复鞬立，部众稍盛。乌孤即思复鞬之子也。及嗣位，务农桑，修邻好。吕光遣使署为假节、冠军大将军、河西鲜卑大都统、广武县侯。乌孤谓诸将曰："吕氏远来假授，当可受不？"众咸曰："吾士众不少，何故属人！"乌孤将从之，其将石真若留曰："今本根未固，理宜随时。光德刑修明，境内无虞，若致死于我者，大小不敌，后虽悔之，无所及也。不如受而遵养之，又待其衅耳。"乌孤乃受之。（第3141—3142页）

乌孤讨乙弗、折掘二部，大破之，遣其将石亦干筑廉川堡以都之。

乌孤登廉川大山，泣而不言。石亦干进曰："臣闻主忧臣辱，主辱臣死，大王所为不乐者，将非吕光乎！光年已衰老，师徒屡败。今我以士马之盛，保据大川，乃可以一击百，光何足惧也。"乌孤曰："光之衰老，亦吾所知。但我祖宗以德怀远，殊俗惮威，卢陵、契汗万里委顺。及吾承业，诸部背叛，迩既乖违，远何以附，所以泣耳。"其将苻浑曰："大王何不振旅誓众，以讨其罪？"乌孤从之，大破诸部。吕光封乌孤广武郡公。又讨意云鲜卑，大破之。（第3142页）

光又遣使署乌孤征南大将军、益州牧、左贤王。乌孤谓使者曰："吕王昔以专征之威，遂有此州，不能以德柔远，惠安黎庶。诸子贪淫，三甥肆暴，郡县土崩，下无生赖。吾安可违天下之心，受不义之爵！帝王之起，岂有常哉！无道则灭，有德则昌，吾将顺天人之望，为天下主。"留其鼓吹羽仪，谢其使而遣之。（第3142页）

隆安元年（397），自称大都督、大将军、大单于、西平王，赦其境内，年号太初。曜兵广武，攻克金城。光遣将军窦苟来伐，战于街亭，大败之。降光乐都、湟河、浇河三郡，岭南羌胡数万落皆附之。光将杨轨、王乞基率户数千来奔。（第3142页）

乌孤从容谓其群下曰："陇右区区数郡地耳！因其兵乱，分裂遂至十余。乾归擅命河南，段业阻兵张掖，虐氏假息，偷据姑臧。吾藉父兄遗烈。思廓清西夏。兼弱攻昧，三者何先？"杨统进曰："乾归本我所部，终必归服。段业儒生，才非经世，权臣擅命，制不由己，千里伐人，粮运悬绝，且与我邻好，许以分灾共患，乘其危弊，非义举也。吕光衰老，嗣绍冲暗，二子纂、弘，虽颇有文武，而内相猜忌。若天威临之，必应锋瓦解。宜遣车骑镇浩亹，镇北据廉川，乘虚迭出，多方以误之，救右则击其左，救左则击其右，使纂疲于奔命，人不得安其农业。兼弱攻昧，于是乎在，不出二年，可以坐定姑臧。姑臧既拔，二寇不待兵戈，自然服矣。"乌孤然之，遂阴有吞并之志。（第3143页）

段业为吕纂所侵，遣利鹿孤救之。纂惧，烧氏池、张掖谷麦而还。（第3143页）

**秃发利鹿孤**

利鹿孤闻吕光死，遣其将金树、苏翘率骑五千屯于昌松漠口。（第3144页）

吕纂来伐，使傉檀距之。纂士卒精锐，进度三堆，三军扰惧。傉檀下马据胡床而坐，士众心乃始安。与纂战，败之，斩二千余级。纂西击段业，傉檀率骑一万，乘虚袭姑臧。纂弟纬守南北城以自固。傉檀置酒于朱明门上，鸣钟鼓以飨将士，耀兵于青阳门，虏八千余户而归。（第3144页）

于是率师伐吕隆，大败之，获其右仆射杨桓。傉檀谓之曰："安寝危邦，不思择木，老为囚虏，岂曰智也！"桓曰："受吕氏厚恩，位忝端贰，虽洪水滔天，犹欲济彼俱溺，实耻为叛臣以见明主。"傉檀曰："卿忠臣也！"以为左司马。（第3145页）

时利鹿孤虽僭位，尚臣姚兴。杨桓兄经佐命姚苌，早死，兴闻桓有德望，征之。利鹿孤饯桓于城东，谓之曰："本期与卿共成大业，事乖本图，分歧之感，实情深古人。但鲲非溟海，无以运其躯；凤非修梧，无以晞其翼。卿有佐时之器，夜光之宝，当振缨云阁，耀价连城，区区河右，未足以逞卿才力。善勖日新，以成大美。"桓泣曰："臣往事吕氏，情节不建。陛下宥臣于俘虏之中，显同贤旧，每希攀龙附凤，立尺寸之功，龙门既开，而臣违离，公衡之恋，岂曰忘之！"利鹿孤为之流涕。（第3146页）

遣傉檀又攻吕隆昌松太守孟祎于显美，克之。傉檀执祎而数之曰："见机而作，赏之所先；守迷不变，刑之所及。吾方耀威玉门，扫平秦陇，卿固守穷城，稽淹王宪，国有常刑，于分甘乎？"祎曰："明公开翦河右，声播宇内，文德以绥远人，威武以惩不恪，况祎蔑尔，敢距天命！衅鼓之刑，祎之分也。但忠于彼者，亦忠于此。荷吕氏厚恩，受藩屏之任，明公至而归命，恐获罪于执事，惟公图之。"傉檀大悦，释其缚，待之客礼。徙显美、丽靬二千余户而归。嘉祎忠烈，拜左司马。祎请曰："吕氏将亡，圣朝之并河右，昭然已定。但为人守而不全，复忝显任，窃所未安。明公之恩，听祎就戮于姑臧，死且不朽。"傉檀义而许之。（第3146—3147页）

吕隆为沮渠蒙逊所伐，遣使乞师，利鹿孤引群下议之。尚书左丞婆衍仑曰："今姑臧饥荒残弊，谷石万钱，野无青草，资食无取。蒙逊千里行师，粮运不属，使二寇相残，以乘其衅。若蒙逊拔姑臧，亦不能守，适可为吾取之，不宜救也。"傉檀曰："仑知其一，未知其二。姑臧今虽虚弊，地居形胜，河西一都之会，不可使蒙逊据之，宜在速救。"利鹿孤曰："车骑之言，吾之心也。"遂遣傉檀率骑一万救之。至昌松而蒙逊已退，傉檀徙凉泽、段冢五百余家而归。（第3147页）

### 秃发傉檀

姚兴遣将齐难率众迎吕隆于姑臧，傉檀摄昌松、魏安二戍以避之。（第3148页）

［姚］兴凉州刺史王尚遣主簿宗敞来聘。敞父燮，吕光时自湟河太守入为尚书郎，见傉檀于广武，执其手曰："君神爽宏拔，逸气陵云，命世之杰也，必当克清世难。恨吾年老不及见耳，以敞兄弟托君。"至是，傉檀谓敞曰……（第3148页）

傉檀宴群僚于宣德堂，仰视而叹曰："古人言作者不居，居者不作，信矣。"孟祎进曰："张文王筑城苑，缮宗庙，为贻厥之资，万世之业，秦师济河，灌然瓦解。梁熙据全州之地，拥十万之众，军败于酒泉，身死于彭济。吕氏以排山之势，王有西夏，率土崩离，衔璧秦雍。宽饶有言：'富贵无常，忽辄易人。'此堂之建，年垂百载，十有二主，唯信顺可以久安，仁义可以永固，愿大王勉之。"傉檀曰："非君无以闻说言也。"（第3150页）

## 卷一百二十八 慕容超载记

慕容超字祖明，德兄北海王纳之子。苻坚破邺，以纳为广武太守，数岁去官，家于张掖。德之南征，留金刀而去。及垂起兵山东，苻昌收纳及德诸子，皆诛之。纳母公孙氏以耄获免，纳妻段氏方娠，未决，囚之于郡狱。狱掾呼延平，德之故吏也，尝有死罪，德免之。至是，将公孙及段氏逃于羌中，而生超焉。年十岁而公孙氏卒，临终授超以金刀，曰："若天下太平，汝得东归，可以此刀还汝叔也。"平又将超母子奔于吕光。及吕隆降于姚兴，超又随凉州人徙于长安。超母谓超曰："吾母子全济，呼延氏之力。平今虽死，吾欲为汝纳其女以答厚惠。"于是娶之。超自以诸父在东，恐为姚氏所录，乃阳狂行乞。秦人贱之，惟姚绍见而异焉，劝兴拘以爵位。召见与语，超深自晦匿，兴大鄙之，谓绍曰："谚云'妍皮不裹痴骨'，妄语耳。"由是得去来无禁。德遣使迎之，超不告母妻乃归。及至广固，呈以金刀，具宣祖母临终之言，德抚

之号恸。（第3175—3176页）

## 卷一百二十九　沮渠蒙逊载记

沮渠蒙逊，临松卢水胡人也。其先世为匈奴左沮渠，遂以官为氏焉。蒙逊博涉群史，颇晓天文，雄杰有英略，滑稽善权变，梁熙、吕光皆奇而惮之，故常游饮自晦。

会伯父罗仇、麹粥从吕光征河南，光前军大败，麹粥言于兄罗仇曰："主上荒耄骄纵，诸子朋党相倾，谗人侧目。今军败将死，正是智勇见猜之日，可不惧乎！吾兄弟素为所惮，与其经死沟渎，岂若勒众向西平，出苕藋，奋臂大呼，凉州不足定也。"罗仇曰："理如汝言，但吾家累世忠孝，为一方所归，宁人负我，无我负人。"俄而皆为光所杀。宗姻诸部会葬者万余人，蒙逊哭谓众曰："昔汉祚中微，吾之乃祖翼奖窦融，保宁河右。吕王昏耄，荒虐无道，岂可不上继先祖安时之志，使二父有恨黄泉！"众咸称万岁。遂斩光中田护军马邃、临松令井祥以盟，一旬之间，众至万余。屯据金山，与从兄男成推光建康太守段业为使持节、大都督、龙骧大将军、凉州牧、建康公，改吕光龙飞二年为神玺元年（397）。（第3189—3190页）

业将使蒙逊攻西郡，众咸疑之。蒙逊曰："此郡据岭之要，不可不取。"业曰："卿言是也。"遂遣之。蒙逊引水灌城，城溃，执太守吕纯以归。于是王德以晋昌，孟敏以敦煌降业。……吕弘去张掖，将东走，业议欲击之。蒙逊谏曰："归师勿遏，穷寇弗追，此兵家之戒也。不如纵之，以为后图。"业曰："一日纵敌，悔将无及。"遂率众追之，为弘所败。业赖蒙逊而免，叹曰："孤不能用子房之言，以至于此！"业筑西安城，以其将臧莫孩为太守。蒙逊曰："莫孩勇而无谋，知进忘退，所谓为之筑冢，非筑城也。"业不从。俄而为吕纂所败。（第3190页）

吕光遣其二子绍、纂伐业，业请救于秃发乌孤，乌孤遣其弟鹿孤及杨轨救业。绍以业等军盛，欲从三门关挟山而东。纂曰："挟山示弱，取败之道，不如结阵卫之，彼必惮我而不战也。"绍乃引军而南。业将击之，蒙逊谏曰："杨轨恃虏骑之强，有窥觎之志。绍、纂兵在死地，必决战求生。不战则有太山之安，战则有累卵之危。"业曰："卿言是也。"乃按兵不战。绍亦难之，各引兵归。（第3190—3191页）

[段]业，京兆人也。博涉史传，有尺牍之才，为杜进记室，从征塞表。儒素长者，无他权略，威禁不行，群下擅命，尤信卜筮、谶记、巫觋、征祥，故为奸佞所误。（第3192页）

时姚兴遣将姚硕德攻吕隆于姑臧，蒙逊遣从事中郎李典聘于兴，以通和好。蒙逊以吕隆既降于兴，酒泉、凉宁二郡叛降李玄盛，乃遣建忠掔、牧府长史张潜见硕德于姑臧，请军迎接，率郡人东迁。硕德大悦，拜潜张掖太守，掔建康太守。潜劝蒙逊东迁。掔私于蒙逊曰："吕氏犹存，姑臧未拔，硕德粮竭将还，不能久也。何故违离桑梓，受制于人！"辅国莫孩曰："建忠之言是也。"蒙逊乃斩张潜，因下书曰："孤以虚薄，猥忝时运。未能弘阐大猷，戡荡群孽，使桃虫鼓翼东京，封豕荐涉西裔，戎车屡动，干戈未戢，农失三时之业，百姓户不粒食。可蠲省百徭，专功南亩，明设科条，务尽地利。"（第3192—3193页）

姚兴遣将齐难率众四万迎吕隆，隆劝难伐蒙逊，难从之。莫孩败其前军，难乃结盟而还。（第3193页）

俄而蒙逊迁于姑臧，以义熙八年（412）僭即河西王位，大赦境内，改元玄始。置官僚，如吕光为三河王故事。（第3195页）

# 二、《宋书》后凉史料

［南朝梁］沈约：《宋书》，北京：中华书局，1974年。

## 卷二十五　天文志三

［太元］十二年（387），慕容垂寇东阿，翟辽寇河上，姚苌假号安定，符登自立陇上，吕光窃据凉土。（第724页）

## 卷四十七　刘怀肃传

吕训，略阳氏人吕先子也。① （第1406页）

## 卷九十八　氐胡传

［沮渠］蒙逊代父领部曲，有勇略，多计数，为诸胡所推服。吕光自王于凉州，使蒙逊自领营人配箱直，又以蒙逊叔父②罗仇为西平太守。安帝隆安三年（399）春，③吕光遣子镇东将军纂率罗仇伐枹罕虏乞佛乾归，④为乾归所败，光委罪罗仇，杀之。四月，蒙逊求还葬罗仇，因聚万余人叛光，杀临松护军，屯金山。五月，光挥纂击破蒙逊，蒙逊将六七人，⑤逃山中，家户悉亡散。时蒙逊兄男成将兵西守晋昌，闻蒙

---

① 略阳氏人吕先子也，各本并脱"阳"字，张森楷《校勘记》云："略下当有阳字，吕先当是吕光。"按：吕光，为后凉主。
② 叔父，《晋书载记》作"伯父"。
③ 编者注：安帝隆安三年春，"三年"《资治通鉴》作"元年"。
④ 编者注：伐枹罕虏乞佛乾归，"乞佛"《晋书》卷一二五《乞伏国仁载记》作"乞伏"。
⑤ 蒙逊将六七人，各本并脱"蒙逊"二字，据《通鉴》晋安帝隆安元年补。

逊反，引军还，杀酒泉太守叠滕，<sup>①</sup>推建康太守段业为主。业自号龙骧大将军、凉州牧、建康公，以男成为辅国将军。……三年（399）四月，业使蒙逊将万人攻光弟子纯于西郡，经旬不克，乃引水灌城，窘急乞降，执之以归。（第2412页）

吕光死，子纂立。［元兴］元年（402），<sup>②</sup>为从弟隆所篡。姚兴攻凉州，隆称臣请降，蒙逊亦遣使诣兴，兴以为镇西将军、沙州刺史、西海侯。二年（403）二月，<sup>③</sup>蒙逊与西平虏秃发傉檀共攻凉州，为隆所破。十月，傉檀复攻隆。三年（404）三月，<sup>④</sup>隆以蒙逊、傉檀交逼，遣弟超诣姚兴求迎。七月，兴遣将齐难迎隆，隆说难伐蒙逊，蒙逊惧，遣弟为质，献宝货于难，乃止，以武卫将军王尚行凉州刺史而还。（第2413页）

---

① 杀酒泉太守叠滕，"叠滕"《晋书载记》《通鉴》作"垒澄"。
② 编者注：［元兴］元年，《晋书·安帝纪》《资治通鉴》作"隆安五年"。
③ 编者注：［元兴］二年二月，"二年"《资治通鉴》作"元年"。
④ 编者注：［元兴］三年三月，"三年"《资治通鉴》作"二年"。

# 三、《魏书》后凉史料

［北齐］魏收：《魏书》，北京：中华书局，1974年。

## 卷二　太祖纪

［登国四年，389］是岁，氐吕光自称三河王，遣使朝贡。（第23页）

［皇始元年，396］是岁，……吕光僭称天王，号大凉，遣使朝贡。（第28页）

［天兴二年，399］是岁，吕光立其子绍为天王，自称太上皇。光死，庶子纂杀绍僭立。<sup>①</sup>（第36页）

［天兴四年，401］是岁，……吕光弟子隆杀纂自立。（第39页）

## 卷五十二　宋繇传

宋繇，字体业，敦煌人也。曾祖配、祖悌，世仕张轨子孙。……吕光时，举秀才，除郎中。后奔段业，业拜繇中散、常侍。繇以业无经济远略，西奔李暠，历位通显。（第1152页）

## 卷六十　程骏传

程骏，字驎驹，本广平曲安人也。六世祖良，晋都水使者，坐事流于凉州。祖父肇，吕光民部尚书。（第1345页）

---

① 庶子纂杀绍僭立，百衲本、南本"庶子"作"太子"，北、汲、殿、局四本作"庶子"。按《晋书》卷一二二《吕光载记》，吕光的太子即绍，纂乃光庶长子。今从北本以下诸本。

## 卷九十五 略阳氐吕光传

略阳氐吕光，字世明，本出略阳。父婆楼，苻坚太尉。光年十岁，游戏好战阵之法，为诸儿所推。身长八尺四寸，肘有肉印。从王猛征讨，稍迁破虏将军。

坚以光为骁骑将军，率众七千讨西域，所经诸国，莫不降附。光至龟兹，王帛纯拒之，西域诸胡救帛纯者，七十余万人。光乃结阵为勾锁之法，战于城西，大破之，斩级万余，帛纯逃走，降者三十余国。光以驼二千余头，致外国珍宝及奇伎、异戏、殊禽、怪兽千有余品，骏马万余匹而还。苻坚凉州刺史梁熙遣兵拒之，光击破熙军，遂入姑臧。斩熙，自署护羌校尉、凉州刺史。

登国初，又自称使持节、大都督、大将军、凉州牧、酒泉公。主簿尉祐，奸佞浅薄，光宠任之，谮诛姚皓、尹景等名士十余人。于是远近失望，人怀离贰。四年（389），光私称三河王，遣使朝贡。置官自丞郎已下，犹摄州事。号麟嘉元年。皇始初，光僭称天王，置百官，改号龙飞，立子绍为太子。遣使朝贡。光疾甚，立绍为天王，自号太上皇帝。光死，长子纂杀绍僭立。

纂，字永绪。既自立，号咸宁元年（399）。纂弟大司马洪，名犯显祖讳，以猜忌不容，起兵攻纂，纂杀之，纵兵大掠。纂笑谓左右曰："今日之战何如？"纂侍中房晷对曰："先帝始崩，太子以幽逼致殂；山陵甫讫，大司马疑惧肆逆。京邑交兵，友于接刃。虽洪自取夷灭，亦由陛下无棠棣之义。且洪妻陛下弟妇也，洪女陛下之侄女也，奈何使小人污辱为婢妾。天地神明，岂忍见此！"因歔欷流涕。纂谢之，乃收洪妻子。

纂昏虐任情，游田无度，耽荒酒色，与左右因醉驰猎于坑涧之间，或有谏者，纂皆不纳。又性多猜忌，忍于杀戮。纂从弟超杀纂。纂弟纬单马入城，超杀之而立其兄隆。

隆，字永基，光弟宝之子也。初，超让位于隆，隆难之，超曰："今犹乘龙上天，岂得中下！"乃僭位，改神鼎元年（401）。超使纂妻杨氏及侍婢数人殡纂于城西，超虑杨持珍宝出，使人搜之。杨氏责超曰："郎君兄弟手刃相图，新妇旦夕死人，用金宝何为！"超惭而退。杨氏国色，超将妻焉，谓其父桓曰："后若自杀，祸及卿宗。"桓以告之，杨氏曰：“大人本卖女与氏，以图富贵，一之以甚，复可使女辱于二氏乎！”乃自杀。

沮渠蒙逊、秃发傉檀频来攻击，河西之民，不得农植，谷价涌[踊]贵，斗直钱五千文，人相食，饿死者千余口。姑臧城门昼闭，樵采路断，民请出城，乞为夷虏奴婢者，日有数百。隆恐沮动人情，尽坑之。于是积尸盈于衢路，户绝者十有九焉。屡为蒙逊攻逼，乃请迎于姚兴。遣齐难率众迎之，隆遂降焉。至长安，寻复为兴所诛。（第2085—2087页）

## 卷九十九　鲜卑秃发乌孤传

［秃发］思复犍死，乌孤统任。皇始初，吕光拜乌孤益州牧、左贤王。乌孤私署大都督、大将军、大单于、西平王，年号太初。天兴初，乌孤又称武威王，徙治乐都，置车骑将军已下，分立郡县。乌孤因酒走马，马倒伤胁，笑曰：“几为吕光父子所喜。”既而遂死。

弟凉州牧、西平公利鹿孤统任，徙治西平，改年建和。使使朝贡。遣弟车骑将军傉檀拒吕纂，纂士马精锐，军人大惧，傉檀下马据胡床，以安众情。乃贯甲交战，破纂军，斩二千余级。①（第2200—2201页）

## 卷九十九　私署凉王李暠传

李暠，字玄盛，小字长生，陇西狄道人也。……皇始中，吕光建康太守段业自称凉州牧，以敦煌太守孟敏为沙州刺史，暠为效谷令。敏死，敦煌护军郭谦等推暠为宁朔将军、敦煌太守。（第2202页）

## 卷九十九　卢水胡沮渠蒙逊传

胡沮渠蒙逊，本出临松卢水，其先为匈奴左沮渠，遂以官为氏。蒙逊滑稽有权变，颇晓天文，为诸胡所归。吕光杀其伯父西平太守罗仇，蒙逊聚众万余，屯于金山，与从兄晋昌太守②男成共推建康太守段业为使持节、大都督、龙骧大将军、凉州牧、建康公，称神玺元年（397）。（第2203页）

---

① 斩二千余级，诸本无“斩”字，于文理不洽，今据《晋书》卷一二六补。
② 编者注：太守，《晋书》卷一二二《吕光载记》作“守将”。

## 卷一百一 高昌传

高昌者，车师前王之故地，汉之前部地也。东西二千里，南北五百里，四面多大山。或云昔汉武遣兵西讨，师旅顿弊其中，尤困者因住焉。地势高敞，人庶昌盛，因云"高昌"。亦云其地有汉时高昌垒，故以为国号。东去长安四千九百里，汉西域长史、戊己校尉并居于此。晋以其地为高昌郡，张轨、吕光、沮渠蒙逊据河西，皆置太守以统之。（第2243页）

## 卷一百二 西域传

龟兹国，在尉犁西北，白山之南一百七十里，都延城，汉时旧国也。去代一万二百八十里。其王姓白，即后凉吕光所立白震之后。（第2266页）

# 四、《梁书》后凉史料

[唐] 姚思廉:《梁书》, 北京: 中华书局, 1973年。

## 卷五十四 诸夷·西北诸戎传

西北诸戎, 汉世张骞始发西域之迹, 甘英遂临西海, 或遣侍子, 或奉贡献, 于时虽穷兵极武, 仅而克捷, 比之前代, 其略远矣。魏时三方鼎峙, 日事干戈, 晋氏平吴以后, 少获宁息, 徒置戊己之官, 诸国亦未宾从也。继以中原丧乱, 胡人递起, 西域与江东隔碍, 重译不交。吕光之涉龟兹, 亦获蛮夷之伐蛮夷, 非中国之意也。自是诸国分并, 胜负强弱, 难得详载。(第809页)

龟兹者, 西域之旧国也。……太元七年(382), 秦主苻坚遣将吕光伐西域。至龟兹, 龟兹王帛纯载宝出奔, 光入其城。城有三重, 外城与长安城等, 室屋壮丽, 饰以琅玕金玉。光立帛纯弟震为王而归, 自此与中国绝不通。(第813页)

# 五、《周书》后凉史料

[唐] 令狐德棻等：《周书》，北京：中华书局，1971年。

## 卷五十 异域传下

高昌者，车师前王之故地。东去长安四千九百里，汉西域长史及戊己校尉，并治于此。晋以其地为高昌郡。张轨、吕光、沮渠蒙逊据河西，皆置太守以统之。其后有阚爽及沮渠无讳，并自署为太守。（第914页）

龟兹国在白山之南一百七十里，东去长安六千七百里。其王姓白，①即后凉吕光所立白震之后。（第917页）

---

① 其王姓白，按龟兹王姓，"帛""白"互见，《梁书》卷五四《龟兹传》作"帛"，《晋书》卷九七《龟兹传》作"白"，而卷一二二《吕光载记》又作"帛"，其例甚多。

# 六、《北史》后凉史料

[唐] 李延寿:《北史》,北京:中华书局,1974年。

## 卷一 魏本纪第一·太祖道武帝拓跋珪

[登国四年,389] 是 [二] 月,吕光自称三河王。(第12页)

[皇始元年,396] 是 [六] 月,……吕光僭称天王,国号凉。(第14页)

[天兴二年,399] 十二月,……吕光立其子绍为天王,自称太上皇,及死,庶子纂杀绍僭立。(第20页)

[天兴四年,401] 是 [二] 月,吕光弟子隆弑吕纂而自立。(第21页)

## 卷三十四 宋繇传

宋繇字体业,敦煌人也,世仕张氏……吕光时,举秀才,除郎中。后奔段业,为中散骑常侍。[1]以业无远略,西奔凉武昭王。(第1270页)

## 卷四十 程骏传

程骏字骠骒,本广平曲安人也。六世祖良,晋都水使者,坐事流凉州。祖父肇,吕光人部尚书。[2](第1450页)

---

① 为中散骑常侍,《魏书》卷五二《宋繇传》无"骑"字,按:"为中散骑常侍"无此官名,疑有讹误。

② 吕光人部尚书,《魏书》卷六〇《程骏传》"人"作"民",《北史》避唐讳改。

## 卷九十三　僭伪附庸·北凉沮渠氏传

［沮渠］蒙逊代父领部曲，有勇略，多计数，颇晓天文，为诸胡所推服。吕光自王于凉土，使蒙逊自领营人，配箱直。又以蒙逊叔父罗仇为西平太守。后遣其子慕①率罗仇伐乞伏乾归于枹罕，为乾归所败，杀之。蒙逊求还葬罗仇，因聚众屯金山，与从兄晋昌太守男成共推建康太守段业为使持节、大都督、龙骧大将军、凉州牧、建康公，称神玺元年。（第3082页）

## 卷九十七　西域传

高昌者，车师前王之故地，汉之前部地也。东西二千里，南北五百里，四面多大山。或云：昔汉武遣兵西讨，师旅顿弊，其中尤困者因住焉。地势高敞，人庶昌盛，因名"高昌"。亦云：其地有汉时高昌垒，故以为国号。东去长安四千九百里，汉西域长史及戊己校尉并居于此。晋以其地为高昌郡。张轨、吕光、沮渠蒙逊据河西，皆置太守以统之。（第3212页）

龟兹国，在尉犁西北，白山之南一百七十里，都延城，汉时旧国也。去代一万二百八十里。其王姓白，即后凉吕光所立白震之后。（第3217页）

## 卷一百　序传

凉武昭王暠，字玄盛，小字长生，简公昶之子也。遗腹而诞，祖母梁氏，亲加抚育。幼好学，性沉敏宽和，美器度，通涉经史，尤长文义。及长，颇习武艺，诵孙、吴兵法。常与吕光太史令郭黁及其同母弟宋繇同宿。黁起谓繇曰："君当位极人臣，李君必有国土之分。家有骊黄马生白额驹。此其时也。"及吕光之末，段业自称凉州牧，以昭王为效谷令。而敦煌护军冯翊郭谦、沙州（治）中从事②敦煌索仙等以昭王温毅有惠政，推为宁朔将军、敦煌太守。昭王初难之。会宋繇仕于业，告归，言于昭王曰："兄忘郭黁言邪？白额驹今已生矣！"昭王乃从之。寻进号冠军将军，称藩于业。（第3314—3315页）

---

① 编者注：后遣其子慕，按吕光诸子无"吕慕"而有庶长子"吕纂"，"慕"当"纂"之讹误。

② 编者注：沙州中从事，"州"字后夺"治"字，今补。

# 七、《隋书》后凉史料

［唐］魏征、令狐德棻：《隋书》，
北京：中华书局，1973年。

## 卷十四 音乐志中

［尚药典御祖珽］上书曰："魏氏来自云、朔，肇有诸华，乐操土风，未移其俗。至道武帝皇始元年（396），破慕容宝于中山，获晋乐器，不知采用，皆委弃之。天兴初，吏部郎邓彦海，奏上庙乐，创制宫悬，而钟管不备。乐章既阙，杂以《簸逻回歌》。初用八佾，作《皇始》之舞。至太武帝平河西，得沮渠蒙逊之伎，宾嘉大礼，皆杂用焉。此声所兴，盖苻坚之末，吕光出平西域，得胡戎之乐，因又改变，杂以秦声，所谓《秦汉乐》也。至永熙中，录尚书长孙承业，共臣先人太常卿莹等，斟酌缮修，戎华兼采，至于钟律，焕然大备。自古相袭，损益可知，今之创制，请以为准。"（第313—314页）

## 卷十五 音乐志下

《西凉》者，起苻氏之末，吕光、沮渠蒙逊等，据有凉州，变龟兹声为之，号为秦汉伎。魏太武既平河西得之，谓之《西凉乐》。至魏、周之际，遂谓之《国伎》。……（第378页）

《龟兹》者，起自吕光灭龟兹，因得其声。吕氏亡，其乐分散，后魏平中原，复获之。其声后多变易。至隋有《西国龟兹》《齐朝龟兹》《土龟兹》等，凡三部。……（第378页）

## 卷三十三 经籍志二·史

《凉记》十卷记吕光事。伪凉著作佐郎段龟龙撰。（第963页）

# 八、《旧唐书》后凉史料

［五代后晋］刘昫等：《旧唐书》，
北京：中华书局，1975 年。

## 卷四十　地理志三

### 河西道·凉州中都督府

姑臧……晋末，张轨据姑臧，称前凉。吕光又称后凉。……（第 1640 页）

昌松，汉苍松县，属武威郡。后凉吕光改为昌松。（第 1640 页）

# 九、《新唐书》后凉史料

［宋］欧阳修、宋祁：《新唐书》，
北京：中华书局，1975年。

## 卷四十 地理志四

### 陇右道

西州交河郡，中都督府。贞观十四年（640）平高昌，以其地置。开元中曰金山都督府。天宝元年（742）为郡。……户万九千一十六，口四万九千四百七十六。县五。有天山军，开元二年置。自州西南有南平、安昌两城，百二十里至天山西南入谷，经礠石碛，二百二十里至银山碛，又四十里至焉耆界吕光馆。又经盘石百里，有张三城守捉。又西南百四十五里经新城馆，渡淡河，至焉耆镇城。（第1046页）

第二章

编年类

# 《资治通鉴》后凉史料

[宋] 司马光编纂，[元] 胡三省注：《资治通鉴》，北京：中华书局，2011 年。

## 卷九十九，东晋穆帝永和七年（351）

### 正月

苻健左长史贾玄硕等请依刘备称汉中王故事，事见六十八卷汉献帝建安二十四年。表健为都督关中诸军事、大将军、大单于、秦王。玄硕欲表言之于晋朝。单，音蝉。健怒曰："吾岂堪为秦王邪！且晋使未返，使，疏吏翻。我之官爵，非汝曹所知也。"既而密使梁安讽玄硕等上尊号，上，时掌翻。健辞让再三，然后许之。丙辰，健即天王、大单于位，苻健，字建业，洪第三子。国号大秦，大赦，改元皇始。追尊父洪为武惠皇帝，庙号太祖；立妻强氏为天王后，强，其两翻，氏姓也。子苌为太子，靓为平原公，苌，仲良翻。靓，疾正翻。生为淮南公，觌为长乐公，乐，音洛。方为高阳公，硕为北平公，腾为淮阳公，柳为晋公，桐为汝南公，廋为魏公，廋，所鸠翻。武为燕公，幼为赵公。以苻雄为都督中外诸军事、丞相、领车骑大将军、雍州牧、东海公；雍，于用翻。苻菁为卫大将军、平昌公，宿卫二宫；二宫，健所居及子苌所居也。雷弱儿为太尉，毛贵为司空，略阳姜伯周为尚书令，梁楞为左仆射，楞，卢登翻。王堕为右仆射，鱼遵为太子太师，强平为太傅，段纯为太保，吕婆楼为散骑常侍。散，悉亶翻。骑，奇寄翻。伯周，健之舅；平，王后之弟；婆楼，本略阳氐酋也。酋，慈由翻。（第3161—3162页）

## 卷九十九，东晋穆帝永和十年（354）

### 六月

[前]秦东海敬武王[苻]雄攻乔秉于雍；雍，于用翻。丙申，卒。秦主健哭之呕血，曰："天不欲吾平四海邪！何夺吾元才之速也？"苻雄，字元才。赠魏王，葬礼依晋安平献王故事。雄以佐命元勋，章：十二行本「勋」下有「位兼将相」四字；乙十一行本同；退斋校同。权侔人主，而谦恭汎爱，遵奉法度，故健重之，常曰："元才，吾之周公也。"

子坚袭爵。坚袭爵东海王。坚性至孝，幼有志度，博学多能，交结英豪，吕婆楼、强汪及略阳梁平老皆与之善。苻坚事始此。（第3193页）

## 卷一百，东晋穆帝升平元年（357）

### 五月

[前秦]东海王坚，素有时誉，时誉者，为时人所称美也。与故姚襄参军薛赞、权翼善。赞、翼密说坚曰：说，输芮翻。"主上猜忍暴虐，中外离心，方今宜主秦祀者，非殿下而谁！愿早为计，勿使他姓得之！"坚以问尚书吕婆楼，婆楼曰："仆，刀镮上人耳，魏、晋之间，率以刀镮筑杀人；言将为生所杀也。或曰：刀以锋刃为用，刀镮以上无所用之；婆楼以自喻。镮，户关翻。不足以办大事。仆里舍有王猛，其人谋略不世出，不世出者，言世间不常生此人。殿下宜请而咨之。"坚因婆楼以招猛，一见如旧友；语及时事，坚大悦，自谓如刘玄德之遇诸葛孔明也。见六十五卷汉献帝建安十二年。（第3213—3214页）

### 六月

[前秦]特进、领御史中丞梁平老等谓坚曰："主上失德，上下嗷嗷，嗷嗷，众口愁声。人怀异志，燕、晋二方，伺隙而动，伺，相吏翻。恐祸发之日，家国俱亡。此殿下之事也，宜早图之！"坚心然之，畏生趫勇，未敢发。趫，丘妖翻，捷也。

生夜对侍婢言曰："阿法兄弟亦不可信，阿，传读从安入声。明当除之。"明，谓明旦，犹言明日也。婢以告坚及坚兄清河王法。法与梁平老及特进光禄大夫强汪，帅壮士数百潜入云龙门，魏明帝起洛阳宫，宫城正南门曰云龙门。苻氏据长安，亦以宫城正南门为云龙门。帅，读曰率；下同。坚与吕婆楼帅麾下三百人鼓噪继进，宿卫将士皆舍仗归坚。舍，读曰捨。生犹醉寐，坚兵至，生惊问左右曰："此辈何人？"左右曰："贼也！"生曰："何不拜之！"坚兵皆笑。生又大言："何不速拜，不拜者斩之！"坚兵引生置别室，废为越王。寻杀之，谥曰厉王。年二十三。

坚以位让法，法曰："汝嫡嗣，且贤，宜立。"坚母苟氏，雄之元妃，故谓坚为嫡嗣。坚曰："兄年长，宜立。"长，知两翻。坚母苟氏泣谓群臣曰："社稷事重，小儿自知不能。他日有悔，失在诸君。"群臣皆顿首请立坚。坚乃去皇帝之号，去，羌吕翻。称大秦天王，即位于太极殿，苻坚，字永固，雄之子也。诛生倖臣中书监董荣、左仆射赵韶等二十余人。大赦，改元永兴。追尊父雄为文桓皇帝，母苟氏为皇太后，妃苟氏为皇后，世子宏为皇太子，以清河王法为都督中外诸军事、丞相、录尚书事、东海公，诸王皆降爵为公。以从祖右光禄大夫、永安公侯为太尉，晋公柳为车骑大将军、尚书令。从，才用翻。骑，奇寄翻。封弟融为阳平公，双为河南公，子丕为长乐公，乐，音洛。晖为平原公，熙为广平公，叡为钜鹿公。以汉阳李威为左仆射，李威于坚母有辟阳之宠，故擢用之。梁平老为右仆射，强汪为领军将军，吕婆楼为司隶校尉，王猛为中书侍郎。（第3214—3215页）

## 卷一百，东晋穆帝升平二年（358）

### 二月

秦王坚自将讨张平，将，即亮翻。以邓羌为前锋督护，帅骑五千，军于汾上；汾水之上也。帅，读曰率。骑，奇寄翻。平使养子蚝御之。蚝，七吏翻。蚝多力趫捷，趫，丘妖翻。能曳牛却走；城无高下，皆可超越。与羌相持旬余，莫能相胜。三月，坚至铜壁，河、汾之间有铜川，其民遇乱，筑铜壁以自守，因曰铜壁。平尽众出战，蚝单马大呼，出入秦陈者四、五。呼，火故翻。陈，读曰阵。坚募人生致之，鹰扬将军吕光刺蚝，中之，刺，七亦翻。中，竹仲翻。邓羌擒蚝以献，平众大溃。平惧，请降。降，户江翻；下同。坚拜平右将军，以蚝为虎贲中郎将。贲，音奔。将，即亮翻；下同。蚝，本姓弓，《姓谱》：弓姓，鲁叔弓之后。上党人也，坚宠待甚厚，常置左右。秦人称邓羌、张蚝皆万人敌。光，婆楼之子也。坚徙张平部民三千余户于长安。（第3218页）

## 卷一百一，东晋海西公太和三年（368）

### 三月

秦杨成世为赵公双将苟兴所败，毛嵩亦为燕公武所败，奔还。秦王坚复遣武卫将军王鉴、宁朔将军吕光、将军冯翊郭将、翟傉等帅众三万讨之。败，补迈翻。复，扶又翻。傉，奴沃翻。夏，四月，双、武乘胜至于榆眉，以苟兴为前锋。王鉴欲速战，吕光曰："兴新得志，气势方锐，宜持重以待之。彼粮尽必退，退而击之，蔑不济矣！"二旬而兴退。光曰："兴可击矣。"遂追之，兴败。因击双、武，大破之，斩获万五千级。武弃安定，与双皆奔上邽，鉴等进攻之。（第3261页）

## 卷一百四，东晋孝武帝太元三年（378）

### 十月

秦豫州刺史北海公重镇洛阳，谋反。秦王坚曰："长史吕光忠正，必不与之同。"即命光收重，槛车送长安，赦之，以公就第。重，洛之兄也。（第3337页）

## 卷一百四，东晋孝武帝太元四年（379）

### 三月

癸未，〔东晋〕使右将军毛虎生帅众三万击巴中，以救魏兴。巴中，即巴郡。前锋督护赵福等至巴西，为秦将张绍等所败，败，补迈翻。亡七千余人。虎生退屯巴东。蜀人李乌①聚众二万，围成都以应虎生，秦王坚使破虏将军吕光击灭之。破虏将军，盖符秦所置。（第3340页）

## 卷一百四，东晋孝武帝太元五年（380）

### 四月

〔前秦幽州刺史行唐公苻洛反〕秦王坚召群臣谋之，步兵校尉吕光曰："行唐公以至亲为逆，此天下所共疾。愿假臣步骑五万，取之如拾遗耳。"坚曰："重、洛兄弟，据东北一隅，兵赋全资，未可轻也。"光

---

① 编者注：李乌，《晋书》卷一二二《吕光载记》作"李焉"。

曰："彼众迫于凶威，一时蚁聚耳。若以大军临之，势必瓦解，不足忧也。"坚乃遣使让洛，使还和龙，当以幽州永为世封。洛谓使者曰："汝还白东海王，坚本封东海王。幽州褊狭，不足以容万乘，须王秦中以承高祖之业。苻健庙号高祖。乘，绳证翻。王，于况翻。若能迎驾潼关者，当位为上公，爵归本国。"坚怒，遣左将军武都窦冲及吕光帅步骑四万讨之；右将军都贵驰传诣邺，都，姓；贵，名。郑公孙阏字子都，子孙以为氏。传，株恋翻。将冀州兵三万为前锋；将，即亮翻。以阳平公融为征讨大都督。

北海公重悉蓟城之众与洛会，屯中山，有众十万。蓟，音计。五月，窦冲等与洛战于中山，洛兵大败，生擒洛，送长安。北海公重走还蓟，吕光追斩之。屯骑校尉石越自东莱帅骑一万，浮海袭和龙，斩平规，幽州悉平。坚赦洛不诛，徙凉州之西海郡。汉献帝兴平二年，武威太守张雅请置西海郡于居延。（第3344—3345页）

## 卷一百四，东晋孝武帝太元七年（382）

九月，车师前部王弥寘、鄯善王休密驮，寘，堂见翻。驮，堂何翻。入朝于秦，朝，直遥翻。请为乡导，以伐西域不服者，乡，读曰向。因如汉法置都护以统理之。秦王坚以骁骑将军吕光为使持节、都督西域征讨诸军事，骁，坚尧翻。骑，奇寄翻；下同。使，疏吏翻。与凌江将军姜飞、凌江将军，晋文王所置，以受罗宪。轻车将军彭晃、将军杜进、康盛等，杜进、康盛位至将军，未有将军号。总兵十万，铁骑五千，以伐西域。阳平公融谏曰："西域荒远，得其民不可使，得其地不可食，汉武征之，得不补失。谓汉武伐之〔大〕宛，破楼兰、姑师，田车师也。今劳师万里之外，以蹱汉氏之过举，臣窃惜之。"不听。（第3351页）

## 卷一百五，东晋孝武帝太元八年（383）

春，正月，秦吕光发长安，以鄯善王休密驮、车师前部王弥寘为乡导。鄯，上扇翻。驮，唐何翻。寘，徒贤翻，又唐见翻。乡，读曰向。（第3357页）

### 十二月

秦吕光行越流沙三百余里，自玉门出，度流沙，西行至鄯善，北行至车师。又，且末国在鄯善西，其国之西北，有流沙数百里，夏日有热风，为行旅之患。风之所至唯老驼预知之，即嗔而聚立，埋其口鼻于沙中，人每以为候，亦即将毡拥蔽鼻口。其风迅驶，斯须过尽，若不防者，必致危毙。桑钦曰：流沙地在张掖居延县西北。杜佑曰：流沙在沙州，敦煌郡西八十里。郦道元曰：弱水入流沙。流沙，与水流行也。亦言出钟山，西行极崦嵫之山，在西海郡北；流沙又迳浮渚，历墼市之国，又迳于鸟山之东朝云国，西历崑山，西南出于过瀛之山。《大荒山经》曰：西南海之外，流沙出焉。**焉耆等诸国等〔衍〕皆降。唯龟兹王帛纯拒之，**龟兹，音丘慈。**婴城固守，光进军攻之。**（第3366—3367页）

## 卷一百五，东晋孝武帝太元九年（384）

### 七月

**龟兹王帛纯窘急，**吕光自去年进军攻龟兹。龟兹，音丘慈。窘，渠陨翻。**重赂狯胡以求救；**狯胡，盖又在龟兹之西。杨正衡曰：狯，古迈翻。**狯胡王遣其弟呐龙、侯将馗帅骑二十余万，**呐龙一人，馗有一人，侯将，官称也；汉时西域诸国，各有辅国侯、安国侯、左右将，其后盖并侯将为一官。呐，女劣翻，又女郁翻。将，即亮翻。馗，渠追翻。**并引温宿、尉头【严："头" 改 "须"。】等诸国兵合七十余万以救龟兹；秦吕光与战于城西，大破之。帛纯出走，王侯降者三十余国。**降，户江翻。**光入其城，城如长安市邑，宫室甚盛。光抚宁西域，威恩甚著，远方诸国，前世所不能服者，皆来归附，上汉所赐节传；**上，时掌翻。传，张恋翻。**光皆表而易之，立帛纯弟震为龟兹王。**（第3383页）

### 八月

**秦王坚闻吕光平西域，以光为都督玉门以西诸军事，西域校尉。道绝，不通。**（第3384页）

## 卷一百六，东晋孝武帝太元十年（385）

### 三月

**吕光以龟兹饶乐，**龟兹，音丘慈。乐，音洛。**欲留居之。天竺沙门鸠摩罗什谓光曰："此凶亡之地，不足留也；**据《载记》，鸠摩罗，姓也；什，其名。**将军但东归，中道自有福地可居。"**鸠摩罗什知数，知吕光必得凉州之地而据之。**光乃大飨将士，议进止，众皆欲还。乃以驼二万余头载外国珍宝奇玩，驱骏马万余匹而还。**还，音旋，又如字。（第3394页）

### 九月

**吕光自龟兹还至宜禾，**班《志》：敦煌郡广至县昆仑障，宜禾都尉治，晋分为宜禾县，属晋昌郡。刘昫曰：瓜州常乐县，汉广至县；魏分广至置宜禾县；李暠于此置凉兴郡，隋废，置常乐镇，武德五年，改镇为县。龟兹，音丘慈。秦凉州刺史梁熙谋闭境拒之。高昌太守杨翰言于熙曰：李延寿曰：高昌者，车师前王之故地。昔汉武帝遣兵西讨，师旅顿弊，其中尤困者住焉，地势高敞，人庶昌盛，因名高昌。其地有汉时高昌垒。晋为高昌郡，后因为国名。"吕光新破西域，兵强气锐，闻中原丧乱，丧，息浪翻。必有异图，河西地方万里，带甲十万，足以自保。若光出流沙，其势难敌。高梧谷口险阻之要，宜先守之而夺其水；高梧谷口，当在高昌西界。彼既穷渴，可以坐制。如以为远，伊吾关亦可拒也。伊吾县，晋置，属晋昌郡，有伊吾关。度此二厄，虽有子房之策，无所施矣！"言地险既失，虽有张良之计，无所用也。熙弗听。美水令犍为张统谓熙曰："今关中大乱，京师存亡不可知。长安已陷，而凉州不知，道梗故也。犍，居言翻。吕光之来，其志难测，将军何以抗之？"熙曰："忧之，未知所出。"统曰："光智略过人，今拥思归之士，乘战胜之气，其锋未易当也。易，以豉翻。将军世受大恩，忠诚夙著，立勋王室，宜在今日。行唐公洛，上之从弟，勇冠一时，从，才用翻。冠，古玩翻。为将军计，莫若奉为盟主以收众望，推忠义以帅群豪，帅，读曰率；下同。则光虽至，不敢有异心也。资其精锐，东兼毛兴，毛兴时刺河州。连王统、杨壁，王统时刺秦州，杨壁时刺南秦州。合四州之众，扫凶逆，宁帝室，此桓、文之举也。"熙又弗听，杀洛于西海。洛徙西海见一百四卷太元五年。梁熙既欲拒吕光，又杀苻洛，不过欲保据凉州，非有扶颠持危之志也。

光闻杨翰之谋，惧，不敢进。杜进曰："梁熙文雅有余，机鉴不足，终不能用翰之谋，不足忧也。宜及其上下离心，速进以取之。"光从之。进至高昌，杨翰以郡迎降。熙不能用杨翰之谋，翰遂降于光。降，户江翻；下同。至玉门，熙移檄责光擅命还师，以子胤为鹰扬将军，与振威将军南安姚皓、别驾卫翰帅众五万拒光于酒泉。敦煌太守姚静、晋昌太守李纯以郡降光。敦，徒门翻。光报檄凉州，责熙无赴难之志，难，乃旦翻。而遏归国之众；遣彭晃、杜进、姜飞为前锋，与胤战于安弥，安弥县自汉以来属酒泉郡。大破，擒之。于是四山胡、夷皆附于光。武威太守彭济执熙以降，光杀之。

光入姑臧，自领凉州刺史，表杜进为武威太守，自余将佐，各受职位。凉州郡县皆降于光，独酒泉太守宋皓、西郡太守宋【章：十二行本

"宋"作"索",乙十一行本同;孔本同;张校同;退斋校同。】泮《晋志》曰:汉分张掖之日勒、删丹等县置西郡,其地当岭要。城守不下。光攻而执之,让泮曰:"吾受诏平西域,而梁熙绝我归路,此朝廷之罪人,卿何为附之?"泮曰:"将军受诏平西域,不受诏乱凉州,梁公何罪而将军杀之?泮但苦力不足,不能报君父之仇耳,岂肯如逆氐彭济之所为乎!主灭臣死,固其常也。"光杀泮及皓。

主簿尉祐,奸佞倾险,尉,姓也,读如字。与彭济俱执梁熙,光宠信之;祐谮杀名士姚皓等十余人,凉州人由是不悦,昔齐人伐燕,胜之。孟子曰:"取之而燕民悦,则取之;取之而燕民不悦,则勿取。"其后燕卒报齐。吕光始得凉土而无以收凉人之心,宜其有国不永也。光以祐为金城太守,祐至允吾,允吾,汉县,属金城郡,晋省。据《水经注》,允吾在广武西北,其地在当时盖属广武郡界。刘昫曰:唐都州龙支县,本汉允吾县,后汉改曰龙耆,后魏改曰金城,又改曰龙支。积石山在今县南。允,音铅。吾,音牙。袭据其城以叛;姜飞击破之,佑奔据兴城。以《载记》参考《水经》,兴城当在允吾之西,白土之东。(第3403—3405页)

## 卷一百六,东晋孝武帝太元十一年(386)

### 二月

初,张天锡之南奔也,见上卷太元八年。秦长水校尉王穆匿其世子大豫,与俱奔河西,依秃发思复鞬,思复鞬,乌孤之父也。鞬,居言翻。思复鞬送魏安。《五代志》:武威郡昌松县,后魏置昌松郡;后周废郡,以揟次县入焉。又有后魏魏安郡,后亦废。《载记》言焦松等迎大豫于揟次,则魏安盖后魏所置郡。《晋书》成于唐,唐史臣以后魏郡名书之耳。孟康曰:揟,音子如翻。次,音恣。魏安人焦松、齐肃、张济等聚兵数千人迎大豫为主,攻吕光昌松郡,拔之,昌松,即汉仓松县地,本属武威郡,盖河西张氏分置郡也。吕光后以郭黁言,改昌松为东张掖郡。执太守王世强。光使辅国将军杜进击之,进兵败,大豫进逼姑臧。王穆谏曰:"光粮丰城固,甲兵精锐,逼之非利;不如席卷岭西,卷,读曰捲。砺兵积粟,然后东向与之争,不及期年,光可取也。"大豫不从,自号抚军将军、凉州牧,改元凤凰,以王穆为长史,传檄郡县,使穆说谕岭西诸郡,自西郡至张掖、酒泉、建康、晋昌,其地皆岭西也。说,输芮翻。建康太守李隰、祁连都尉严纯皆起兵应之,建康郡,张骏置,属凉州。《新唐书·地理志》:甘州张掖县西北百九十里有祁连山,北有建康军,盖张氏置郡地也。《晋书·地理志》:永兴

中，张祚置汉阳县以守牧地，张玄靓改为祁连郡。有众三万，保据杨坞。杨坞在姑臧城西。（第3410—3411页）

### 四月

张大豫自杨坞进屯姑臧城西，王穆及秃发思复鞬子奚于帅众三万屯于城南；鞬，居言翻。吕光出击，大破之，斩奚于等二万余级。（第3415页）

秦大赦，以卫平为抚军将军、河州刺史，吕光为车骑大将军、凉州牧。骑，奇寄翻。使者皆没于后秦，不能达。时秦主丕在晋阳，后秦隔其道，故不能达二镇。（第3415页）

### 九月

吕光得秦王坚凶问，举军缟素，谥曰文昭皇帝。冬，十月，大赦，改元大安。《晋书载记》作"太安"。（第3420页）

### 十一月

张大豫自西郡入临洮，掠民五千余户，保据俱城。俱城在临洮界。（第3422页）

十二月，吕光自称使持节、侍中、中外大都督、督陇右·河西诸军事、大将军、凉州牧、酒泉公。使，疏吏翻。（第3422页）

## 卷一百七，东晋孝武帝太元十二年（387）

### 七月

吕光将彭晃、徐炅攻张大豫于临洮，破之。张大豫奔临洮，见上卷上年。洮，土刀翻。大豫奔广武，王穆奔建康。八月，广武人执大豫送姑臧，斩之。穆袭据酒泉，自称大将军、凉州牧。（第3431页）

### 十二月

凉州大饥，米斗直钱五百，人相食，死者太半。（第3433页）

吕光西平太守康宁自称匈奴王，杀湟河太守强禧以叛。西平郡，东汉之末，分金城置，唐之鄯州，即其地也。湟河郡，河西张氏置，盖亦在鄯州界内。强，其两翻。张掖太守彭晃亦叛，东结康宁，西通王穆。光欲自击晃，诸将皆曰："今康宁在南，伺衅而动，伺，相吏翻。若晃、穆未诛，康宁复至，复，扶又翻。进退狼狈，势必大危。"光曰："实如卿言。然我今不往，是坐待其来也。若三寇连兵，三寇，谓康宁、彭晃、王穆。东西交至，则城外皆非吾有，大事去矣。今晃初叛，与宁、穆情契未密。出其仓猝，取之差易耳。"易，以豉翻。乃自帅骑三万，帅，读曰率。骑，奇寄翻。倍道兼行，既至，攻之二旬，拔其城，诛晃。

初，王穆起兵，遣使招敦煌处士郭瑀，使，疏吏翻。敦，徒门翻。处，昌吕翻。瑀叹曰："今民将左衽，吾忍不救之邪！"乃与同郡索嘏起兵应穆，索，昔各翻。运粟三万石以饷之。穆以瑀为太府左长史、军师将军，嘏为敦煌太守。既而穆听谗言，引兵攻嘏，瑀谏不听，出城大哭，举手谢城曰："吾不复见汝矣！"复，扶又翻。还而引被覆面，覆，敷又翻。不与人言，不食而卒。卒，子恤翻。光闻之曰："二虏相攻，此成擒也，不可以惮屡战之劳而失永逸之机也。"一劳永逸，古语有之。遂帅步骑二万攻酒泉，克之。进屯凉兴，凉兴郡，河西张氏置，在唐瓜州常乐县界。穆引兵东还，未至，众溃，穆单骑走，驿马令郭文斩其首送之。驿马县属酒泉郡，盖魏、晋间所置也。驿，思荣翻。吕光新得河西，党叛于内，敌攻于外，虽数战数胜，而根本不固，宜不足以贻子孙也。（第 3433—3434 页）

## 卷一百七，东晋孝武帝太元十三年（388）

### 三月

吕光之定凉州也，杜进功居多，光以为武威太守，事见上卷十年。贵宠用事，群僚莫及。光甥石聪自关中来，光问之曰："中州人言我为政何如？"聪曰："但闻有杜进耳，不闻有舅。"光由是忌进而杀之。

光与群僚宴，语及政事，参军京兆段业曰："明公用法太峻。"光曰："吴起无恩而楚强，商鞅严刑而秦兴。"业曰："起丧其身，鞅亡其家，皆残酷之致也。吴起事见一卷周安王十五年，商鞅事见二卷显王三十一年。丧，息浪翻。明公方开建大业，景行尧、舜，《诗》曰：高山仰止，景行行止。毛长曰：景，大也。郑玄曰：景，明也。庶几古人，有高德者，则慕仰之，有明行者，则而行之。行，下孟翻。犹惧不济；乃慕起、鞅之为治，治，直吏翻。岂此州士女所望哉！"光改容谢之。沮渠蒙逊兄弟举兵，所以推段业为重，亦由此言为凉州人士所归敬也。（第 3435 页）

## 卷一百七，东晋孝武帝太元十四年（389）

二月，光自称三河王，吕光，字世明。光时有凉州河西之地，未能兼有三河也。大赦，改元麟嘉，置百官。光妻石氏、子绍、弟德世自仇池来至姑臧，长安之乱，吕光之家奔仇池依杨氏。光立石氏为妃，绍为世子。（第3440页）

## 卷一百七，东晋孝武帝太元十六年（391）

### 十月

三河王光遣兵趁虚伐金城王乾归，乘其伐没奕干之虚也。乾归闻之，引兵还，光兵亦退。（第3454页）

## 卷一百八，东晋孝武帝太元十七年（392）

### 八月

三河王光遣其弟右将军宝等攻金城王乾归，宝及将士死者万余人。又遣其子虎贲中郎将纂击南羌彭奚念，纂亦败归。光自将击奚念于枹罕，克之，奚念奔甘松。甘松郡，乞伏国仁所置。及将，即亮翻；下同。贲，音奔。枹，音肤。（第3460页）

## 卷一百八，东晋孝武帝太元十九年（394）

### 正月

初，秃发思复鞬卒，鞬，居言翻。子乌孤立。乌孤雄勇有大志，与大将纷陁谋取凉州。欲并吕光也。将，即亮翻。纷陁曰："公必欲得凉州，宜先务农讲武，礼俊贤，修政刑，然后可也。"乌孤从之。三河王光遣使拜乌孤冠军大将军、河西鲜卑大都统。冠，古玩翻。乌孤与其群下谋之曰："可受乎？"皆曰："吾士马众多，何为属人！"石真若留不对。乌孤曰："卿畏吕光邪？"石真若留曰："吾根本未固，小大非敌，若光致死于我，何以待之！不如受以骄之，俟衅而动，蔑不克矣。"乌孤乃受之。纷陁与石真若留，皆能审宜应事者也。史言秃发乌孤所以兴。纷与石真，盖皆夷姓。（第3465—3466页）

### 七月

三河王光以子覆为都督玉门以西诸军事、西域大都护，镇高昌；命大臣子弟随之。（第3469页）

## 卷一百八，东晋孝武帝太元二十年（395）

秋，七月，三河王光帅众十万伐西秦，帅，读曰率。西秦左辅密贵周、左卫将军莫者羖羝，密以国为氏。《姓谱》：汉有尚书密忠。据《通鉴》下文，则以密贵为姓。莫者，夷复姓。劝西秦王乾归称藩于光，以子敕勃为质。质，音致。光引兵还，乾归悔之，杀周及羖羝。羖，音古。羝，音氏。（第3474—3475页）

秃发乌孤击乙弗、折掘等诸部，皆破降之，筑廉川堡而都之。乙弗、折掘二部，皆在秃发氏之西。廉川在湟中。降，江户翻。广武赵振，少好奇略，少，诗照翻。好，呼到翻。闻乌孤在廉川，弃家从之。乌孤喜曰："吾得赵生，大事济矣！"拜左司马。三河王光封乌孤为广武郡公。（第3475页）

## 卷一百八，东晋孝武帝太元二十一年（396）

### 六月

三河王吕光即天王位，国号大凉，大赦，改元龙飞；吕光，字世明，略阳氐也，父婆楼，为苻坚佐命。备置百官，以世子绍为太子，封子弟为公侯者二十人；以中书令王详为尚书左仆射，著作郎段业等五人为尚书。

光遣使者拜秃发乌孤为征南大将军、益州牧、左贤王。乌孤谓使者曰："吕王诸子贪淫，光诸子见于史者，纂、弘、绍、覆。三甥暴虐，光甥石聪潜杀杜进；余二人当考。远近愁怨，吾安可违百姓之心，受不义之爵乎！吾当为帝王之事耳。"乃留其鼓吹、羽仪，吹，昌瑞翻。谢而遣之。（第3482页）

### 十月

西秦凉州牧轲弹与秦州牧益州不平，轲弹奔凉。（第3487页）

## 卷一百九，东晋安帝隆安元年（397）

### 正月

凉王光以西秦王乾归数反覆，谓乾归既称藩于光而悔之也。数，所角翻。举兵伐之。乾归群下请东奔成纪以避之，成纪县，自汉以来属天水郡，治小坑川，唐并显亲县入成纪县，移成纪县治显亲川。乾归曰："军之胜败，在于巧拙，不在众寡。光兵虽众而无法，其弟延勇而无谋，不足惮也。且其精兵尽在延所，延败，光自走矣。"光军于长最，遣太原公纂等率步骑三万攻金城；乾归帅众二万救之，未至，纂等拔金城。光又遣其将梁恭等以甲卒万余出阳武下峡，阳武下峡在高平西，河水所经也。将，即亮翻。与秦州刺史没奕干攻其东，天水公延以枹罕之众攻临洮、武始、河关，皆克之。临洮县，汉属陇西郡，惠帝分属狄道郡。武始郡，故狄道县地。河关县，前汉属金城郡，后汉属陇西郡，晋属狄道郡。枹，音肤。洮，土刀翻。乾归使人绐延云：绐，待亥翻。"乾归众溃，奔成纪。"延欲引轻骑追之，司马耿稚谏曰："乾归勇略过人，安肯望风自溃！前破王广、杨定，皆赢师以诱之。破杨定，见上卷孝武帝太元十九年。太元十一年，王广为鲜卑匹兰所执，送于后秦；此时乾归未统国事也。乾归破广当在乞伏国仁之时。稚，直利翻。赢，伦为翻。今告者视高色动，殆必有奸，宜整陈而前，使步骑相属，陈，读曰阵。属，之欲翻。俟诸军毕集，然后击之，无不克矣。"延不从，进，与乾归遇，延战死。稚与将军姜显收散卒，还屯枹罕。光亦引兵还姑臧。（第3492—3493页）

秃发乌孤自称大都督、大将军、大单于、西平王，单，音蝉。大赦，改元太初。治兵广武，攻凉金城，克之。凉王光遣将军窦苟伐之，战于街亭，凉兵大败。（第3493页）

## 四月

初，张掖卢水胡沮渠罗仇，匈奴沮渠王之后也，卢水胡分居安定、张掖，史各以其所居郡系之。沮，子余翻。《北史》曰：沮渠世居张掖临松卢水。世为部帅。帅，所类翻。凉王光以罗仇为尚书，从光伐西秦。及吕延败死，罗仇弟三河太守麴粥谓罗仇曰：吕光得凉州，自号三河王，此郡盖光置也。贤曰：三河，谓金城河、赐支河、湟河，此郡当置于汉张掖、金城郡界。"主上荒耄信馋，今军败将死，将，即亮翻。正其猜忌智勇之时也。吾兄弟必不见容，与其死而无名，不若勒兵向西平，出苕藋，河西张氏置西平郡，唐为鄯州之地。苕藋，地名，在汉张掖郡番禾县界。藋，徒吊翻。番，如淳音盘。奋臂一呼，呼，火故翻。凉州不足定也。"罗仇曰："诚如汝言。然吾家世以忠孝著于西土，宁使人负我，我不忍负人也。"光果听馋，以败军之罪杀罗仇及麴粥。罗仇弟子蒙逊，雄杰有策略，涉猎书史，以罗仇、麴粥之丧归葬，诸部多其族姻，会葬者凡万余人。蒙逊哭谓众曰："吕王昏荒无道，多杀不辜。吾之上世，虎视河西，蒙逊之先，世为匈奴左沮渠。河西，匈奴左地也。世居卢水为酋豪，其高曾皆雄健有勇名。今欲与诸部雪二父之耻，复上世之业，何如？"众咸称万岁。遂结盟起兵，攻凉临松郡，拔之。临松郡，张天锡置，后周废入张

掖郡张掖县。屯据金山。《五代史志》：张掖删丹县有金山。沮渠蒙逊事始此。（第3506—3507页）

**五月**

凉王光遣太原公纂将兵击沮渠蒙逊于忽谷，破之。忽谷，当在删丹县界。蒙逊逃入山中。蒙逊从兄男成为凉将军，从，才用翻。闻蒙逊起兵，亦合众数千屯乐涫。乐涫县，汉属酒泉郡，后周废入福禄县。涫，姑欢翻，又古玩翻。酒泉太守垒澄讨男成，兵败，澄死。垒，姓；澄，名。

男成进攻建康，遣使说建康太守段业曰：说，输芮翻。“吕氏政衰，权臣擅命，刑杀无常，人无容处。一州之地，处，昌吕翻。叛者相望，瓦解之形昭然在目，百姓嗷然无所依附。府君奈何以盖世之才，欲立忠于垂亡之国！男成等既唱大义，欲屈府君抚临鄯州，使涂炭之余，蒙来苏之惠，《书》曰：徯我后，后来其苏。何如？”业不从。相持二旬，外救不至，郡人高逵、史惠等劝业从男成之请。业素与凉侍中房晷、仆射王详不平，惧不自安，乃许之。男成等推业为大都督、龙骧大将军、凉州牧、建康公，骧，思将翻。改元神玺。玺，斯氏翻。以男成为辅国将军，委以军国之任。蒙逊帅众归业，帅，读曰率。业以蒙逊为镇西将军。光命太原公纂将兵讨业，不克。将，即亮翻。（第3508—3509页）

**八月**

凉散骑常侍、太常西平郭黁，善天文数术，散，悉亶翻。骑，奇寄翻。黁，奴昆翻。国人信重之。会荧惑守东井，黁谓仆射王详曰：“凉之分野，将有大兵。分，扶问翻。主上老病，太子暗弱，太原公凶悍，悍，下罕翻，又侯肝翻。一旦不讳，祸乱必起。吾二人久居内要，彼常切齿，将为诛首矣。田胡王乞基部落最强，田胡，胡之一种也。二苑之人，多其旧众。吾欲与公举大事，推乞基为主，二苑之众，尽我有也。凉州治姑臧，有东、西苑城。得城之后，徐更议之。”详从之。黁夜以二苑之众烧洪范门，使详为内应；事泄，详被诛，被，皮义翻。黁遂据东苑以叛。民间皆言圣人举兵，事无不成，从之者甚众。

凉王光召太原公纂使讨黁。纂将还，诸将皆曰：“段业必蹑军后，宜潜师夜发。”纂曰：“业无雄才，凭城自守，若潜师夜去，适足张其气势耳。”张，知亮翻。乃遣使告业曰：“郭黁作乱，吾今还都。都谓姑臧。使，疏吏翻。卿能决者，可早出战。”于是引还。业不敢出。

纂司马杨统谓其从兄桓曰：从，才用翻。"郭黁举事，必不虚发。吾欲杀纂，推兄为主，西袭吕弘，据张掖，号令诸郡，此千载一时也。"桓怒曰："吾为吕氏臣，安享其禄，危不能救，岂可复增其难乎！复，扶又翻。难，乃旦翻。吕氏若亡，吾为弘演矣！"春秋卫懿公与狄人战于荧泽，为狄人所杀，弘演纳肝以殉之。桓女配纂，其见亲异于他臣，故云然。统至番禾，遂叛归黁。番禾县，汉属张掖郡，晋属武威郡，唐天宝中，改为天宝县。番，音盘。弘，纂之弟也。

纂与西安太守石元良共击黁，大破之，乃得入姑臧。黁得光孙八人于东苑，及败而恚，恚，于避翻。悉投于锋上，枝分节解，饮其血以盟众，众皆掩目。

凉人张捷、宋生等招集戎、夏三千人，反于休屠城。夏，户雅翻。休屠县，汉属武威郡，因休屠王城以为名也；晋省县。《水经注》：姑臧城西有马城，东城即休屠县故城也。屠，直于翻。与黁共推凉后将军杨轨为盟主。轨，略阳氐也。将军程肇谏曰："卿弃龙头而从蛇尾，非计也。"轨不从；自称大将军、凉州牧、西平公。

纂击破黁将王斐于城西，黁兵势渐衰。遣使请救于秃发乌孤。使，疏吏翻。九月，乌孤使其弟骠骑将军利鹿孤率骑五千赴之。帅，读曰率。骑，奇寄翻。（第3510—3512页）

## 卷一百一十，东晋安帝隆安二年（398）

### 正月

西秦王乾归遣乞伏益州攻凉支阳、鹯武、允吾三城，克之；支阳、允吾，皆汉古县，属金城郡；鹯武城当在二县之间。张寔分支阳属广武郡；允吾盖仍为金城郡治所。刘昫曰：唐兰州广武县，汉枝阳县；鄯州龙支县，汉允吾县。允吾，音铅牙。掳万余人而去。（第3517—3518页）

### 二月

杨轨以其司马郭纬为西平相，率步骑二万北赴郭黁。秃发乌孤遣其弟车骑将军傉檀帅骑一万助轨。纬，于季翻。相，息亮翻。帅，读曰率。黁，奴昆翻。傉，奴沃翻。轨至姑臧，营于城北。（第3520页）

### 四月

凉太原公纂将兵击杨轨，郭黁救之，纂败还。

段业使沮渠蒙逊攻西郡，郡在武威西，据岭之要，蒙逊得之，故晋昌、敦煌皆降。沮，子余翻。执太守吕纯以归。纯，光之弟子也。于是晋昌太守王德、敦煌太守赵郡孟敏皆以郡降业。敦，徒门翻。降，户江翻。业封蒙逊为临池侯，以德为酒泉太守、敏为沙州刺史。（第3524页）

**六月**

杨轨自恃其众，欲与凉王光决战，郭黁每以天道抑止之。言天道未利也，郭黁善数，故如此。黁，奴昆翻。凉常山公弘镇张掖，段业使沮渠男成及王德攻之；光使太原公纂将兵迎之。将，即亮翻。杨轨曰："吕弘精兵一万，若与光合，则姑臧益强，不可取矣。"乃与秃发利鹿孤共邀击纂，纂与战，大破之；轨奔王乞基。王乞基，田胡也。黁性褊急残忍，不为士民所附，褊，补典翻。闻轨败走，将西秦；降，户江翻。西秦王乾归以为建忠将军、散骑常侍。散，悉亶翻。骑，奇寄翻。

弘引兵弃张掖东走，段业徙治张掖，治，直之翻。将追击弘。沮渠蒙逊谏曰："归师勿遏，穷寇勿追，孙子之言。此兵家之戒也。"业不从，大败而还，还，从宣翻。赖蒙逊以免。业城西安，以其将臧莫孩为太守。业置西安郡于张掖东境。孩，河开翻。蒙逊曰："莫孩勇而无谋，知进不知退；此乃为之筑冢，非筑城也！"为，于伪翻。冢，知陇翻。业不从，莫孩寻为吕纂所破。（第3525—3526页）

**八月**

杨轨屯廉川，收集夷、夏，众至万余。夏，户雅翻。王乞基谓轨曰："秃发氏才高而兵盛，且乞基之主也，不如归之。"轨乃遣使降于西平王乌孤。降，户江翻。轨寻为羌酋梁饥所败，酋，慈由翻。败，补迈翻。西奔俍海，阚骃曰：金城临羌县西有卑和羌海。郦道元曰：古西零之地也。俍，音伶。袭乙弗鲜卑而据其地。乌孤谓群臣曰："杨轨、王乞基归诚于我，卿等不速救，使为羌人所覆，孤甚愧之。"平西将军浑屯曰：浑，古有是姓。《左传》：郑有浑罕，卫有浑良夫。吐谷浑氏后改为浑姓。浑，户昆翻。"梁饥无经远大略，可一战擒也。"

饥进攻西平，西平人田玄明执太守郭倖而代之，以拒饥，遣子为质于乌孤。质，音致。乌孤欲救之，群臣惮饥兵强，多以为疑。左司马赵振曰："杨轨新败，吕氏方强，洪池以北，未可冀也，洪池，岭名，在凉州姑臧之南。唐凉州有洪池府。岭南五郡，庶几可取。岭南，谓洪池岭南也。五郡，谓广武、西平、乐都、浇河、湟河也。几，居希翻。大王若无开拓之志，振不敢言，若欲经营四方，此机不可失也。使羌得西平，华、夷震动，非我之利也。"乌孤喜曰："吾亦欲乘时立功，安能坐守穷谷乎！"廉川在塞外，故谓之穷谷。乃谓群臣曰："梁饥若得西平，保据山河，不可复制，西平据湟河之要，有大小榆谷之饶，故云然。复，扶又翻；下同。饥虽骁猛，骁，坚尧翻。军令不整，易破也。"易，以豉翻。遂进击饥，大破之。饥退屯龙支堡。唐鄯州有龙支县。刘昫曰：龙支，汉允吾县地。此时当为西平界。乌孤进攻，拔之，饥单骑奔浇河，浇河，吐谷浑之地，吕光开以为郡，隋、唐之廓州即其地也。浇，坚尧翻。水洄洑曰浇。此郡盖置于洮河洄曲处。杜佑曰：浇河城在廓州达化县贺兰山。刘昫曰：廓州，隋浇河郡，治广威县，即后汉烧当羌之地，前凉置湟河郡，后魏置石城郡，废帝因县内化隆谷置化隆县，后周置廓州，唐天宝元年，改为广威县，管下有达化县。吐浑浇河城，在县西百二十里。杜佑曰：浇河城，吐谷浑阿豺所筑。俘斩数万。以田玄明为西平内史。乐都太守田瑶、乐都，注已见二十六卷汉宣帝神爵元年。《五代志》：西平郡湟水县，后周置乐都郡。观此，则吕氏已置郡矣。杜佑曰：湟水一名乐都水，唐鄯州治。乐，音洛。湟河太守张稠、稠，除留翻。湟河郡盖置于此地。浇河太守王稚皆以郡降，降，户江翻。岭南羌、胡数万落皆附于乌孤。（第3534—3535页）

十月

凉建武将军李鸾以兴城降于秃发乌孤。兴城在允吾县西南龙支堡之东。（第3537页）

十一月

杨轨、王乞基帅户数千自归于西平王乌孤。帅，读曰率；下同。（第3538页）

## 卷一百一十一，东晋安帝隆安三年（399）

四月

凉太子绍、太原公纂将兵伐北凉，河西四郡，张掖在北，故号北凉。将，即亮翻。北凉王业求救于武威王乌孤，乌孤遣骠骑大将军利鹿孤及杨轨救之。骠，匹妙翻。骑，奇寄翻。业将战，沮渠蒙逊谏曰："杨轨恃鲜卑之强，有窥窬之志，秃发，本鲜卑种也。沮，子余翻。绍、纂深入，置兵死地，不可敌也。今不战则有泰山之安，战则有累卵之危。"业从之，按兵不战。绍、纂引兵归。（第3547页）

**十二月**

凉王光疾甚，立太子绍为天王，自号太上皇帝；以太原公纂为太尉，常山公弘为司徒。谓绍曰："今国家多难，三邻伺隙。三邻，谓秃发、乞伏、段业也。难，乃旦翻。吾没之后，使纂统六军，弘管朝政，朝，直遥翻。汝恭己无为，委重二兄，庶几可济；几，居依翻。若内相猜忌，则萧墙之变，旦夕至矣！"又谓纂、弘曰："永业才非拨乱，吕绍字永业。直以立嫡有常，猥居元首。君为元首。今外有强寇，人心未宁，汝兄弟缉睦，则祚流万世。"缉"，当作"辑"。若内自相图，则祸不旋踵矣！"纂、弘泣曰："不敢。"又执纂手戒之曰："汝性粗暴，深为吾忧。善辅永业，勿听谗言！"是日，光卒。年六十三。绍秘不发丧，纂排阁入哭，尽哀而出。绍惧，以位让之，曰："兄功高年长，长，知两翻。宜承大统。"纂曰："陛下国之冢嫡，臣敢奸之！"奸，音干。绍固让，纂不许。

骠骑①将军吕超谓绍曰："纂为将积年，骠，匹妙翻。骑，奇寄翻。将，即亮翻。威震内外，临丧不哀，步高视远，必有异志，宜早除之。"绍曰："先帝言犹在耳，奈何弃之！吾以弱年负荷大任，荷，下可翻。方赖二兄以宁家国。纵其图我，我视死如归，终不忍有此意也。卿勿复言！"复，扶又翻；下同。纂见绍于湛露堂，超执刀侍侧，目纂请收之，绍弗许。为超终杀纂张本。超，光弟宝之子也。

弘密遣尚书姜纪谓纂曰："主上暗弱，未堪多难，难，乃旦翻。兄威恩素著，宜为社稷计，不可徇小节也。"纂于是夜帅壮士数百逾北城，攻广夏门，弘帅东苑之众斧洪范门。王隐《晋书》曰：凉州城东西三里，南北七里，本匈奴所筑。及张氏之世，又增筑四城，箱各千步；东城名曰讲武场，北城名曰玄武圃，皆殖园果，有宫殿。广夏门、洪范门皆中城门也。帅，读曰率。夏，户雅翻。左卫将军齐从守融明观，观，古玩翻。逆问之曰："谁也？"众曰："太原公。"从曰："国有大故，主上新立，太原公行不由道，夜入禁城，将为乱邪？"因抽剑直前，斫纂中额，中，竹仲翻。纂左右禽之。纂曰："义士也，勿杀！"绍遣武贲中郎将吕开帅禁兵拒战于端门，吕超帅卒二千赴之，众素惮纂，皆不战而溃。纂入自青角门，升谦光殿。青角门，盖凉州中城之东门也。谦光殿，张骏所起，自以专制河右而世执臣节，虽谦而光，故以为名殿。绍登紫阁

---

① 编者注：骠骑，《晋书》卷一二二《吕光载记》作"骁骑"。

自杀，吕超奔广武。

纂悍弘兵强，以位让弘。弘曰："弘以绍弟也而承大统，众心不顺，是以违先帝遗命而废之，惭负黄泉！杜预曰：地中之泉，故曰黄泉。今复逾兄而立，岂弘之本志乎！"纂乃使弘出告众曰："先帝临终受诏如此。"群臣皆曰："苟社稷有主，谁敢违者！"纂遂即天王位。纂字永绪，光之庶长子也。大赦，改元咸宁，谥光曰懿武皇帝，庙号太祖；谥绍为隐王。以弘为大都督、都督中外诸军事、大司马、车骑大将军、司隶校尉、录尚书事，改封番禾郡公。番，音盘。

纂谓齐从曰："卿前斫我，一何甚也！"从泣曰："隐王，先帝所立；陛下虽应天顺人，而微心未达，唯恐陛下不死，何谓甚也！"纂赏其忠，善遇之。

纂叔父征东将军方镇广武，纂遣使谓方曰：使，疏吏翻。"超实忠臣，义勇可嘉，但不识国家大体，权变之宜。方赖其用，以济世难，难，乃旦翻。可以此意谕之。"超上疏陈谢，纂复其爵位。为超杀纂张本。（第3559—3561页）

## 卷一百一十一，东晋安帝隆安四年（400）

### 三月

凉王纂以大司马弘功高地逼，忌之；弘亦自疑，遂以东苑之兵作乱，攻纂。纂遣其将焦辨击之，将，即亮翻。弘众溃，出走。纂纵兵大掠，悉以东苑妇女赏军，弘之妻子亦在中。纂笑谓群臣曰："今日之战何如？"侍中房晷对曰："天祸凉室，忧患仍臻。先帝始崩，隐王废黜，山陵甫讫，大司马称兵；京师流血，昆弟接刃。虽弘自取夷灭，亦由陛下无常棣之恩，《左传》：富辰曰："召穆公思周德之不类，纠合宗族于成周，而作诗曰：'常棣之华，鄂不韡韡。凡今之人，莫如兄弟。'其四章：'兄弟阋于墙，外御其侮'如是，则兄弟虽有小忿，不废懿亲"。当省己责躬以谢百姓。省，悉景翻。乃更纵兵大掠，囚辱士女，衅自弘起，百姓何罪！且弘妻，陛下之弟妇，弘女，陛下之侄也，奈何使无赖小人辱为婢妾，天地神明，岂忍见此！"遂歔欷流涕。歔，音虚。欷，许既翻，又音希。纂改容谢之；召弘妻子置于东宫，厚抚之。

弘将奔秃发利鹿孤，道过广武，诣吕方，方见之，大哭曰："天下甚宽，汝何为至此！"乃执弘送狱，纂遣力士康龙就拉杀之。拉，卢合翻。

篡立妃杨氏为后，以后父桓为尚书左仆射、凉都尹。凉都姑臧，改武威太守为凉都尹。（第3563—3564页）

凉王纂将伐武威王利鹿孤，中书令杨颖谏曰："利鹿孤上下用命，国未有衅，不可伐也。"不从。利鹿孤使其弟傉檀拒之，傉，奴沃翻。夏，四月，傉檀败凉兵于三堆，三堆，在浩亹河南。败，补迈翻。斩首二千余级。（第3564年）

### 六月

凉王纂将袭北凉，姜纪谏曰："盛夏农事方殷，且宜息兵。今远出岭西，自姑臧西北出张掖，其间有大岭，度岭而西，西郡当其要。秃发氏乘虚袭京师，将若之何！"不从。进围张掖，西略建康。秃发傉檀闻之，将万骑袭姑臧，纂弟陇西公纬凭北城以自固。傉檀置酒朱明门上，鸣钟鼓，飨将士，曜兵于青阳门，朱明门，姑臧城南门也。青阳门，东门也。傉，奴沃翻。掠八千余户而去。纂闻之，引兵还。（第3567页）

### 九月

凉吕方降于秦，广武民三千余户奔武威王利鹿孤。吕方镇广武，既降于秦，其民无主，故奔秃发氏。（第3569页）

## 卷一百一十二，东晋安帝隆安五年（401）

### 二月

凉王纂嗜酒好猎，好，呼到翻。太常杨颖谏曰："陛下应天受命，当以道守之。今疆宇日蹙，崎岖二岭之间，姑臧南有洪池岭，西有丹岭，一作"删丹岭"。陛下不兢兢夕惕以恢弘先业，而沉湎游畋，沉，持林翻。不以国家为事，臣窃危之。"纂逊辞谢之，然犹不悛。

番禾太守吕超擅击鲜卑思盘，番禾县，汉属张掖郡，后汉、晋省。番，音盘。此郡盖吕氏置。刘昫曰：唐凉州天宝县，汉番禾县地。悛，七缘翻。番，音盘。思盘遣其弟乞珍诉于纂，纂命超及思盘皆入朝。朝，直遥翻。超惧，至姑臧，深自结于殿中监杜尚。纂见超，责之曰："卿恃兄弟桓桓，孔安国曰：桓桓，武貌。乃敢欺吾，今人谓相陵为相欺。要当斩卿，天下乃定！"超顿首谢。纂本以恐愒超，愒，许葛翻。实无意杀之。因引超、思盘及群臣同宴于内殿。超兄中领军隆数劝纂酒，数，所角翻。纂醉，乘步挽车，步挽车不用牛马若羊等，令人步而挽之。《魏书·礼志》：步挽车，天子小驾，亦为副乘。将超等游禁中。将，如字。至琨华堂东阁，车不得过，纂亲将窦川、骆腾倚剑于壁，推车过阁。将，即亮翻。推，吐雷翻。超取剑击纂，纂下车禽超，超刺纂洞胸，刺，七亦翻。川、腾与超格战，超杀之。纂后杨氏命禁兵讨超，杜尚止之，超之结尚也，盖有密约。皆舍仗不战。将军魏益多入，取纂首，杨氏曰："人已死，如土石，无所复知，何忍复残其形骸乎！"复，扶又翻。益多骂之，遂取纂首以徇曰："纂违先帝之命，杀太子而自立，事见上卷三年。荒淫暴虐。番禾太守超顺人心而除之，以安宗庙，凡我士庶，同兹休庆！"

纂叔父巴西公佗、佗，徒河翻。弟陇西公纬皆在北城。纬，于贵翻。或说纬曰："超为逆乱，公以介弟之亲，杜预曰：介，大也。说，输芮翻；下同。仗大义而讨之，姜纪、焦辨在南城，杨桓、田诚在东苑，皆吾党也，何患不济！"纬严兵欲与佗共击超。佗妻梁氏止之曰："纬、超俱兄弟之子，何为舍超助纬，自为祸首乎！"舍，读捨。佗乃谓纬曰："超举事已成，据武库，拥精兵，图之甚难；且吾老矣，无能为也。"超弟邈有宠于纬，说纬曰："纂贼杀兄弟，谓杀绍又杀弘也。说，输芮翻。隆、超顺人心而讨之，正欲尊立明公耳。方今明公先帝之长子，当主社稷，人无异望。夫复何疑！"长，知两翻。复，扶又翻。纬信之，乃与隆、超结盟，单马入城；超执而杀之。让位于隆，隆有难色。超曰："今如乘龙上天，岂可中下！"隆遂即天王位。隆，字永基，光弟宝之子也。大赦，改元神鼎。超先于番禾得小鼎，以为神瑞，故以纪元。尊母卫氏为太后，妻杨氏为后；以超为都督中外诸军事、辅国大将军、录尚书事，封安定公；谥纂曰灵帝。

纂后杨氏将出宫，超恐其挟珍宝，命索之。索，山客翻。杨氏曰："尔兄弟不义，手刃相屠，我且夕死人，安用宝为！"超又问玉玺所在。玺，斯氏翻。杨氏曰："已毁之矣。"后有美色，超将纳之，谓其父右仆射桓曰："后若自杀，祸及卿宗！"桓以告杨氏。杨氏曰："大人卖女于氏以图富贵，一之谓甚，其可再乎！"引《左传》之言。遂自杀，谥曰穆后。桓奔河西王利鹿孤，利鹿孤以为左司马。（第3574—3576页）

**三月**

河西王利鹿孤伐凉，与凉王隆战，大破之，徙二千余户而归。（第3577页）

**五月**

凉王隆多杀豪望以立威名，内外嚣然，人不自保。魏安人焦朗魏安县在武威昌松县界，盖曹魏所置也，而《晋志》不见。后魏置魏安郡。遣使说[后]秦陇西公硕德曰："吕氏自武皇弃世，吕光伪谥懿武皇帝。说，输芮翻。兄弟相攻，政纲不立，竟为威虐，百姓饥馑，死者过半。今乘其篡夺之际，取之易于返掌，易，以豉翻。"返"，当作"反"。不可失也。"硕德言于秦王兴，帅步骑六万伐凉，乞伏乾归率骑七千从之。（第3579—3580页）

**七月**

[后]秦陇西公硕德自金城济河，直趣广武，河西王利鹿孤摄广武守军以避之。趣，七喻翻。摄，收也。秦军至姑臧，凉王隆遣辅国大将军超、龙骧将军邈等逆战，骧，思羊翻。硕德大破之，生擒邈，俘斩万计。隆婴城固守，巴西公佗帅东苑之众二万五千降于秦。帅，读曰率。西凉公暠、河西王利鹿孤、沮渠蒙逊各遣使奉表入贡于秦。暠，古老翻。使，疏吏翻。沮，子余翻。

初，凉将姜纪降于河西王利鹿孤，广武公傉檀与论兵略，甚爱重之，坐则连席，出则同车，每谈论，以夜继昼。利鹿孤谓傉檀曰："姜纪信有美才，然视侯非常，必不久留于此，不如杀之。纪若入秦，必为人患。"傉檀曰："臣以布衣之交待纪，纪必不相负也。"八月，纪将数十骑奔秦军，秃发兄弟皆推傉檀之明略，余究观傉檀始末，未敢许也。又究观姜纪自凉入秦始末，则纪盖反覆诡谲之士，而傉檀爱重之，则傉檀盖以才辩为诸兄所重，而智略不能济，此其所以亡国也。说硕德曰："吕隆孤城无援，明公以大军临之，其势必请降，然彼徒文降而已，未肯遂服也。请给纪步骑三千，与王松忩因焦朗、华纯之众，王松忩，秦将也；焦朗、华纯皆凉人。说，输芮翻。华，户化翻。伺其衅隙，隆不足取也。不然，今秃发在南，兵强国富，若兼姑臧而据之，威势益盛，沮渠蒙逊、李暠不能抗也，必将归之，如此，则为国家之大敌矣。"硕德乃表纪为武威太守，配兵二千，屯据晏然。班固《地理志》：武威休屠县，王莽改曰晏然，后复曰休屠。永宁中，张轨于姑臧西北置武兴郡，晏然县属焉。

秦王兴闻杨桓之贤而征之，利鹿孤不敢留。史言诸凉畏秦之强。（第3582—3583页）

## 八月

秦陇西公硕德围姑臧累月，东方之人在城中者多谋外叛，魏益多复诱扇之，复，扶又翻。下复生同。欲杀凉王隆及安定公超，事发，坐死者三百余家。硕德抚纳夷、夏，分置守宰，夏，户雅翻。守，式又翻。节食聚粟，为持久之计。

凉之群臣请与秦连和，隆不许。安定公超曰："今资储内竭，上下嗷嗷，虽使张、陈复生，亦无以为策。张良、陈平，智谋之士，故称之。陛下当思权变屈伸，何爱尺书，单使为卑辞以退敌！使，疏吏翻。敌去之后，修德政以息民，若卜世未穷，何忧旧业之不复，周成王定鼎于郏鄏，卜世三十，卜年七百。若天命去矣，亦可以保全宗族。不然，坐守困穷，终将何如？"隆乃从之，九月，遣使请降于秦。降，户江翻；下同。《考异》曰：《姚兴载记》姚平伐魏与姚硕德伐吕隆同时。《魏书》天兴五年五月，姚平来侵。晋元兴元年，后秦弘始四年也。《晋帝纪》《晋春秋》皆云"隆安五年降秦"。《十六国西秦春秋》①云："太初十四年五月，乾归随姚硕德伐凉。"《南凉春秋》云："建和二年，七月，姚硕德伐吕隆，孤摄广武守军以避之。"皆隆安五年也。按秦小国，既与魏相持，岂暇更兴兵伐凉！盖载记之误也。今以《晋帝纪》《晋春秋》《十六国西秦》《南凉春秋》为据。硕德表隆为镇西大将军、凉州刺史、建康公。隆遣子弟及文武旧臣慕容筑、杨颖等五十余家入质于长安。慕容筑，燕宗室也。苻坚灭燕，其宗室悉补边郡，故筑留河西。筑，张六翻。质，音致，下为质同。硕德军令严整，秋毫不犯，祭先贤，礼名士，西土悦之。

沮渠蒙逊所部酒泉、凉宁二郡叛降于西凉，酒泉郡治福禄县。魏收《地形志》，凉宁郡领园池、贡泽二县。又闻吕隆降秦，大惧，遣其弟建忠将军挐、牧府长史张潜蒙逊自称凉州牧，置牧府长史。挐，女居翻。见硕德于姑臧，请帅其众东迁。帅，读曰率。硕德喜，拜潜张掖太守，挐建康太守。潜劝蒙逊东迁。挐私谓蒙逊曰："姑臧未拔，吕氏犹存，硕德粮尽将还，不能久也。何为自弃土宇，受制于人乎！"臧莫孩亦以为然。孩，何开翻。（第3584—3585页）

## 十二月

吕超攻姜纪不克，遂攻焦朗。姜纪时据晏然，焦朗据魏安。朗遣其弟子嵩

---

① 编者注：《十六国西秦春秋》，疑是《十六国春秋西秦录》。

为质于河西王利鹿孤以请迎，利鹿孤遣车骑将军傉檀赴之；比至，超已退，质，音致。比，必寐翻。朗闭门拒之。傉檀怒，将攻之。镇北将军俱延谏曰："安土重迁，人之常情。朗孤城无食，今年不降，降，户江翻。后年自服，何必多杀士卒以攻之！若其不捷，彼必去从他境；弃州境士民以资邻敌，非计也，不如以善言喻之。"傉檀乃与朗连和，遂曜兵姑臧，壁于胡坑。胡坑在姑臧西。

傉檀知吕超必来斫营，畜火以待之。超夜遣中垒将军王集帅精兵二千斫傉檀营，帅，读曰率；下同。傉檀徐严不起。集入垒中，内外皆举火，光照如昼，纵兵击之，斩集及甲首三百余级。吕隆惧，伪与傉檀通好，好，呼到翻。请于苑内结盟。傉檀遣俱延入盟，俱延疑其有伏，毁苑墙而入；超伏兵击之，俱延失马步走，凌江将军郭祖力战拒之，俱延乃得免。傉檀怒，攻其昌松太守孟祎于显美。昌松、显美，汉、晋皆为县，属武威郡。吕光改昌松为东张掖郡，寻复为昌松郡。《五代志》，后周废显美入姑臧。祎，许韦翻。隆遣广武将军苟【严："苟"改"苟"】安国、宁远将军石可帅骑五百救之；安国等惮傉檀之强，遁还。（第3587—3588页）

## 卷一百一十二，东晋安帝元兴元年（402）

### 正月

秃发傉檀克显美，执孟祎而责之，以其不早降。秃发傉檀自去年攻显美，至是乃克。祎曰："祎受吕氏厚恩，分符守土，若明公大军甫至，望旗归附，恐获罪于执事矣。"傉檀释而礼之，徙二千余户而归，以祎为左司马。祎辞曰："吕氏将亡，圣朝必取河右，朝，直遥翻。人无愚智皆知之。但祎为人守城不能全，复忝显任，于心窃所未安。为，于伪翻。复，扶又翻。若蒙明公之惠，使得就戮姑臧，死且不朽。"傉檀义而归之。（第3591页）

### 二月

姑臧大饥，米斗直钱五千，人相食，饿死者十余万口。城门昼闭，樵采路绝，民请出城为胡虏奴婢者，日有数百，吕隆恶其沮动众心，恶，乌路翻。沮，在吕翻。尽坑之，积尸盈路。

沮渠蒙逊引兵攻姑臧，隆遣使求救于河西王利鹿孤。利鹿孤遣广武公傉檀帅骑一万救之；使，疏吏翻。傉，奴沃翻。帅，读曰率。骑，奇寄翻。未至，隆击破蒙逊军。蒙逊请与隆盟，留谷万余斛遗之而还。遗，于季翻。

傉檀至昌松，闻蒙逊已退，乃徙凉泽段冢民五百余户而还。凉泽即禹贡之
猪野泽也，在武威县东，亦曰休屠泽。还，从宣翻。（第3592—3593页）

### 十月

秦徙河西豪右万余户于长安。（第3601页）

南凉王傉檀攻吕隆于姑臧。（第3602页）

### 十二月

秦镇远将军赵曜帅众二万西屯金城，建节将军王松忿帅骑助吕隆守
姑臧。松忿至魏安，傉檀弟文真击为虏之。傉檀大怒，送松忿还长安，
深自陈谢。史言河、湟诸国皆畏姚秦之强。（第3603页）

## 卷一百一十三，东晋安帝元兴二年（403）

### 七月

南凉王傉檀及沮渠蒙逊互出兵攻吕隆，傉，奴沃翻。沮，子余翻。隆患
之。秦之谋臣言于秦王兴曰："隆藉先世之资，专制河外，今虽饥窘，
尚能自支。窘，渠陨翻。若将来丰赡，终不为吾有。凉州险绝，土田饶
沃，不如因其危而取之。"兴乃遣使征吕超入侍。侍，疏吏翻。隆念姑臧
终无以自存，乃因超请迎于秦。兴遣尚书左仆射齐难、镇西将军姚诘、
左贤王乞伏乾归、镇远将军赵曜帅步骑四万迎隆于河西，诘，去吉翻。
帅，读曰率。骑，奇寄翻。南凉王傉檀摄昌松、魏安二戍以避之。摄，收也。
傉，奴沃翻。八月，齐难等至姑臧，隆素车白马迎于道旁。隆劝难击沮渠
蒙逊，沮，子余翻。蒙逊使臧莫孩拒之，败其前军。孩，何开翻。败，补迈翻。
难乃与蒙逊结盟；蒙逊遣弟挐入贡于秦。挐，女居翻。难以司马王尚行凉
州刺史，配兵三千镇姑臧，以将军阎松为仓松太守，仓松，即汉昌松县。郭
将为番禾太守，番，音盘。分戍二城，徙隆宗族、僚属及民万户于长安。
《载记》曰：自光至隆十三载而灭。兴以隆为散骑常侍，散，悉亶翻。骑，奇寄翻。超
为安定太守，自余文武随才擢叙。

　　初，郭黁常言"代吕者王"，故其起兵，先推王详，后推王乞基；事
见一百九卷元年。黁，奴昆翻。及隆东迁，王尚卒代之。黁从乞伏乾归降秦，
卒，子恤翻。降，户江翻。以为灭秦者晋也，遂来奔，秦人追得，杀之。郭黁自
信其术，幸乱以徼福，而卒以杀身，足以明天道之难知矣。（第3606—3607页）

## 卷一百一十四，东晋安帝义熙元年（405）

### 四月

初，南燕主备德仕秦为张掖太守，事见一百二卷海西公太和五年。其兄纳与母公孙氏居于张掖。备德之从秦王坚寇淮南也，寇淮南见一百五卷孝武帝太元八年。留金刀与其母别。备德与燕王垂举兵于山东，张掖太守苻昌收纳及备德诸子，皆诛之，公孙氏以老获免，纳妻段氏方娠，未决。狱掾呼延平，备德之故吏也，掾，于绢翻。窃以公孙氏及段氏逃于羌中。段氏生子超，十岁而公孙氏病，临卒，以金刀授超曰："汝得东归，当以此刀还汝叔也。"呼延平又以超母子奔凉。及吕隆降秦，超随凉州民徙长安。秦徙凉州民事见上卷元兴二年。平卒，段氏为超娶其女为妇。（第3639—3640页）

## 卷一百一十七，东晋安帝义熙十二年（416）

### 正月

［后秦姚］兴疾转笃，其妹南安长公主问疾，不应。长，知两翻。幼子耕儿出，告其兄南阳公愔曰："上已崩矣，宜速决计。"愔即与尹冲帅甲士攻端门，愔，于今翻。帅，读曰率。敛曼嵬、胡翼度等勒兵闭门拒战。愔等遣壮士登门，缘屋而入，及于马道。泓侍疾在谘议堂，太子右卫率姚和都率东宫兵入屯马道南。愔等不得进，遂烧端门，兴力疾临前殿，赐弼死。禁兵见兴，喜跃，争进赴贼，贼众惊扰；和都以东宫兵自后击之，愔等大败。愔逃于骊山，其党建康公吕隆奔雍，雍，于用翻。尹冲及弟泓来奔。兴引东平公绍及姚赞、梁喜、尹昭、敛曼嵬入内寝，受遗诏辅政。明日，兴卒。年五十一。《考异》曰：《晋本纪》《三十国》《晋春秋》皆云义熙十一年二月姚兴卒；《魏本纪》《北史本纪》《姚兴、姚泓载记》皆云十二年。按《后魏书崔鸿传》：太祖天兴二年，姚兴改号，鸿以为元年，故《晋本纪》《三十国》《晋春秋》凡弘始后事，皆在前一年，由鸿之误也。泓秘不发丧，捕南阳公愔及吕隆、大将军尹元等，皆诛之，乃发丧，即皇帝位，泓，字元子，兴之长子也。大赦，改元永和。泓命齐公恢杀安定太守吕超。隆、超，兄弟也，皆党于弼。齐公恢时镇安定。恢犹豫久之，乃杀之。泓疑恢有贰心，恢由是惧，阴聚兵谋作乱。为后姚恢举兵张本。泓葬兴于偶陵，谥曰文桓皇帝，庙号高祖。（第3745—3746页）

# 第三章 载记类

# 一、崔鸿撰《十六国春秋》后凉史料

[北魏]崔鸿：《十六国春秋》，上海：商务印书馆，1937年。

## 卷三 前秦录

### 苻丕

[太安元年，385]是[九]月，安西吕光自西城①还师。（第31页）

[太安二年，386]正月，[苻]丕以吕光为车骑将军、梁州牧②、酒泉公。（第31页）

## 卷四 后秦录

### 姚兴

[弘始③]四年（402）④五月，遣大将军、陇西王硕德率步骑六万伐吕隆于凉州。先是，吐蕃傉内没切檀⑤据西平，沮渠蒙逊据张掖，李暠据敦煌，各制方城⑥，共相侵伐。硕德从金城济河，直趣广武，迳苍松至隆城下。隆遣弟辅国超、龙骧邈等率众拒硕德，硕德大破之，生擒邈。傉檀、蒙逊、李暠等，各修表奉献。九月，隆奉表请降，兴答报嘉美，以隆为镇西将军、凉州刺史、建康公。十一月，鸠摩罗什至长安。（第35页）

---

①编者注：西城，当作"西域"。

②编者注：梁州牧，当作"凉州牧"。

③编者注：弘始，原作"宏始"，"宏"字盖避清高宗讳，今径改作"弘始"。下同。

④编者注：四年，《晋书》《资治通鉴》作"三年"。

⑤编者注：吐蕃傉檀，《晋书》《资治通鉴》作"秃发傉檀"。

⑥编者注：各制方城，《太平御览》卷一二三《偏霸部七》引崔鸿《十六国春秋·后秦录》作"各制方域"。

## 卷七 西凉录

### 李暠

后凉龙飞二年（397），建康太守段业自称凉州牧，号神玺元年，拜暠效谷令。（第51页）

## 卷八 南凉录

### 秃发乌孤

秃发乌孤，河西鲜卑人也。八世祖疋孤，率其部自塞北迁于河西。孤子寿阗立，寿阗卒，孙树机能立。壮果多谋略。……能死，从弟务丸代立。丸死，孙推斤立。斤死，子思复鞬立，部众转盛，遂据凉土。鞬卒，子乌孤袭位，养民务农，修结邻好。吕光封乌孤广武郡公、益州牧、左贤王。（第53页）

## 卷九 北凉录

### 沮渠蒙逊

沮渠蒙逊，临松卢水胡人。……后［凉］龙飞二年（397），逊伯父罗仇、麹粥从吕光征河南，光前军大败，皆为吕光所杀，宗部会葬者万余人。逊哭谓众曰："昔汉祚中微，吾之乃祖翼奖窦融，保宁河右，吕王耄荒，虐民无道，岂可坐观成败，不上继先祖安民之志，下使二父有恨黄泉？"众咸称万岁，遂立盟约，一旬之间，众至万余，与从兄男成推光建康太守段业为凉州牧，［建］康公，改龙飞二年为神玺元年。（第57页）

玄始①元年（412）冬十月，迁都姑臧。十月，僭即河西王位于谦光殿，大赦改元，置百官，始如吕光为三河王故事。（第57—58页）

## 卷十 后凉录

### 吕光

吕光，字世明，洛阳②人，其先自沛迁洛阳，因家焉。世为氐酋。

---

① 编者注：玄始，原作"正始"，"玄"字盖避清圣祖讳，今径改作"玄始"。
② 编者注：洛阳，当作"略阳"。下同。

父婆楼，字广平，佐命前秦，官至太尉。光以赵建武中生于枋头，夜有神光之异，故名焉。年十岁，与诸儿童游戏邑里，为战阵之法，童儿咸推为主，而身长八尺四寸，目重瞳子，左肘有肉印，沉毅凝重，宽简有大量。人莫之知，唯王猛异之，曰："此非常人。"言之苻坚，举贤良，除美阳令，民夷惮爱，邻境肃清，迁鹰扬将军，以功赐爵关内侯。

建元十九年（383），以光为使持节、都督西讨诸军事，率将军姜飞、彭晃、杜进、康隆等率步骑七万讨西域。十二月，至龟兹，龟兹王帛纯捍命不降。光军其城南，五里为一营，深渠高垒，广设疑兵，为木人被甲罗之垒上，以为持久之计。二十年（384）五月，帛纯乃倾国财宝，请救于狯胡王，遣弟呐龙、侯将馗率骑二十余万救之。胡便弓马，善矛槊，铠如连锁，射不可入，乃以革索羂，策马掷人，多有中者，众甚惮之。姑默、宿尉头等国及诸胡内外七十万人。光迁营相接，阵为勾锁之法，精骑为游军，弥缝其阙。秋七月，战于城西，大败之，帛纯逃奔，王侯降者三十余国。进入其城，城有三重，广轮与长安城等。城中塔庙千数，帛纯宫室壮丽，焕若神居。胡人奢侈，富于生养，家有蒲萄酒至千斛，经十年不败，士卒沦没酒赃者相继。诸国贡款属路，立帛纯弟震为王以安之。光抚宁西域，威恩甚著，秦以光为使持节、散骑常侍、都督玉门巴①西诸军事、安西将军、西域校尉，进封顺乡侯。二十一年（385）正月，大飨文武，博议进止，众咸请还，光从之。三月，引还，以驼二万余头致外国珍异千余品，骏马万余匹而还。九月，光入姑臧，自领凉州刺史、护西②校尉。太安元年（386），苻③丕以光为车骑大将军、梁州牧④，领护西域大都督、酒泉公。

光始闻苻坚为姚苌所害，奋袂哀怒，三军缟素，大临于城南，传檄诸州，期孟冬大举，谥坚为文昭皇帝。十月，大赦境内，改建元为太安。十一月，群僚劝进曰："长蛇未殄，方扫国难，宜进位元台。"十二

① 编者注：巴，诸史作"已"。
② 编者注：西，诸史作"羌"。
③ 编者注：符，当作"苻"。下同。
④ 编者注：梁州牧，当作"凉州牧"。

月，上光为侍中、中外都督、陇右诸军、大将军、凉州牧、酒泉公。①
三年（388）八月，甘露降逍遥园，白燕翔于酒泉，众燕成列而从之。
麟嘉元年（389）正月，麟见金泽县，百兽从之，于是群僚奉表请崇进
名号。二月，僭即王位于南郊，大赦改元，置官司，丞郎以下犹摄州县
事。三年（391）九月，太庙新成，追尊父为景昭王，祖为宣公，曾祖
为恭公，高祖为敬公。龙飞元年（396），五龙见于浩亹，群臣咸贺，劝
光称号。六月，僭即天王位于南郊，大赦改年，备置群司，立世子绍为
太子。四年（399）九月，光寝疾。十二月，疾甚，立太子绍为天王，
光自号太上皇帝，以子纂为太尉，宏②为司徒。诏曰："吾疾病不济，吾
终之后，使纂统六军，宏管朝政，汝恭己无为，委重二兄，庶可以济。
今外有强寇，民心未宁，汝兄弟辑睦，贻厥万世，若内相图，则祸不旋
踵。纂、宏泣曰："不敢有二心。" 薨，葬高陵。谥武皇帝，庙号太祖。

**吕纂**

吕纂字永绪，光之长庶子③，母赵淑媛。少便弓马，好书。太安元
年（386），至于姑臧。光临薨，执手戒之曰："汝性粗武，深为吾忧。
开基既难，守成不易。善辅永业，勿听谗言。"光薨，绍秘不发丧，纂
排阁入哭，尽哀而出。绍惧，以位让之，曰："兄功高年长，宜承大
统。"纂曰："臣虽长，陛下国家之嫡，不可以私爱而乱大伦。"骁骑吕
超谓绍曰："纂临丧不哀，步高视远，观其举止，恐成大变，宜早除
之。"纂闻超谋，遂率壮士数百逾北城攻广夏门，入自青角门，升谦光
殿，绍登紫阁自杀。吕超出奔广武。纂遂僭天王，大赦，改龙飞四年为
咸宁元年（399），谥绍隐王。纂游田无度，荒耽酒色。常与左右因醉驰
猎于坑涧之间。殿中侍御史王回扣马谏，不纳。番禾太守吕超，擅伐鲜
卑思盘，思盘诉超于纂。纂召超入朝，怒曰："卿恃兄弟桓桓，欲欺吾
也。要当杀卿，然后天下可定。"超顿首曰："不敢。"纂引诸臣宴于内
殿，吕隆屡劝纂酒，已至昏醉，乘步挽车，将超等游于内，至琨华堂东

---

① 编者注：上光为侍中、中外都督、陇右诸军、大将军、凉州牧、酒泉公，《晋书》卷一二二《吕光载记》作"自称使持节、侍中、中外大都督、督陇右河西诸军事、大将军、领护匈奴中郎将、凉州牧、酒泉公"。

② 编者注：宏，当作"弘"。下同。

③ 编者注：长庶子，《晋书》卷一二二《吕纂载记》作"庶长子"。

阁，超取剑击纂，纂下车擒超。超刺纂洞胸，奔于宣德堂。将军魏益①入斩纂首以狗。隆既篡位，谥灵帝，葬白石陵。

### 吕隆

吕隆，字永基，光弟宝之子，既杀纂，遂僭即王位。大赦，改咸宁三年为神鼎元年（401）。二月，追尊父宝为文皇帝。超有佐命之勋，拜为侍中、都督中外诣②军事、辅国大将军、录尚书③，封安定公。二年（402），秦遣鸿胪恒敦拜隆征北大将军、都督河西诸军、凉州牧、建康公。三年（403），隆以二凉之逼，遣赍珍宝，请迎于秦，遣尚书左仆射齐难率步骑四万来迎。隆率户一万随难东迁。既至长安，秦以隆为散骑常侍、尚书、公如故。超为安定太守。其后坐与姚兴少子广平公弼谋反，诛。自光以乙酉岁据凉州，至于是岁，岁在癸卯，凡一十九年。（第61—63页）

## 卷十三 南燕录

### 慕容超

慕容超，字祖明，德兄北海王纳之子。秦灭燕，以纳为广武太守，数岁去官，与母公孙太妃就弟德家于张掖。德从符坚南征，留金刀辞母而去。及垂起兵山东，张掖太守符昌诛纳及德之诸子，公孙太妃以耄不合刑。纳妻段氏以怀妊未决，执于郡狱。狱椽呼延平，德之故吏也，将公孙及段氏逃于羌中而生超焉。公孙氏临卒，授超金刀，曰："闻汝伯已中兴于邺都，吾朽病将没，相见理绝，汝脱得东归，可以此刀还汝叔也。"后因吕隆归秦，徙凉州民于长安。超因而东归，母谓超曰："母子得全济者，呼延氏之力也，惠而不报，天不佑人乎。今虽死④，吾欲为汝纳其女以答厚惠。"于是纳之。超至长安，祥狂行乞，由是往来无禁。（第79—80页）

---

① 编者注：魏益，后夺"多"字，《晋书》卷一二二《吕纂载记》作"魏益多"。

② 编者注：诣，诸史作"诸"。

③ 编者注：录尚书，后夺"事"字，《晋书》卷一二二《吕隆载记》作"录尚书事"。

④ 编者注："今虽死"前夺"平"字，《晋书》卷一二八《慕容超载记》、《太平御览》卷一二六《偏霸部十》引崔鸿《十六国春秋·南燕录》均作"平今虽死"。

## 卷十五 西秦录

### 乞伏乾归

[太初] 八年（395），吕光来伐，归乃称蕃，遣子勃勃①为质，既而悔之。（第88页）

---

① 编者注：勃勃，《晋书》卷一二五《乞伏乾归载记》作"敕勃"。

# 二、屠乔孙等辑《十六国春秋》后凉史料

[北魏] 崔鸿撰，[明] 屠乔孙、项琳辑：《十六国春秋》，文渊阁四库全书，第463册，台北：台湾商务印书馆，1986年。

## 卷三十四 前秦录二

### 苻健

皇始元年（351）春正月……丙辰僭即天皇位于南郊《纪事本末》作天王大单于，国号大秦，大赦境内，改元皇始，缮宗庙社稷，置百官于长安。……以［苻］雄为都督中外诸军事、丞相，领车骑大将军、雍州牧、东海公，菁为卫大将军、平昌公，宿卫二宫，雷弱儿为太尉，毛贵为司空，略阳姜伯周伯周，健之舅也为尚书令，梁楞为左仆射，王堕为右仆射，鱼遵为太子太师，强平平，王后之弟也为太傅，段纯为太保，略阳吕婆楼为散骑常侍。（第580页）

## 卷三十五 前秦录三

### 苻生

皇始五年（355）六月，健卒，僭即皇帝位，大赦境内，改元寿光。……八月，生封所善卫大将军黄眉为广平王，前将军飞为新兴王，征吕婆楼为侍中、左大将军，大司马、武都王安领太尉，晋王柳为征东大将军、并州牧，镇蒲阪，魏王庾为镇东大将军、豫州牧，镇陕城，自余封授有差。（第584—585页）

［寿光二年，356］二月，生闻张祚见杀，玄靓幼冲，命征东大将军

晋王柳遣参军阎负、梁殊使凉，以书喻之。负、殊至姑臧，玄靓年幼，不见殊等。……[凉州牧张]瑾曰："秦据汉旧都，地兼将相，文武辅臣，领袖一时者谁也？"负、殊曰："皇室懿藩、忠若公旦者，则大司马、武都王安，征东大将军、晋王柳；文武兼才，神器秀拔，入可允厘百工，出能折冲万里者，卫大将军、广平王黄眉，后将军、清河王法，龙骧将军、东海王坚之兄弟；其耆年硕德、德侔尚父者，则太师、录尚书事、广宁公鱼遵；清素刚严、骨鲠贞亮者，则左光禄大夫强平，金紫光禄大夫程肱、牛夷；博闻多识、探赜索幽者，则中书监胡文，中书令王鱼，黄门侍郎李柔；雄毅厚重、权智无方者，则左卫将军李威，右卫将军雅；才识明达、令行禁止者，则特进、领御史中丞梁平老，特进、光禄大夫强汪，侍中、尚书吕婆楼；文史富赡，郁为文宗者，则尚书右仆射董荣，秘书监王飏，著作郎梁谠；骁勇多奇略，攻必取，战必克，关、张之流，万人之敌者，则前将军、新兴王飞，建节将军邓羌，立忠将军彭越，安远将军范俱难，建武将军徐盛；常伯纳言，卿校牧守，则人皆文武，莫非才贤；其余怀经世之才，蕴佐时之略，守南山之操，遂而不夺者，王猛、朱彤之伦，相望于岩谷。济济多士，焉可馨言！姚襄、张平一时之杰，各拥数万，狼顾偏方，委忠献款，请为臣妾。小不事大，《春秋》所诛，惟君公图之。"（第585—587页）

[寿光三年，357]六月，太史令康权言于生曰："昨夜三月并出孛星入于太微连于东井，自去月上旬沉阴不雨迄至于今，将有下人谋上之祸，深愿陛下修德以消之。"生怒以为妖言，扑而杀之。生夜坐对侍婢曰："阿法兄弟亦不可信，明当除之。"侍婢以告坚及坚兄清河王法。法遂与特进领御史中丞梁平老、特进光禄大夫强汪帅壮士数百人潜入云龙门，苻坚与侍中、尚书吕婆楼帅麾下三百余人鼓噪继进，宿卫将士皆舍杖归坚。（第590—591页）

## 卷三十六 前秦录四

### 苻坚上

[苻坚]于是要结豪杰以图纬世之宜，吕婆楼、强汪、梁平老等，皆有王佐之才，倾身礼之，以为股肱羽翼。……坚以问尚书吕婆楼，婆楼曰："仆刀镮上人耳，不足以办大事。仆里舍有王猛，其人谋略不世

出，殿下宜请而咨之。"坚因婆楼以招猛，一见如旧友，语及时事。坚大悦，自谓如刘玄德之遇诸葛孔明也。（第592页）

永兴元年（357）夏六月，坚去皇帝之号，称大秦天王，即位于太极殿。……以从祖右光禄大夫、永安公侯为太尉，从兄晋公柳为车骑大将军、尚书令，封弟融为阳平公、双为河南公、子丕为长乐公、晖为平原公、熙为广平公、叡为钜鹿公，汉阳李威为卫将军、尚书左仆射，梁平老为右仆射，强汪为领军将军，仇腾为尚书领选，席宝为丞相长史、行太子詹事，吕婆楼为司隶校尉，王猛为中书侍郎。（第592—593页）

永兴二年（358）春二月，坚自将讨张平，以骁骑将军邓羌为前锋督护，率骑五千据汾上。平使养子张蚝御之，蚝多力趫捷，与羌相持旬余，莫能相胜。三月，坚至铜壁，平悉众出战。坚鹰扬将军吕光刺蚝，中之，邓羌擒蚝以献，平众大溃，惧而请降。坚赦其罪，署为右将军，蚝为虎贲中郎将，徙平所部三千余户于长安。（第593页）

建元四年（368）春正月，遣后将军杨成世、左将军毛嵩讨上邽，辅国将军王猛、建节将军邓羌攻蒲阪，前将军杨安、广武将军张蚝攻陕城。……三月，杨成世为赵公双将苟兴所败，毛嵩亦为燕公武所败，奔还。坚复遣武卫将军武都王鉴、宁朔将军吕光、将军冯翊郭将、翟傉等率中外精锐三万讨之。左卫将军雅、左禁将军窦冲率羽林骑七千继发。夏四月，双、武乘胜至于榆眉，以苟兴为前锋。鉴欲速战，光曰："兴新得志，气势方锐，宜持重以待之，彼粮尽必退，退而击之蔑不济矣。"二旬而兴退，光曰："兴可击矣。"遂追之，兴败，进击双、武，大破之，斩获万五千级。武弃安定，与双皆奔上邽，鉴等进攻之。（第599页）

## 卷三十七 前秦录五

### 苻坚中

[建元十四年，378] 十一月，豫州刺史北海公重镇洛阳，谋反。坚曰："长史吕光忠正，必不与之同也。"即命光收重，槛车送长安，赦之，以公就第。（第617页）

[建元十五年，379] 三月癸未，晋右将军毛武生率众三万击巴中，以救魏兴，遣前锋督护赵福、将军袁虞等将水军一万溯江而上，进次巴

西。坚遣南巴校尉姜宇，将军张绍、仇生等水陆五千拒之。武生等为绍所败，俘斩七千余人，武生退屯巴东。蜀人李焉—作乌聚众二万围成都以应武生，坚使破虏将军吕光击灭之。（第619页）

[建元十六年，380] 夏四月，[苻] 洛率众七万发和龙，将图长安。……坚大怒，遣左将军窦冲及步兵校尉吕光率步骑四万讨之，右将军都贵驰传诣邺，将冀州兵三万为前锋，以阳平公融为征讨大都督，授之节度。使屯骑校尉石越率骑一万，自东莱出石径，浮海四百余里袭和龙。北海公重亦悉蓟城之众，与洛会屯中山，有众十万。五月，冲等与洛战于中山，洛兵大败，生擒洛及其将兰殊送长安。吕光追斩 [苻] 重于幽州，石越袭和龙，斩平规及其党与百余人，幽州悉平。（第621页）

## 卷三十八 前秦录七

### 苻坚下

[建元十八年，382] 九月，车师前部王弥寘、鄯善王休密驮入朝，坚赐以朝服，引见西堂。寘等观其宫宇壮丽，仪卫严肃，甚惧，因请年年贡献。坚以西域路遥，不许，令三年一贡，九年一朝，以为永制。寘等请曰："大宛诸国虽通贡献，然臣节未纯，乞依汉法置都护故事。若王师出关，请为乡导。"于是遣骁骑吕光为使持节、都督西域征讨诸军事，与陵江将军姜飞、轻骑将军彭晃，将军杜进、康盛等将车师前部王，总兵十万，铁骑七千，西伐龟兹及焉耆诸国。（第625页）

建元十九年（383）春正月，吕光发兵长安，坚饯于建章宫，谓光曰："西戎荒俗，非礼义之邦。羁縻之道，服而赦之，示以中国之威，尊以王化之法，勿极武穷兵，过深残掠。"加鄯善王休密驮使持节、散骑常侍、都督西域诸军事、宁西将军，车师前部王弥寘使持节、平西将军、西域都护，率其国兵为光乡导。（第629页）

[十二月] 吕光行越流沙三百余里，焉耆等诸国皆降，惟龟兹王帛一作白纯拒之，婴城固守。光遂进攻龟兹。（第633页）

[建元二十年（384）七月] 时骁骑将军吕光讨平西域，还，上疏曰："惟龟兹据三十六国之中，制彼侯王之命。入其国城，天骥龙麟，腰裹丹髦，万计盈厩，虽伯乐更生，卫赐复出，不能辨也。所获珍宝以万万计。"坚下书以光为使持节、散骑常侍、都督玉门已西诸军事、安

西将军、西域校尉，道绝不通。（第636页）

## 卷三十九　前秦录八

### 苻丕

[太安元年（385）九月] 是月，安西将军吕光自西域还师，至于宜禾。坚凉州刺史梁熙谋闭境拒之，高昌太守杨翰切谏，弗听。乃以子胤为鹰扬将军，率众五万拒光于酒泉。敦煌太守姚静、晋昌太守李纯以郡降光。胤与光战于安弥，为光所败。武威太守彭济执熙迎光，光杀之。建威将军、西郡太守索泮，奋威将军、都督洪池已南诸军事、酒泉太守宋皓等，并为光所杀。（第644页）

[太安二年，386] 五月，[苻] 丕大赦，以卫平为抚军将军、河州刺史，吕光为车骑大将军、凉州牧、酒泉公，使者皆没于姚苌，不能达。（第645页）

## 卷四十一　前秦录九

### 苻洛

苻洛，坚之从弟也。……洛兄重为豫州刺史、北海公，镇洛阳。建元十四年（378），重以洛阳谋反，坚曰："吕光忠正，必不同也。"命光收重槛送长安，赦之，以公就第。其后二年（380）春正月，坚复以重为镇北大将军，镇蓟。洛勇而多力。能坐制奔牛，射洞犁耳。坚深忌之，故常为边牧，自以有灭代之功，求开府仪同三司不得，由是怨愤。三月，坚以洛为使持节、都督益宁西南夷诸军事、征南大将军、益州牧，使从伊阙自襄阳溯汉而上。……于是自称大都督、大将军、秦王。……众七万发和龙，坚召群臣谋之。步兵校尉吕光曰："行唐公以至亲为逆，此天下所共疾怨，愿假臣步骑五万取之，如拾遗耳！"坚曰："重、洛兄弟，据南北一隅，兵赋全资，未可轻也。"光曰："彼众迫于凶威，一时蚁聚耳，若以大军临之，势必瓦解，不足忧也。"……坚怒遣左将军窦冲及吕光率步骑四万讨之，右将军都贵驰传诣邺，率冀州兵三万为前锋，以阳平公融为大都督，授之节度。使石越率骑一万，自东莱出石径袭和龙。北海公重亦尽蓟城之众会洛兵于中山，有众十万。与冲等战于中山，大败，执洛及其将兰殊，送之长安。吕光斩重于

幽州，石越克和龙斩平规。坚赦兰殊，徙洛于西海，后为梁熙所杀。（第661—662页）

## 卷四十二 前秦录十

### 吕婆楼

吕婆楼字广平，略阳氐人也。其先吕文和，自沛避难徙焉，因世居之，遂为酋豪。秦王健立，以为散骑常侍，后进侍中、尚书，与东海王坚友善。及生嗣位，薛赞、权翼密说坚曰："主上猜忌暴虐，中外离心，方今宜主秦祀者，非殿下而谁，愿早为计，勿使他姓得之。"坚以问婆楼，婆楼曰："仆刀镮上人耳，不足复办大事。仆里舍有王猛，其人谋略不世出，殿下宜请而咨之。"坚因婆楼以见猛，一见如旧，任为谋主。生既残虐无度，梁平老等亟以为言，坚深然之，于是清河王法与平老等帅壮士潜入云龙门，坚与婆楼帅麾下继进，斩生于别室，坚遂称大秦天王。以婆楼为司隶校尉，后守太尉卒。其子光，后称凉王，别有传。（第667页）

### 王猛

王猛字景略，北海剧人也。……苻坚将有大志，闻猛名，遣吕婆楼招之，一见便若平生，语及废兴大事，异符同契，若玄德之遇孔明也。（第668页）

### 张蚝

张蚝本姓弓，上党泫人也。……铜台之战一作铜壁，蚝单马大呼出入秦阵者四五。坚募人生致之，鹰扬将军吕光刺蚝中之，前锋邓羌擒之以献，平惧，请降。（第673页）

### 索泮

索泮字德林，敦煌人也。……吕光叛据姑臧，泮城守不降。光攻而获之，让泮曰："孤既平西域，将赴难京师，梁熙无状，绝孤归路，此朝廷之罪人，卿何意阻郡固迷，自同元恶！"泮厉色责光曰："将军受诏讨叛胡，可受诏乱凉州耶？梁公何罪，而将军害之？泮但苦力寡，不能固守以报君父之仇耳，岂肯如逆氐彭济望风反叛！主灭臣死，礼之常也。"光怒，命诛之，乃就刑于市，神色不变。其弟菱，有隽才，仕天锡为执法中郎、冗从右监。坚世至伏波将军、典农都尉，与泮俱被害。

（第676—677页）

### 窦冲

窦冲，武都人。……行唐公洛以和龙叛，自称大将军、大都督、秦王。坚遣冲及吕光率步骑四万进讨，战于中山，执洛及其将兰殊。（第687页）

## 卷五十六　后秦录四

### 姚兴上

［弘始三年，401］夏五月，魏安人焦朗遣使说陇西公硕德曰："吕氏自武王弃世，兄弟相攻，政纲不立，兢为威虐，百姓饥馑死者过半。今乘其篡夺之际，取之易于反掌，不可失也。"硕德言于兴，遂率步骑六万伐凉，遣乞伏乾归率骑七千从之。秋七月，硕德从金城济河直趋广武，径仓松至姑臧。部将姚方国言于硕德曰："今授师三千，后无继援，师之难也。宜曜劲锋，示其威武。彼以我远来，必决死拒战，可一战而平也。"凉王吕隆遣辅国吕超、龙骧吕邈等逆战，大败，生擒邈，俘斩万计。隆婴城固守，别将吕他等率众二万五千以东苑来降。先是，吐蕃秃发傉檀据西平，沮渠蒙逊据张掖，李暠据敦煌，各制方域，与吕隆共相攻伐。至是，各遣使修表奉献。八月，凉将姜纪率数十骑来奔，说硕德曰："吕隆孤城无援，明公以大军临之，其势必请降，然彼徒文降而已，未肯遂服也。请给纪步骑三千，与王松忽因焦朗、华纯之众，伺其衅隙，隆不足取也。不然，今秃发在南，兵强国富，若兼姑臧而据之，威势益盛，沮渠蒙逊、李暠不能抗，必将归之，如此则为国家之大敌矣。"硕德乃表纪为武威太守，配兵三千屯据晏然。硕德围姑臧累月，城中多谋外叛。硕德抚纳夷夏，分置守宰，节食聚粟，为持久之计。九月，吕隆遣使奉贡请降，兴答报嘉美，拜隆镇西大将军、凉州刺史、建康公。（第781—782页）

［弘始四年（402）十一月］庚戌，兴徙河西豪右万余户于长安。（第784页）

## 卷五十七 后秦录五

### 姚兴中

[弘始五年，403]［姚兴］遣镇远将军、荆州刺史赵曜率众二万西屯金城，建节将军王松忽率骑助吕隆守姑臧。松忽至魏安，为傉檀弟文真所围，众溃，执松忽送于傉檀。傉檀大怒，送松忽还，归罪文真，深自陈谢。（第784页）

秋七月，秃发傉檀及沮渠蒙逊互出兵攻吕隆，隆患之。秦之谋臣言于兴曰："隆藉先世之资，专制一方，今虽饥窘尚能自支，若将来丰赡终非吾有。凉州险绝，土田饶沃。世难先违，道隆—作清后服，不如因其饥弊而取之。"兴遂遣兼散骑常侍席确诣凉州，征隆弟超入侍，隆遣之。乃因超表请内徙，兴遣尚书左仆射齐难及镇西将军姚诘、镇远将军—作左贤王乞伏乾归、镇远将军赵曜等率步骑四万迎隆于河西。八月，难等至姑臧，隆素车白马迎于道旁。隆因劝难攻沮渠蒙逊，蒙逊使臧莫孩拒之，前军败绩，难乃与蒙逊结盟而还。以司马王尚行凉州刺史，配兵三千镇姑臧。尚绥抚遗黎，导以信义，百姓怀其惠化，翕然归之。以将军阎松为仓松太守，郭将为番禾太守，分戍二城。徙隆宗室僚属及民万户于长安，以隆为散骑常侍，超为安定太守，自余文武随才擢叙。（第785页）

[弘始八年，406]秃发傉檀献马三千匹、羊三万头，兴以为忠，乃署傉檀为都督河右诸军事、车骑大将军、凉州刺史，镇姑臧。征凉州刺史王尚还长安，凉州人申屠英等遣主簿胡威诣长安请留尚，兴弗许，引威见之。……尚既至长安，坐匿吕氏宫人、擅杀逃人薄禾等，禁止南台。凉州别驾宗敞、治中张穆、主簿边宪、胡威等上疏理尚曰……兴览之大悦，谓黄门侍郎姚文祖曰："卿知宗敞乎？"文祖曰："与臣州里，西方之英俊也。"兴曰："有表理王尚，文义甚佳，当王尚研思耳。"文祖曰："尚在南台，禁止不与宾客交通，敞寓于杨桓，非尚明矣。"兴曰："若尔，桓为措思乎？"文祖曰："西方评敞甚重，优于杨桓。敞昔与吕超周旋，陛下可试问之。"兴因召超谓曰："宗敞文才何如？可是谁辈？"超曰："敞在西方，时论甚美，方敞魏之陈、徐，晋之潘、陆。"兴即以表示超曰："凉州小地，宁有此才乎？"超曰："臣以敞余文比

之，未足称多。琳琅出于昆岭，明珠生于海滨，若必以地限人，则文命大夏之弃夫，姬昌东夷之摈士。但当问其文彩何如，不以区宇格物。"兴大悦，赦尚之罪，以为尚书。（第787—788页）

## 卷五十八　后秦录六

### 姚兴下

弘始十三年（411）春正月，兴子广平公弼有宠于兴，委以朝政。天水姜纪遂倾心谄附之。纪，本吕氏叛臣，阿谀奸诈，好间人之亲戚。（第793页）

〔弘始十八年，416〕〔姚〕兴疾转笃。其妹南安长公主问疾，不应。兴少子耕儿出告其兄南阳公愔曰："上已崩矣，宜速决计。"愔即与其党尹冲、姚武伯等率甲士攻端门，敛曼嵬勒兵拒战，胡翼度率禁兵闭四门。愔等遣壮士登门，缘屋而入，及于马道。泓侍疾在谘议堂，遣敛曼嵬率殿中兵登武库拒战，太子右卫率姚和都率东宫兵入屯马道南。愔等既不得进，遂烧端门。兴力疾临前殿，赐弼死。禁兵见兴，喜跃，贯甲争进赴贼，贼众骇扰。和都勒东宫兵自后击之，愔等奔溃，逃于骊山。其党建康公吕隆奔雍，尹冲及弟尹泓奔于建康。兴引绍及讃、梁喜、尹昭、敛曼嵬等入内寝，受遗诏辅政。（第799—800页）

## 卷五十九　后秦录七

### 姚泓

永和元年（416）春正月，兴卒，泓秘不发丧，捕南阳公愔及建康公吕隆、大将军尹元等，皆诛之，命齐公恢杀安定太守吕超。恢初犹豫，久乃杀之。泓疑恢有阴谋，恢自是怀贰，阴聚兵甲欲谋作乱。（第801页）

## 卷六十　后秦录八

### 姚硕德

姚硕德，弋仲子，苌同母弟也。……又率步骑六千讨吕隆于姑臧，攻围累月，城不即拔。硕德抚纳夷夏，分置守宰，节食聚粟为持久计。隆惧，出降，军令严整，秋毫无犯，祭先贤，礼名士，西土悦之，遂引

兵还。（第816页）

## 卷六十二 后秦录十

### 鸠摩罗什—名句摩罗耆婆

鸠摩罗什，天竺人也。……秦苻坚时，遣骁骑将军吕光等率兵西伐龟兹。坚谓光曰："夫帝王应运而治，以子爱苍生为本，岂贪其地而伐之？正以怀道之人故也。朕闻西域有鸠摩罗什，深解法相，善闲阴阳，为后学之宗，朕甚思之。且贤哲者，国之大宝，若克龟兹，即驰驿送来。"光既克龟兹，还至凉州，坚为姚苌所害，乃缟素三军，大临城南，僭号称元。及吕隆时，姚苌僭号关中，亦闻什名，遣使来迎。隆以什智计多解，恐为姚氏谋，不许东入。苌卒，子兴袭伪位，复遣使来迎，隆乃上表送什入关，至于长安，兴待以国师之礼，甚见优宠。（第826页）

### 佛陀耶舍

佛陀耶舍，罽宾人。来入沙勒国，罗什初从受学，甚相礼敬。什既随母还龟兹，顷之，沙勒国王死，太子即位。时苻坚遣吕光西伐龟兹，龟兹王求救于沙勒，沙勒自率兵救之，留耶舍辅太子，委以后事。救军未至，而龟兹已败，王归，具说罗什为光所执。舍乃叹曰："我与罗什相遇虽久，未尽怀抱，其忽羁虏，相见何期。"停十余年，东适龟兹，什在姑臧，遣使要之。舍裹粮而往，行至姑臧，什已入长安。（第834页）

## 卷六十四 南燕录二

### 慕容超

慕容超字祖明，备德兄北海王纳之子也纳一作沨。纳沉静深邃，外讷内敏。苻坚破邺，以纳为广武太守，数岁去官，与母公孙氏就弟备德，家于张掖。备德从坚南征，留金刀辞母而去。备德与燕王垂起兵于山东，张掖太守苻昌收纳及备德诸子，皆诛之，公孙氏以老获免，纳妻段氏以怀娠未决，因于郡狱。狱掾呼延平，备德之故吏也，尝有死罪，备德免之。窃将公孙及段氏逃于羌中。段氏生超，年十岁而公孙氏病，临死授超以金刀，曰："闻汝伯已中兴于邺都，吾朽病将没，相见理绝。若天下太平，汝得东归，当以此刀还汝伯也。"呼延平又将超母子奔于吕光。及吕隆降秦，超又随凉州民徙于长安。未几，平卒，超号恸经旬，超母谓超曰："吾母子得全济者，呼延氏之力也。惠而不报，天不佑人。平今虽死，吾欲为汝纳其女以答厚恩。"于是娶之。（第848—849页）

## 卷八十一　后凉录一

### 吕光

吕光，字世明，略阳氐人也。父婆楼，佐命苻坚，官至太尉。光以石氏建武四年（338）生于枋头，夜有神光，举家异之，故遂以光为名。年十岁，与诸兄弟①游戏邑里，好②为战阵之法，群童③咸推为主，割土处中④，部分详平，群童叹服。不好⑤读书，惟乐⑥鹰马。及长，连结贤豪，好施待士⑦。身长八尺四寸，目重瞳子，左肘生肉印。性沉重质略一作朴⑧，宽大有度量⑨，喜怒不形于色。时人莫之识，唯王猛布衣时见而异之⑩，曰："此非凡人也。"⑪言之于苻坚。举贤良，除美阳令，夷夏爱服，邻境肃清⑫。迁鹰扬将军。从征张平，战于铜壁，刺平养子蚝，中之，自是威名大著。

苻双反于秦州，坚将杨成世为双将苟兴所败。光与王鉴讨之。鉴欲速战，光曰："兴初破成世，奸气渐长，宜持重以俟其敝。兴乘胜轻来，粮竭必退，退而击之，可以破也。"二旬而兴退，诸将不知所为，光曰："揆其奸计，必攻榆眉。若得榆眉，据城断路，资储复赡，非国之利也。宜速进师，若兴攻城，尤须赴救。若其奔也，彼粮既尽，可以

① 编者注：兄弟，《晋书》卷一二二《吕光载记》作"童儿"。
② 编者注：好，《晋书》卷一二二《吕光载记》无。
③ 编者注：群童，《晋书》卷一二二《吕光载记》作"侪类"。
④ 编者注：割土处中，《晋书》卷一二二《吕光载记》无。
⑤ 编者注：好，《晋书》卷一二二《吕光载记》作"乐"。
⑥ 编者注：乐，《晋书》卷一二二《吕光载记》作"好"。
⑦ 编者注：连结贤豪，好施待士，《晋书》卷一二二《吕光载记》无。
⑧ 编者注：沉重质略，《晋书》卷一二二《吕光载记》作"沉毅凝重"。
⑨ 编者注：宽大有度量，《晋书》卷一二二《吕光载记》作"宽简有大量"。
⑩ 编者注：唯王猛布衣时见而异之，《晋书》卷一二二《吕光载记》无"布衣时见而"五字。
⑪ 编者注：此非凡人也，《晋书》卷一二二《吕光载记》作"此非常人"。
⑫ 编者注：邻境肃清，《晋书》卷一二二《吕光载记》无。

灭之。"鉴从之①，果败兴军。从王猛平②慕容晖，封都亭侯。

苻重镇洛阳，表③光为长史。及重谋反，坚闻之曰："长史④吕光忠孝方正，必不与之同谋⑤。"驰使命光收重，槛车送之。寻入为太子右率，甚见亲重。

蜀人李焉—作乌聚众二万，攻逼益州，以光为破虏将军，率兵讨灭之，迁步兵校尉。苻洛反，光又击平之，拜骁骑将军。

秦建元十九年（383）春正月⑥，坚既克⑦平山东，士马强盛，遂有图西域之志。乃以光为使持节、都督西域征讨诸军事⑧，率将军姜飞、彭晃、杜进、康盛—作隆等总步⑨兵七万，铁骑五千，讨西域。以陇西董方、冯翊郭抱、武威贾虔、弘农杨颖为四府将佐。坚太子宏执光手曰："君器相非凡⑩，必有大福，宜深保重⑪。"行至高昌，闻坚寇晋，光欲更须后命。部将杜进曰："节下受任金方，赴机宜速，有何不了，而更留乎？"冬十二月⑫，光进及流沙，三百余里无水，将士失色。光曰："吾闻李广利精诚玄感，飞泉涌出，吾等岂独无感致乎？皇天必将有济，诸君不足忧也！"俄而大雨，平地水深⑬三尺。进兵焉耆，其王泥流率其傍国⑭请降，惟龟兹王帛纯帛—作白拒命不降。光军其城南，五里为一营，深沟高垒，广设疑兵，以木为人，被之以甲，罗列垒上，将为持久之计⑮。帛纯驱徒城外人入于城中，附庸侯王各婴城自守。

至是，光左肘肉印隐起成字⑯，文曰"巨霸"。营外夜有一黑物，大

---

① 编者注：之，《晋书》卷一二二《吕光载记》作"焉"。
② 编者注：平，《晋书》卷一二二《吕光载记》作"灭"。
③ 编者注：表，《晋书》卷一二二《吕光载记》作"以"。
④ 编者注：长史，《晋书》卷一二二《吕光载记》无。
⑤ 编者注：必不与之同谋，《晋书》卷一二二《吕光载记》作"必不同也"。
⑥ 编者注：秦建元十九年(383)春正月，《晋书》卷一二二《吕光载记》无。
⑦ 编者注：克，《晋书》卷一二二《吕光载记》无。
⑧ 编者注：都督西域征讨诸军事，《晋书》卷一二二《吕光载记》作"都督西讨诸军事"。
⑨ 编者注：步，《晋书》卷一二二《吕光载记》无。
⑩ 编者注：非凡，《晋书》卷一二二《吕光载记》作"非常"。
⑪ 编者注：重，《晋书》卷一二二《吕光载记》作"爱"。
⑫ 编者注：冬十二月，《晋书》卷一二二《吕光载记》无。
⑬ 编者注：水深，《晋书》卷一二二《吕光载记》无。
⑭ 编者注：傍国，《晋书》卷一二二《吕光载记》作"旁国"。
⑮ 编者注：将为持久之计，《晋书》卷一二二《吕光载记》无。
⑯ 编者注：光左肘肉印隐起成字，《晋书》卷一二二《吕光载记》作"光左臂内脉起成字"。

如断堤，动摇有头角，目光若电，及明而云雾四塞①，遂不复见。且视其处，南北五里，东西二十②余步，鳞甲隐于地所③，昭然犹在。光笑曰："黑龙也。"俄而云起西北，暴风灭其迹。杜进言于光曰："龙者神兽，人君利见之象。《易》曰：'见龙在田，德施普也。'斯诚明将军道合灵和，德符幽显所致④。愿将军勉之，以成大庆。"光有喜色。

遂进军攻龟兹城。其夜，梦金象飞越城外。光曰："此谓佛神去之，胡必亡矣！"攻城益急，帛纯乃倾国财宝重赂于狯胡以求救⑤。狯胡王遣其弟呐龙、侯将馗率骑二十余万，并引温宿、尉须等诸国王及诸胡内外⑥合七十余万人来救。胡便弓马，善矛稍，铠如连锁，射不可入。又以革索为羂，策马掷人，多有中者。众甚惮之，诸将咸欲每营结阵，案兵拒之。光曰："彼众我寡，营又相远，势分力散，非良策也！"于是迁营相接按阵，为钩锁之法，精骑为游军，弥缝其阙。战于城西，大败之，斩首万余级。帛纯收其珍众⑦遁走，王侯降者三十余国。光入其城，城有三重，广轮与长安城等。城中塔庙千数，又以种田畜牧为业，男女皆剪发垂项，⑧宫室壮丽，焕若神居⑨。光乃大飨将士。赋诗言志，命参军京兆段业著《龟兹宫赋》以记⑩之。胡人奢侈，厚于养生，家有蒲桃酒，或至千斛，经十年不败，士卒沦没酒藏者相继。又有千斛蒲桃，士卒取实来，离宫别馆傍尽种之。因得其乐器有箜篌、琵琶、五弦、笙、笛、箫、觱篥、毛圆鼓、都昙鼓、答腊鼓、腰鼓、羯鸡娄鼓、钟鼓其等十五种，为一部工二十人。歌曲有善善摩尼解曲、婆迦儿舞曲、有天殊勒监曲。⑪诸国惮光威名，贡款属路。光抚宁西域，威恩甚

---

① 编者注：塞，《晋书》卷一二二《吕光载记》作"周"。
② 编者注：二十，《晋书》卷一二二《吕光载记》作"三十"。
③ 编者注：隐于地所，《晋书》卷一二二《吕光载记》作"隐地之所"。
④ 编者注：所致，《晋书》卷一二二《吕光载记》无。
⑤ 编者注：帛纯乃倾国财宝重赂于狯胡以求救，《晋书》卷一二二《吕光载记》作"帛纯乃倾国财宝请救狯胡"。
⑥ 编者注：及诸胡内外，《晋书》卷一二二《吕光载记》无。
⑦ 编者注：珍众，《晋书》卷一二二《吕光载记》作"珍宝"。
⑧ 编者注：城有三重……男女皆剪发垂项，《晋书》卷一二二《吕光载记》无。
⑨ 编者注：焕若神居，《晋书》卷一二二《吕光载记》无。
⑩ 编者注：记，《晋书》卷一二二《吕光载记》作"讥"。
⑪ 编者注：又有千斛蒲桃……有天殊勒监曲，《晋书》卷一二二《吕光载记》无。

著。桀黠胡王昔所未宾者，不远万里望风①归附，上汉所赐节传，光皆表而易之。立帛纯弟震为龟兹王，抚其遗众。

建元二十年（384）秋八月，光上疏奏捷于坚。②坚知光平西域，以为使持节、散骑常侍、都督玉门已西诸军事、安西将军、西域校尉，进封顺乡侯，增邑一千户，③道绝不通。

建元二十一年（385）春正月，光既平龟兹，以龟兹饶乐，遂有留居之志，始获天竺沙门鸠摩罗什。先是，光军未至，什谓龟兹王曰："国运衰矣！当有勍敌目下从东方来，宜恭承之，勿抗其锋。"纯不从，至是果败。光未测什智量，见其年少，乃以凡人戏之，强妻以龟兹王女，拒而不受。光曰："道士之操，不逾光父，何所固辞。"因饮以醇酒，同闭密室。什既被逼，遂亏其节，或令骑牛及乘恶马，欲使堕落。什尝怀忍辱，曾无愠色。光还，中路置军山下，将士已休。什曰："不可在此，必见狼狈，宜徙军陇上。"光不纳，夜果大雨，洪潦暴起，水深数丈，死者数千人，遂深异之。光欲留王西国，什谓光曰："此凶亡之地，不可淹留，推运揆数，将军宜速东归，中路自有福地可居。"光乃大飨文武，博议进止。众咸请还，光乃从之。三月，④光以驼二万余头致外国珍宝及奇伎异戏、殊禽怪兽千有余品，骏马万余匹而还。

秋九月，光自龟兹还至宜禾，秦凉州刺史梁熙谋闭境拒之。高昌太守杨翰言于熙曰："吕光新破西域，兵强气锐，其锋不可当也。度其事意。必有异图。且今关中扰乱，京师存亡未知。自河已西迄于流沙，地方万里，带甲十万，鼎峙之势实在今日。若光出流沙，其势难敌。高梧—作高桐谷口，险阻之要，宜先守之而夺其水，彼既穷渴，自然投戈。如其以远不守，伊吾之关亦可拒也。若度此二厄，虽有子房之策无所施矣，地有所必争真此机也！"熙不从。美水令犍为杨—作张统说熙曰："主上倾国南讨，覆败而还。慕容垂擅兵河北，泓、冲寇逼京师，丁零、杂虏跋扈关洛，州郡奸豪所在风扇。王纲弛绝，人怀利己。今吕光回师，其志难测，将军何以抗之？"熙曰："诚深忧之，未知计之所

---

① 编者注：望风，《晋书》卷一二二《吕光载记》无。
② 编者注：建元二十年……奏捷于坚，《晋书》卷一二二《吕光载记》无。
③ 编者注：进封顺乡侯，增邑一千户，《晋书》卷一二二《吕光载记》无。
④ 编者注：三月，《晋书》卷一二二《吕光载记》无。

出。"统曰："光雄果勇毅，智略过人，今拥思归之士乘战胜之气，其锋未易当也一云今以荡西域之威拥归师之锐锋，若猛火之盛于原，弗可敌也。将军世受殊恩，忠诚夙著，立勋王室，宜在今日。行唐公洛，上之从弟，勇冠一时。为将军计者，莫若奉为盟主以收摄众望，推忠义以总率群豪，则光虽至不敢有异心也。资其精锐，东兼毛兴，西连王统、杨璧，合四州之众扫凶逆于诸夏，宁帝室于关中，此桓文之举也。"熙又弗从，乃杀洛于西海。

光闻杨翰之谋，惧不敢进。杜进谏曰："梁熙文雅有余，机鉴不足，终不能纳翰之谋也，愿将军不足忧之。[1]闻其上下未同，宜在速进，进而不捷，请受过言之诛。"光从之。进至高昌，杨翰以郡迎降。及至玉门，梁熙传檄责光擅命还师，遣子鹰扬将军[2]胤与振威将军南安[3]姚皓、别驾卫翰率众五万拒光于酒泉。敦煌太守姚静、晋昌太守李纯以郡迎降。[4]光报檄凉州，责熙无赴难之诚，数其遏归师之罪。遣彭晃、杜进、姜飞等为前锋，击胤，战于安弥，大败。胤轻将麾下数百骑逃[5]奔，杜进追而擒之。于是，西[6]山胡夷皆来款附。武威太守彭济执熙请迎[7]，光乃杀熙，凉州郡县望风奔降，独建威将军西郡太守索泮、奋威将军酒泉太守宋皓城守不下，攻而执之，并为光所杀。光遂入姑臧，自领凉州刺史、护羌校尉，表杜进为辅国将军、武威太守，封武始侯，其余将佐[8]封拜有差。

主簿尉祐，奸佞倾险[9]，见弃前朝，与彭济同谋执熙。光深见宠任，乃谮诛姚皓及天水尹景等名士十余人，远近颇以此失望，人怀离贰[10]。光寻擢祐为宁远将军、金城太守。祐次允吾，袭据外城以叛，祐从弟随据鹯阴起兵应之。光遣将军魏真讨随，随败，奔祐。光将姜飞又

---

① 编者注:终不能纳翰之谋也,愿将军不足忧之,《晋书》卷一二二《吕光载记》作"终不能纳善从说也,愿不足忧之"。

② 编者注:鹰扬将军,《晋书》卷一二二《吕光载记》无。

③ 编者注:将军南安,《晋书》卷一二二《吕光载记》无。

④ 编者注:敦煌太守姚静、晋昌太守李纯以郡迎降,《晋书》卷一二二《吕光载记》无。

⑤ 编者注:逃,《晋书》卷一二二《吕光载记》作"东"。

⑥ 编者注:西,《晋书》卷一二二《吕光载记》作"四"。

⑦ 编者注:迎,《晋书》卷一二二《吕光载记》作"降"。

⑧ 编者注:将佐,《晋书》卷一二二《吕光载记》无。

⑨ 编者注:险,《晋书》卷一二二《吕光载记》作"薄"。

⑩ 编者注:远近颇以此失望,人怀离贰,《晋书》卷一二二《吕光载记》作"远近颇以此离贰"。

击败祐众，祐奔据兴城，扇动百姓，夷夏多从之。飞司马张象、参军郭雅谋杀飞应祐，发觉，逃奔。

太安元年（386）春正月，①初苻坚之败，张天锡南奔，其世子大豫为长水校尉略阳②王穆所匿。坚还长安，穆将大豫俱奔河西，依秃发思复鞬，思复鞬送之魏安。至是，魏安人焦松、齐肃、张济等起兵数千，迎大豫为主③，攻拔昌松郡，执太守王世强④。二月⑤，光遣辅国将军⑥杜进击之，进等败绩⑦。大豫遂进逼姑臧，求决胜负，王穆谏曰："吕光粮丰城固，甲兵精锐，逼之非利。不如席卷岭西，厉兵积粟，然后⑧东向而争，不及期年，光可平也⑨。"大豫不从，乃自号抚军将军、凉州牧，改元凤凰，以王穆为长史，传檄郡县，⑩使穆求救于陇西⑪诸郡。建康太守李隰、祁连都尉严纯及阎袭等起兵应之。有众三万，保据杨坞。⑫夏四月，⑬大豫自扬坞⑭进屯姑臧⑮城西，王穆率众三万及秃发思复鞬子奚干⑯一作于等阵于城南。光出，击大破之，斩奚干等二万余级。光谓诸将曰："大豫若用王穆之言，恐未可平也。"诸将皆曰："大豫岂不及此耶！皇天欲赞成明公八百之业，故令大豫迷于良算耳！"光大悦，赏赐金帛有差。

是时，坚子丕以光为车骑大将军、凉州牧，领护西羌大都督、酒泉公，使者没于后秦不能达。秋九月，⑰光始闻苻坚为姚苌所害，奋袂⑱哀

---

① 编者注：太安元年春正月，《晋书》卷一二二《吕光载记》无。
② 编者注：略阳，《晋书》卷一二二《吕光载记》无。
③ 编者注：迎大豫为主，《晋书》卷一二二《吕光载记》作"迎大豫于揩次"。
④ 编者注：执太守王世强，《晋书》卷一二二《吕光载记》无。
⑤ 编者注：二月，《晋书》卷一二二《吕光载记》无。
⑥ 编者注：辅国将军，《晋书》卷一二二《吕光载记》作"其将"。
⑦ 编者注：进等败绩，《晋书》卷一二二《吕光载记》作"为大豫所败"。
⑧ 编者注：然后，《晋书》卷一二二《吕光载记》无。
⑨ 编者注：光可平也，《晋书》卷一二二《吕光载记》作"可以平也"。
⑩ 编者注：乃自号抚军将军……传檄郡县，《晋书》卷一二二《吕光载记》无。
⑪ 编著注：陇西，《晋书》卷一二二《吕光载记》作"岭西"。
⑫ 编者注：有众三万，保据杨坞，《晋书》卷一二二《吕光载记》无。
⑬ 编者注：夏四月，《晋书》卷一二二《吕光载记》无。
⑭ 编者注：自扬坞，"扬"应作"杨"，《晋书》卷一二二《吕光载记》无。
⑮ 编者注：姑臧，《晋书》卷一二二《吕光载记》无。
⑯ 编者注：奚干，《晋书》卷一二二《吕光载记》作"奚于"。
⑰ 编者注：是时……秋九月，《晋书》卷一二二《吕光载记》无。
⑱ 编者注：袂，《晋书》卷一二二《吕光载记》作"怒"。

号，三军缟素，大临于城南，传檄诸州，期孟冬大举，[1]伪谥坚曰文昭皇帝，长吏百石以上服斩缞三月，庶人哭泣三日。冬十月[2]，光大赦境内，建元太安。十一月，群僚劝进光曰："长蛇未殄，方扫除国难，不宜进位元台。"[3]张大豫自西郡入临洮，驱略百姓五千余家，保据俱城。光将彭晃、徐灵[4]攻破之，大豫奔广武，穆奔建康。广武人执大豫，送之，斩于姑臧市。十二月[5]，光自称使持节、侍中、中外大都督、督陇右河西诸军事、大将军，领护匈奴中郎将、凉州牧、酒泉公。

太安二年（387）春正月，姑臧大风折木，从申至辰，遣中郎房晷至晋昌祀风穴。罗什谓光曰："不祥之风，当有奸叛，然不劳自定也"。秋八月，甘露降于逍遥园，白燕翔于酒泉，众燕成列而从之。[6]时王穆袭据酒泉，自称大将军、凉州牧。光以郭䴰谶言，改昌松郡为东张掖郡。[7]冬十二月，凉州大饥，[8]谷价踊贵，斗米直钱五百文[9]，人相食，死者大半。光西平太守康宁自称匈奴王，杀河湟太守强禧[10]，阻兵以叛，光屡遣兵讨之，不克[11]。别将徐灵[12]与张掖太守彭晃谋叛，光遣将讨灵[13]，灵[14]奔于晃。晃东结康宁，西通王穆。光欲自击晃，诸将皆曰："今康宁在南，阻兵伺隙，若大驾西行，宁必乘虚出于岭左，晃、穆未平，康宁复至，进退狼狈，势必大危。"光曰："事势实如卿言。然我今不往[15]，是[16]坐待其来也。晃、穆共相唇齿，宁又同恶相济若，三寇连兵[17]，东西交至，则城外皆非吾有，大事去矣！今晃叛逆始尔，宁、穆

①编者注：传檄诸州，期孟冬大举，《晋书》卷一二二《吕光载记》无。
②编者注：冬十月，《晋书》卷一二二《吕光载记》无。
③编者注：十一月……，《晋书》卷一二二《吕光载记》无。
④编著注：徐灵，《晋书》卷一二二《吕光载记》作"徐炅"。
⑤编者注：十二月，《晋书》卷一二二《吕光载记》无。
⑥编者注：太安二年春正月……众燕成列而从之，《晋书》卷一二二《吕光载记》无。
⑦编者注：光以郭䴰谶言，改昌松郡为东张掖郡，《晋书》卷一二二《吕光载记》无。
⑧编者注：冬十二月，凉州大饥，《晋书》卷一二二《吕光载记》无。
⑨编者注：斗米直钱五百文，《晋书》卷一二二《吕光载记》作"斗直五百"。
⑩编者注：杀河湟太守强禧，《晋书》卷一二二《吕光载记》无。
⑪编者注：克，《晋书》卷一二二《吕光载记》作"捷"。
⑫编者注：徐灵，《晋书》卷一二二《吕光载记》作"徐炅"。
⑬编者注：徐灵，《晋书》卷一二二《吕光载记》作"徐炅"。
⑭编者注：徐灵，《晋书》卷一二二《吕光载记》作"徐炅"。
⑮编者注：然我今不往，《晋书》卷一二二《吕光载记》作"今而不往"。
⑯编著注：是，《晋书》卷一二二《吕光载记》作"当"。
⑰编者注：三寇连兵，《晋书》卷一二二《吕光载记》无。

与之情契未密，及其仓卒取之为易。且隆替命也，卿勿复言。"乃自率步骑三万，倍道兼行。既至，攻之二旬，晃将寇颙斩关纳光，遂拔其城①，诛彭晃。

初，王穆之起兵也，遣使招敦煌处士郭瑀。瑀叹曰："临河救溺，不卜命之短长；脉病三年，不豫绝其飧馈。鲁连在赵，义不结舌，况人将左袒，吾安忍不救之。"乃与同郡索嘏起兵五千，运粟三万石以饷穆。穆以瑀为太府左长史、军师将军，嘏为敦煌太守。瑀虽居元佐而口咏黄老，冀功成世定追伯成之踪，既而穆惑于谗间，忌嘏威名，率众伐嘏。瑀谏曰："昔汉定天下然后诛功臣，今事业未建而诛之立见，麋鹿游于此庭矣！"穆不从，瑀出城大哭，举手谢城曰："吾不复见汝矣！"还而引被覆面不与人言，不食七日，舆疾而归，旦夕祈死，夜梦乘青龙上天至屋而止。寤而叹曰："龙飞在天，今止于屋。屋之为字，尸下至也。龙飞屋上，尸至吾其死也。古之君子不卒内寝，况吾正士乎！"遂还酒泉南山赤崖阁，饮气而卒。光闻穆之伐嘏，谓诸将曰："二虏相攻，此成擒也！"将攻之，诸将咸以为不可。光曰："取乱侮亡，武之善经，不可以惮累征之劳而失永逸之机也！"遂率步骑二万攻酒泉，克之，进次凉兴。穆引师东还，路中众散，穆单骑奔驿马，驿马令郭文斩首送之。龟兹国使至，献宝货奇珍、汗血马，光临正殿设会，文武博戏。②

太安三年（388）春正月，光信谗言杀武威太守杜进。他日与群僚宴，酒酣，语及政事。时刑法峻重，参军京兆段业进曰："严刑重宪，非明王之义也！"光曰："商鞅之法至峻而兼诸侯，吴起之术无亲而楚③以霸，何也？"业曰："起丧其身，鞅亡其家，皆残酷之致也。④明公受天眷命，方开建大业⑤，景行尧舜，犹惧不济⑥，奈何欲以商申之末法临道义之神州，岂此州士女所望于明公哉！"光改容谢之。于是，下令责躬乃崇宽简之政。

---

① 编者注：遂拔其城，《晋书》卷一二二《吕光载记》无。
② 编者注：龟兹国使至……文武博戏，《晋书》卷一二二《吕光载记》无。
③ 编著注：楚，《晋书》卷一二二《吕光载记》作"荆蛮"。
④ 编者注：起丧其身，鞅亡其家，皆残酷之致也，《晋书》卷一二二《吕光载记》无。
⑤ 编著注：方开建大业，《晋书》卷一二二《吕光载记》作"方君临四海"。
⑥ 编著注：不济，《晋书》卷一二二《吕光载记》作"有弊"。

　　是年，敦煌太守宋歆送同心梨。陈平仲《凉州记》作陈冲得玉玺献之，博三寸长四寸，直看无文字，向日视之字在腹中有三十四字，言光当王。又白雀巢于阳川令盖敏屋，光下令诸臣为之赋，时献诗及赋者凡百余人。

　　麟嘉元年（389）春正月①，张掖②金泽县有麟见，百兽皆从。光以为己瑞，于是群僚奉表请崇进名号③。遂以晋孝武太元十四年（389）二月僭即三河王位于南郊，置百官自丞郎已下犹摄州县事④，大赦境内，改元麟嘉⑤。光妻石氏，子绍，弟德世自仇池来，至姑臧⑥，光迎于城东，大飨群臣，立石氏为王妃，子绍为世子，宴群臣于内苑新堂，遣市玺玉于于阗⑦。冬十月，遣弟左将军他，子武贲中郎将纂讨北虏匹勤于三岩山，大破之。⑧是年，造刀一口，铭其背曰"麟嘉"，长三尺六寸。⑨

　　麟嘉二年（390）秋九月⑩，太庙新成，追尊高祖为敬公，曾祖为恭公，祖为宣公，父为景昭王，母为昭烈妃。中书侍郎杨颖上疏，请依三代故事，追尊吕望为始祖，永为不迁之庙，光从之。是岁，焉耆国王龙熙遣子入侍。⑪张掖督邮傅曜考覆⑫郡县，而丘池令尹兴杀之，投诸空井。曜见梦于光曰："臣张掖郡小吏，案校诸县，而丘池令尹兴赃状狼藉，惧臣言之，杀臣投于南亭空井中，臣衣服形状如是。"光寤而犹见，久之乃灭。遣使覆之如梦，光怒，杀兴。

　　麟嘉三年（391）春二月⑬，著作郎段业以光未能扬清激浊，使贤愚殊贯，因疗疾于天梯山，作表志诗《九叹》《七讽》十六篇以讽之。光

---

　　① 编者注：麟嘉元年春正月，《晋书》卷一二二《吕光载记》无。
　　② 编者注：张掖金泽县有麟见，《晋书》卷一二二《吕光载记》无"张掖"。
　　③ 编者注：于是群僚奉表请崇进名号，《晋书》卷一二二《吕光载记》无。
　　④ 编者注：置百官自丞郎已下犹摄州县事，《晋书》卷一二二《吕光载记》无"犹摄州县事"。
　　⑤ 编者注：大赦境内改元麟嘉，《晋书》卷一二二《吕光载记》作"赦其境内年号麟嘉"。
　　⑥ 编者注：自仇池来至姑臧，《晋书》卷一二二《吕光载记》无"来至姑臧"。
　　⑦ 编者注：遣市玺玉于于阗，《晋书》卷一二二《吕光载记》无。
　　⑧ 编者注：冬十月……大破之，《晋书》卷一二二《吕光载记》记在吕光册封石氏之前，又无"冬十月"，又"弟左将军他"作"子左将军他"，误。
　　⑨ 编者注：是年……三尺六寸，《晋书》卷一二二《吕光载记》无。
　　⑩ 编者注：麟嘉二年秋九月，《晋书》卷一二二《吕光载记》无。
　　⑪ 编者注：是岁，焉耆国王龙熙遣子入侍，《晋书》卷一二二《吕光载记》无。
　　⑫ 编者注：考覆，《晋书》卷一二二《吕光载记》作"考敷"。
　　⑬ 编者注：麟嘉三年春二月，《晋书》卷一二二《吕光载记》无。

览之而悦，署业为建康太守①。冬十月，金城王乞伏乾归遣南羌彭奚念入攻白土，都尉孙峙退奔兴城。光遣兵乘虚伐金城，乾归闻之引兵而去，光亦引还。

麟嘉四年（392）秋八月②，光遣南中郎将方及弟右将军宝、振威将军杨范、强弩将军窦苟，攻乞伏乾归于金城。方屯河北，宝进师济河，为乾归所败，宝及将士死者万余人③。光又遣武贲中郎将纂及窦苟率步骑五千南攻彭奚念，战于盘夷，纂大败而归。光遂率兵亲讨，复遣纂及扬武将军略阳④杨轨、建中将军⑤沮渠罗仇、建武将军梁恭军于左南。奚念大惧，乃于白土津累石为堤，以水自固，遣精兵一万拒守河津。光遣将军王宝潜趣上津，夜渡湟河。光济自石堤，攻克枹罕，奚念单骑奔甘松，光振旅而还。

麟嘉五年（393）春正月⑥，初光徙西海郡人于诸郡，至是谣曰："朔马心何悲，念旧心中劳。燕雀何徘徊，意欲还故巢。"顷之，遂相扇动，复徙之于河西、乐都。⑦秋七月⑧，群议以高昌虽在西垂，地居形胜，外接胡虏，易生翻覆，宜遣子弟镇之。光以子覆为使持节、镇西将军、都督玉门已西诸军、西域大都护，镇高昌，命大臣子弟随之。

麟嘉六年（394）春正月，光遣使拜秃发乌孤假节、冠军大将军、河西鲜卑大都统，广武郡侯。夏六月，光率众十万伐西秦王乞伏乾归，乾归遣使称藩，以子敕勃为质，光引兵还。⑨敕勃，《西秦录》作勃勃。

龙飞元年（396）夏六月，五龙见于浩亹，群臣咸贺，劝光称尊。⑩光于是以晋太元二十一年僭即天王位，大赦境内殊死已下⑪，改元龙

---

① 编者注：署业为建康太守，《晋书》卷一二二《吕光载记》无。
② 编者注：麟嘉四年秋八月，《晋书》卷一二二《吕光载记》无。
③ 编者注：宝及将士死者万余人，《晋书》卷一二二《吕光载记》仅作"宝死之"。
④ 编者注：扬武将军略阳杨轨，《晋书》卷一二二《吕光载记》无"略阳"。
⑤ 编者注：建中将军，《晋书》卷一二二《吕光载记》作"建忠将军"。
⑥ 编者注：麟嘉五年春正月，《晋书》卷一二二《吕光载记》无。
⑦ 编者注：《晋书》卷一二二《吕光载记》作"复徙之于西河乐都"，故此处"河西"当作"西河"。按，后凉时期，西平郡改称西河郡。《元和郡县图志》卷三九《陇右道上》"鄯州"条载"后凉吕光改西平为西河郡"。《太平御览》卷四五四《人事部九十五》引段龟龙《凉州记》记有西河太守程肇。
⑧ 编者注：秋七月，《晋书》卷一二二《吕光载记》无。
⑨ 编者注：麟嘉六年春正月……光引兵还，《晋书》卷一二二《吕光载记》无。
⑩ 编者注：龙飞元年夏六月……劝光称尊，《晋书》卷一二二《吕光载记》无。
⑪ 编者注：大赦境内殊死已下，《晋书》卷一二二《吕光载记》无"殊死已下"。

飞，备置郡司①，立世子绍为太子，封庶长子纂为太原公、秦州刺史，弟延为天水公，弘为常山公，其余子弟为公侯者十七人②。署中书令王详为尚书左仆射，著作郎段业等五人为尚书③，又遣使拜秃发乌孤为征南大将军、益州牧、左贤王④。冬十月⑤，西秦凉州牧乞伏轲弹与秦州牧乞伏益州不平，弹率众来奔。光下书曰："乾归狼子野心，前后反覆。朕方东清秦赵，勒铭会稽，岂令竖子鸱峙洮南，且其兄弟内相离间，可乘之机无过今也。其敕中外戒严，朕当亲讨。"

龙飞二年（397）春正月，光大举攻西秦，师次于长最，乾归群下请东奔成纪以避之。乾归曰："军之胜败在于巧拙不在众寡，光兵虽众而无法，其弟延勇而无谋，不足惮也。且其精兵尽在延所，延败，光自走矣！"⑥二月，光使太原公纂率杨轨、窦苟等步骑三万攻金城。乾归率众二万来救，光遣将军王宝等率骑五千邀之，乾归惧而不进。遂拔金城，执太守卫鞬。鞬瞋目谓光曰："吾宁守节断头，誓不为降虏也！"光义而免之。光又遣将军梁恭、金石生与秦州刺史没奕干以甲卒万余出阳武下峡攻其东，天水公延以枹罕之众攻临洮、武始、河关，皆克之。乾归因大震泣叹曰："死中求生，正在今日也！"乃纵反间，绐延云乾归众溃东奔成纪。延欲引轻骑追之，司马耿稚谏曰："乾归雄勇过人，权略难测，破王广、克杨定，皆赢师以诱之，虽蕞尔小国亦不可轻也。困兽犹斗，况乾归安肯望风自溃乎！且告者视高而色动，必有奸计，今宜整步陈而前，使步骑相接，徐俟后军，毕集然后击之，可一战灭也。"延不从，进与乾归相遇，战败，死之。耿稚及将军姜显收集散卒，还屯枹罕。光亦引兵还于姑臧。

夏四月，初张掖临松卢水胡沮渠罗仇，匈奴沮渠王之后也，世为部

① 编者注：备置郡司，《晋书》卷一二二《吕光载记》无，按"郡司"当作"群司"。
② 编者注：封庶长子纂为太原公……其余子弟为公侯者十七人，《晋书》卷一二二《吕光载记》作"诸子弟为公侯者二十人"。
③ 编者注：著作郎段业等五人为尚书，《晋书》卷一二二《吕光载记》无"著作郎"。
④ 编者注：又遣使拜秃发乌孤为征南大将军……，《晋书》卷一二二《吕光载记》无，见《晋书》卷一二六《秃发乌孤载记》。
⑤ 编者注：冬十月，《晋书》卷一二二《吕光载记》无。
⑥ 编者注：乾归群下请东奔成纪以避之……，《晋书》卷一二二《吕光载记》无，见《晋书》卷一二五《乞伏乾归载记》。

帅，光以罗仇为尚书，从伐西秦。①及延败死，罗仇弟三河太守沮渠麴粥谓罗仇曰："主上荒耄信谗，今军败将死，正其猜忌智勇之时也。吾兄弟素为所惮，与其经死沟渎，孰若勒兵向西平，出苕藋，奋臂大呼，凉州不足定也！"罗仇曰："理如汝言，但吾家累世忠孝，为一方所归，宁人负我无我负人也。"未几，光果杀罗仇及麴粥。②罗仇弟子蒙逊求率丧还葬乡里，诸部会葬者万人。蒙逊哭谓众曰："吕主昏荒无道③，多杀不辜，吾家上世雄视河西，今欲与诸部雪二父之耻复上世之业，何如？"众多从之，遂杀光护军马邃，攻拔临松郡，屯据金山，大为百姓之患。蒙逊从兄男成，先为光将守晋昌，闻蒙逊起兵，逃奔赀虏，扇动诸夷，众至数千，进攻福禄、建安。将军、宁戎护军赵策击败之，男成退奔乐涫。

五月④，光遣太原公纂率众二万击败蒙逊于忽谷，酒泉太守垒澄率将军赵策、赵陵步骑万余讨男成于乐涫，战败，澄、策死之。男成进攻建康，遣人说建康太守段业曰："吕氏政衰，权臣擅命，刑罚失中，人不堪役，一州之地，叛者连城，瓦解之形，昭然在目，百姓嗷然，无所依附。府君奈何以盖世之才，欲立忠于垂亡之国乎！男成等既唱大义，欲屈府君俯临�州，使涂炭之余获来苏之惠，何如？"业不从，相持二旬，外救不至。郡人高逯、史惠等言于业曰："今孤城独立，台无救援，府君虽心过田单，而地非即墨，宜思高算，转祸为福。"业先与光侍中房晷、仆射王详不平，惧不自容，乃许之。自称大都督、龙骧大将军、凉州牧、建康公。光命太原公纂将兵五万讨业，时谓业等乌合，纂有威声势，必克全。光以问罗什，什曰："观察此行未见其利。"⑤既而蒙逊进屯临洮，为业声援，战于合离，纂兵大败。

秋八月⑥，光散骑常侍西平⑦郭黁以光年老知其将败，遂与仆射王详

---

① 编者注：夏四月……从伐西秦，《晋书》卷一二二《吕光载记》无。
② 编者注：及延败死……光果杀罗仇及麴粥，《晋书》卷一二二《吕光载记》无，见《晋书》卷一二九《沮渠蒙逊载记》，文字略有出入。
③ 编者注：吕主昏荒无道，《晋书》卷一二九《沮渠蒙逊载记》作"吕王昏耄，荒虐无道"。
④ 编者注：五月，《晋书》卷一二二《吕光载记》无。
⑤ 编者注：光命太原公纂将兵五万讨业……此行未见其利，《晋书》卷一二二《吕光载记》仅作"光命吕纂讨业"。
⑥ 编者注：秋八月，《晋书》卷一二二《吕光载记》无。
⑦ 编者注：西平，《晋书》卷一二二《吕光载记》无。

起兵作乱。详为内应，事发，光乃诛详。麿遂据东苑以叛，民间皆言圣人举兵事无不成，从之者甚众。麿以为"代吕者王"，乃推王乞基为主，①光驰使召纂讨麿。纂将还，诸将劝纂曰："段业闻师回，必蹑军后。若潜师夜还，庶无后患也！"纂曰："业虽凭城阻众，无雄略之才，若夜潜还，适足张其奸志耳！"乃遣使告业曰："郭麿作乱，吾今还都，卿能决者，可早出战。"遂弃大军，先将轻骑引还，业亦不敢出。纂司马杨统谓其从兄桓曰："郭麿明善天文，起兵其当有以，京城之外非复朝廷之有。纂今还都，复何所补。请除纂，勒兵推兄为盟主，西袭吕弘，据张掖号令诸郡，亦千载一时也。"桓怒曰："吾闻臣子之事君亲，有陨无二，吾为吕氏臣，安荣其禄，危不能救，岂可复增其难乎！吕氏若亡，吾为弘演矣！"统惧，至番禾，奔归于麿。麿遣军邀纂于白石，纂大败。光西安太守石元良率步骑五千赴难，与纂共击麿军，破之，遂入姑臧。凉人张捷、宋生等招集戎夏三千余人反于休屠城，②与麿共以书笺招诱后将军杨轨，推为盟主。轨性粗直，不虑麿之倾危。河西太守程肇谏曰："将军之与吕王，可谓臭味是同，今欲释同心托异类，背龙头从蛇尾，非将军之高算也！愿将军熟思之。"轨不从。③乃自称大将军、凉州牧、西平公。纂击麿将王斐于城西，大破之，麿势渐衰，遣使请救于秃发乌孤。九月，乌孤使弟骠骑利鹿孤率骑五千援麿④。

　　冬十一月⑤，光遗杨轨书曰："自羌胡不靖，郭麿叛逆，南藩安否，音问两绝。行人风传，云卿拥逼百姓，为麿唇齿。卿雅志忠贞，有史鱼之操，鉴察成败，远侔古人，岂宜听纳奸邪，以亏大美。凌霜不雕者松柏也，临难不移者君子也，何图松柏雕于微霜，而鸡鸣已于风雨。郭麿巫卜小数，时或误中，考之大理，率多虚谬。朕宰化寡方，泽不逮远，致世事纷纭，百城离叛。戮力一心，同济巨海者，望之于卿也。今中仓积粟数百千万，东人战士一当百余，入则言笑晏晏，出则步武凉州，吞麿咀业，绰有余暇。但与卿形虽君臣，心过父子，朕欲全卿名节，不使

<hr />

① 编者注：民间皆言圣人……乃推王乞基为主，《晋书》卷一二二《吕光载记》无。
② 编者注：凉人张捷……反于休屠城，《晋书》卷一二二《吕光载记》无。
③ 编者注：轨性粗直……轨不从，《晋书》卷一二二《吕光载记》无。
④ 编者注：麿势渐衰……骑五千援麿，《晋书》卷一二二《吕光载记》无。
⑤ 编者注：冬十一月，《晋书》卷一二二《吕光载记》无。

贻笑将来，卿三思之①。"轨不答。

龙飞三年（398）春二月，杨轨以司马郭纬为西平相，率步骑二万北赴郭䗶，秃发傉檀亦率骑一万助之轨②。至姑臧，营于城北。三月，太原公纂将兵击轨，郭䗶率众来救，纂败引还。段业使沮渠蒙逊攻西郡，执其太守吕纯。纯，光之弟子也。于是，晋昌、敦煌等郡并降于业。③夏六月，杨轨自恃士马之盛。议欲与光大决成败，䗶每以天文裁止之。常山公弘镇张掖，业使辅国将军沮渠男成及酒泉太守王德来攻。光遣太原公纂迎之，轨谋于众曰："吕弘精兵一万，若与纂合，则敌强我弱。养兽不讨，将为后患。"乃与秃发利鹿孤共邀纂，纂与战，大破之，轨奔王乞基。郭䗶闻轨败，东走魏安，降于乞伏乾归。常山公弘为业所攻，引兵弃张掖东走。业将兵追弘，弘击败之，业遂城西安，以别将臧莫孩为太守，太原公纂又击败之。④冬十月，建武将军李鸾以兴城降于秃发乌孤。⑤

龙飞四年（399）夏五月，太子绍、太原公纂将兵伐段业。业乞救于秃发乌孤，乌孤遣骠骑利鹿孤及杨轨救之。绍以业等军盛，欲从三门关挟山而东。纂曰："挟山示弱，取败之道，不如结阵冲之，彼必惮我而不战也。"绍乃引军而南，业案兵不动，绍等亦引而还。⑥秋九月，光寝疾。冬十二月，光疾甚，立太子绍为天王，自号太上皇帝。以太原公纂为太尉，常山公弘为司徒。谓绍曰："吾疾病唯增，恐将不济。今国家多难，三寇窥觎，迭伺国隙。吾殁⑦之后，使纂统六军，弘管朝政，汝恭己无为，委重二兄，庶几可济。若内相猜贰，衅起萧墙，则晋赵之变，且夕至矣！"又谓纂、弘曰："永业才非拨乱直，以立嫡有常，猥居元首。今外有强寇，人心未宁，汝兄弟缉穆，则祚流万世，若内自相

①编者注：卿三思之，《晋书》卷一二二《吕光载记》无。

②编者注：龙飞三年……助之轨，见《通鉴》，《晋书》卷一二二《吕光载记》仅记"率步骑二万北赴郭䗶"。

③编者注：段业使……并降于业，见《晋书》卷一二九《沮渠蒙逊载记》，文字详略有出入。

④编者注：常山公弘……纂又击败之，见《晋书》卷一二九《沮渠蒙逊载记》，文字详略有出入。

⑤编者注：冬十月……降于秃发乌孤，见《通鉴》。

⑥编者注：龙飞四年……绍等亦引而还，见《晋书》卷一二九《沮渠蒙逊载记》，文字详略有出入。

⑦编者注：殁，《晋书》卷一二二《吕光载记》作"终"。

图，则祸不旋踵。"纂、弘泣曰："不敢有异①心。"又执纂手戒之曰：
"汝性粗暴，深为吾忧，开基既难，守成不易，善辅永业，勿听谗言。"
是日，光卒，时晋安帝隆安三年也。光年六十三，在位十四年②，伪谥
懿武皇帝，庙号太祖，墓号高陵。（第977—988页）

## 卷八十二　后凉录二

### 吕绍③

吕绍，字永业，光之嫡子也。麟嘉元年（389），与母石氏至自仇
池，遂立为世子。光僭即天王位，进为太子。光死，绍秘不发丧，庶兄
太原公纂乃排阁而入哭之，尽哀拂衣欲出④。绍惧为纂所害，以位让
之，曰："兄功高年长，宜承大统，愿兄勿疑。"纂曰："臣虽年长，陛
下国家之冢嫡也。臣安敢奸之⑤，不可以私爱而乱大伦。"绍固让纂，纂
不许，绍遂嗣伪位。骁骑将军⑥吕超言于绍曰："纂统戎积年，威震内
外，临丧不哀，步高视远，观其举止，似乱常度⑦，恐成大变，宜早除
之，以安社稷。"绍曰："先帝顾命，言犹在耳，奈何弃之⑧。且兄弟至
戚，宁有此乎⑨！吾以弱年负荷大任，方赖二兄以宁国家。纵其图我，
我视死如归，终不忍有此意也！卿慎勿言。"超曰："纂威名素著⑩，安
忍无亲，今不图之，后必噬脐矣！"绍曰："吾每念袁尚兄弟，未尝不痛
心切齿，忘寝与食⑪，宁坐而死，岂忍行之。"超曰："圣人称知几其
神，陛下临机不断，臣见大事去矣。"既而纂见绍于湛露堂，超执刀侍
侧，目纂请收之，绍不许。纂遂与常山公弘率壮士数百攻绍，绍登紫阁

---

① 编者注：异，《晋书》卷一二二《吕光载记》作"二"。
② 编者注：在位十四年，《晋书》卷一二二《吕光载记》作"在位十年"。按，《晋书》中华书局本校
勘记［十一］云应为"十一"，系吕光称三河王和大凉天王在位年数，若从吕光入姑臧自称凉州刺
史计十五年，从吕光称凉州牧、酒泉公计则十四年。
③ 编者注：吕绍，《晋书》无传，屠本撮合《晋书》卷一二二《吕光载记》吕绍诸事成传。
④ 编者注：尽哀拂衣欲出，《晋书》卷一二二《吕光载记》作"尽哀而出"。
⑤ 编者注：臣安敢奸之，《晋书》卷一二二《吕光载记》无。
⑥ 编者注：骁骑将军，《晋书》卷一二二《吕光载记》无。
⑦ 编者注：观其举止，似乱常度，《晋书》卷一二二《吕光载记》作"观其举止乱常"。
⑧ 编者注：奈何弃之，《晋书》卷一二二《吕光载记》无。
⑨ 编者注：且兄弟至戚宁有此乎，《晋书》卷一二二《吕光载记》作"兄弟至亲，岂有此乎"。
⑩ 编者注：著，《晋书》卷一二二《吕光载记》作"盛"。
⑪ 编者注：未尝不痛心切齿，忘寝与食，《晋书》卷一二二《吕光载记》作"未曾不痛心忘寝"。

自杀，追谥隐王。先是，光未亡时，有鬼叫于都街曰"兄弟相灭，百姓弊徼"。吏寻视之，则无所见。其年，光死，绍立五日为纂所杀。①

## 吕纂

吕纂，字永绪，光之庶长子也，母赵淑媛。纂性粗暴②，少便弓马，好鹰犬。苻坚时入太学，不好读书，唯以交结公侯声乐为务。太安元年（386），坚乱，西奔上邽，转至姑臧，拜虎贲中郎将、秦州刺史，封太原公。③

先是，光欲立弘为世子，会闻绍在仇池，乃止。弘既有憾于绍。遣尚书姜纪密告纂曰："先帝登遐，主上暗弱，未堪多难④。兄总摄内外，威恩素著，宜为社稷计，不可徇小节也⑤。辄欲远追废昌邑之义，以兄为中宗何如？"纂从之。于是，夜率壮士数百，逾北城，攻广夏门，弘率东苑之众斫洪范门。左卫将军齐从守融明观，抽剑斫纂不中，被擒。绍遣武贲中郎开率禁兵拒战于端门，骁骑将军虎⑥率众二千赴难。众素惮纂，皆不战自溃。纂入自青角门，升谦光殿，绍自杀于紫阁，超出奔广武。纂惮弘兵强，以位让弘，弘曰："向以绍弟也而承大统，众心不顺，是以违先帝遗命而废之，惭负黄泉。今复逾兄而立，岂弘之本志乎⑦，复何面目以视息世间？大兄长且贤，威名振于二寇⑧，宜速即大位，以安国家。"纂乃使弘出告众曰："先帝临终受诏如此。"群臣皆曰："苟社稷有主，谁敢违者。"⑨遂僭即天王位，大赦境内，改元咸宁，尊嫡母石氏为王太后，生母赵氏为太后⑩，署常山公弘为使持节、侍中、大都督、都督中外诸军事、大司马、车骑大将军、司隶校尉、录尚书事，改封番禾郡公，其余封拜各有差。叔父征东将军方镇广武，纂遣使谓方曰："超实忠臣，义勇可嘉，但不识国家大体，权变之宜，方

---

① 编者注：先是……为纂所杀，《晋书》卷一二二《吕光载记》无。
② 编者注：母赵淑媛纂性粗暴，《晋书》卷一二二《吕光载记》无。
③ 编者注：太安元年坚乱……封太原公，《晋书》卷一二二《吕光载记》无。
④ 编者注：未堪多难，《晋书》卷一二二《吕光载记》无。
⑤ 编者注：威恩素著，宜为社稷计，不可徇小节也，《晋书》卷一二二《吕光载记》无。
⑥ 编者注：骁骑将军虎，《晋书》卷一二二《吕纂载记》"虎"作"超"。
⑦ 编者注：岂弘之本志乎，《晋书》卷一二二《吕光载记》无。
⑧ 编者注：寇，《晋书》卷一二二《吕光载记》作"贼"。
⑨ 编者注：纂乃使弘出告众曰……谁敢违者，《晋书》卷一二二《吕光载记》无。
⑩ 编者注：尊嫡母石氏为王太后，生母赵氏为太后，《晋书》卷一二二《吕光载记》无。

赖其忠节诞济世难，卿可以此意谕之。"超乃上疏陈罪，纂复其爵位。

咸宁二年（400）春三月，大司马、番禾公弘自以功名崇重，恐不为纂所容，纂亦以弘功高地逼，深忌嫉之。弘以东苑之兵作乱，劫尹文、杨桓以为谋主，请宗燮俱行，燮固辞之，遂率兵攻纂。纂遣将军焦辨击之，弘众溃，出奔广武。纂纵兵大掠，悉以东苑妇女赏军，弘之妻女亦为士卒所辱。纂笑谓群臣曰："今日之战何如？"侍中房晷对曰："天祸凉室，衅起戚藩。先帝始崩，隐王以幽逼致殂①，山陵甫讫，大司马以惊疑肆逆，京邑流血，昆弟接刃②。虽弘自取夷灭，亦由陛下无棠棣之恩③。宜省④己责躬，以谢百姓，而反纵兵大掠，囚辱士女。衅自弘起，百姓何罪？且弘妻，陛下之弟妇；弘女，陛下之侄女也，奈何使无赖小人污辱为婢妾，天地神明，岂忍见此！"因歔欷悲泣。纂改容谢之，乃召弘妻及男女置于东宫，厚抚之。弘将奔秃发利鹿孤，道过广武，诣征东将军方。方见之大哭曰："天下甚宽，汝何为至此？"⑤乃执弘系狱，驰使告纂，纂遣力士康龙就拉杀之。是月，立妃杨氏为皇后，以后父桓为散骑常侍、尚书左仆射、凉都尹，封金城侯。

夏四月⑥，纂将伐秃发利鹿孤，中书令杨颖谏曰："夫起师动众，必参之天人，苟非其时，圣贤所不为也。利鹿孤上下用命，国未有衅，不可以伐。今宜缮甲养锐，劝课农桑，待可乘之机，然后一举荡灭。比年多事，公私罄竭，不深根固本恐为患将来，愿抑赫斯之怒，思万全之策。"纂不从，遂帅众度浩亹河。利鹿孤遣弟傉檀来拒，战于三堆，纂众败绩，失士卒二千余人。⑦

六月⑧，纂将西袭张掖，尚书姜纪谏曰："方今盛夏，农事方殷⑨，百姓废农，所利者少，所丧者多。若师至岭西，虏必乘虚寇掠都下，将

---

① 编者注：隐王以幽逼致殂，《晋书》卷一二二《吕光载记》作"隐王幽逼"。
② 编者注：京邑流血，昆弟接刃，《晋书》卷一二二《吕光载记》作"京邑交兵友于接刃"。
③ 编者注：恩，《晋书》卷一二二《吕光载记》作"义"。
④ 编者注：省，《晋书》卷一二二《吕光载记》作"考"。
⑤ 编者注：弘将奔秃发利鹿孤……汝何为至此，《晋书》卷一二二《吕光载记》无。
⑥ 编者注：夏四月，《晋书》卷一二二《吕光载记》无。
⑦ 编者注：利鹿孤遣弟傉檀来拒……失士卒二千余人，《晋书》卷一二二《吕光载记》无。
⑧ 编者注：六月，《晋书》卷一二二《吕光载记》无。
⑨ 编者注：农事方殷，《晋书》卷一二二《吕光载记》无。

若之何<sup>①</sup>？宜且回师以为后计<sup>②</sup>。"纂曰："虏无大志，闻吾<sup>③</sup>西征，正可自固耳！今速袭之，可以得志。"遂进围张掖，略地建康。傉檀闻之，率万骑袭姑臧。纂弟陇西公纬凭北城以自固，傉檀曜兵于青阳门，虏掠八千余户而去。<sup>④</sup>纂闻之，引还。

秋九月，征东将军方率广武民三千余户奔利鹿孤。<sup>⑤</sup>

是年，有猪生子，一身三头。又有龙出东厢井中到殿前蟠卧，比旦失之。纂以为美瑞，号大殿为龙翔殿。又有黑龙行于当阳九宫门，改为龙兴门。鸠摩罗什独以为灾，言于纂曰："比日潜龙出游，豕妖见异。龙者，阴类，出入有时，而今屡见，则为灾眚，将有下人谋上之变，宜克己修德以答天戒。"纂不纳。凉州一作即序不知何解人胡据一作胡安枚盗发张骏墓，见骏貌如生，得真珠帘箔、云母屏风、琉璃榼、白玉樽、受三升赤玉箫、紫玉笛、珊瑚鞭、马瑙钟、黄金勒，水陆奇珍不可胜纪。纂诛据党五十余家，遣使吊祭骏，并缮修其墓。

咸宁三年（401）春二月，纂昏虐任情，游田无度，荒耽酒色，不恤政事。<sup>⑥</sup>太常杨颖谏曰："臣闻皇天降鉴，惟德是与。德由人弘，天应以福，故勃焉之美奄在圣躬。大业已尔，当以道守之，廓灵基于日新，邀洪福于万世<sup>⑦</sup>。自陛下龙飞，疆宇未辟，崎岖二岭之内，纲维未振于九州。陛下不兢兢夕惕，经略四方以成先帝之遗志，拯苍生于荼毒一作蓼，而更饮酒过度，出入无恒，宴安游盘之乐，沉湎樽酒之间，不以寇雠为虑，臣窃危之。糟丘酒池，洛汭不返，皆陛下之殷鉴。臣蒙先帝夷险之恩，故不敢避干将之戮。"纂谢曰："朕之罪也，不有直亮之臣，谁匡邪僻之君。"然昏虐自任，虽有此谏<sup>⑧</sup>，终不能改。常与左右因醉骋驰游猎，或马奔于坑堑之间，殿中侍御史王回、中书侍郎王儒控马谏曰：

①编者注：将若之何，《晋书》卷一二二《吕光载记》无。

②编者注：计，《晋书》卷一二二《吕光载记》作"图"。

③编者注：吾，《晋书》卷一二二《吕光载记》作"朕"。

④编者注：纂弟陇西公纬凭北城以自固……虏掠八千余户而去，《晋书》卷一二二《吕光载记》无。

⑤编者注：征东将军方率广武民三千余户奔利鹿孤，《晋书》卷一二二《吕光载记》无。《通鉴》卷一百一十一记"凉吕方降于秦，广武民三千余户奔武威王利鹿孤"，胡三省注云"吕方镇广武，既降于秦，其民无主，故奔秃发氏"。

⑥编者注：纂昏虐任情……不恤政事，《晋书》卷一二二《吕光载记》无"昏虐任情""不恤政事"。

⑦编者注：世，《晋书》卷一二二《吕光载记》作"祭"。

⑧编者注：虽有此谏，《晋书》卷一二二《吕光载记》无。

"千金之子，坐不垂堂，万乘之主清道而行，奈何去舆辇之安，冒奔驰之危。衔橛之变，动有不测之祸。愚臣窃所未安，敢以死争。愿陛下远思 "远思"二字，段龟龙《凉州纪》作"宜忆" 袁盎揽辔之言，不令臣等受讥千载。"纂不纳。

纂番禾太守超擅击鲜卑思盘，思盘遣弟乞珍诉超于纂，纂召超及思盘皆入朝。超至姑臧，大惧，深自结于殿中监杜尚。纂见超，怒责之曰："卿恃兄弟桓桓，乃敢欺吾，要当斩卿，天下乃定。"超顿首曰："不敢"。纂本以恐愒超，实无意杀之①，因引超、思盘及诸臣同宴于内殿。超兄中领军隆屡劝纂酒，已至昏醉，乘步挽车将超等游禁内。至琨华堂东阁，车不得过，纂亲将窭川、骆腾倚剑于壁，推车过阁。超取剑击纂，纂下车擒超，超刺纂洞胸，奔于宣德堂。川、腾与超格战，超杀之。纂妻杨氏命禁兵讨超，杜尚止之，皆纳兵舍仗。将军魏益多斩取纂首以狥②曰："纂违先帝之命杀太子而自立，荒耽酒猎，昵近小人，轻害忠良，以百姓为草芥。番禾太守超以骨肉至亲，惧社稷颠覆，顺人心而除之，上以安宗庙，下为太子报仇，凡我士庶，同兹休庆。"纂在位三年死。纂未死时，尝与鸠摩罗什博戏，或共围棋杀罗什子曰："斫胡奴头"。罗什曰："不能斫胡奴头，胡奴将斫人头。"此言有为，而纂不能悟。光弟宝有子名超，小字胡奴，竟以杀纂，终如什言。③隆篡位，伪谥纂为灵皇帝，墓号白石陵。（第988—992页）

## 卷八十三 后凉录三

### 吕隆

吕隆，字永基，光弟右将军宝之子也④。美姿貌，善骑射。光末年，拜北部护军，稍历显位，声称并著。超既杀纂，让位于隆，隆有难色。超曰："今如乘龙上天，岂得中下。"隆遂以晋安帝隆安五年（401）春二月僭即天王位。⑤超先以番禾得小鼎，以为神瑞，大赦境内

---

① 编者注：纂本以恐愒超，实无意杀之，《晋书》卷一二二《吕光载记》无。
② 编者注：狥，《晋书》卷一二二《吕光载记》作"徇"。
③ 编者注：纂未死时……终如什言，《晋书》卷一二二《吕光载记》无。
④ 编者注：光弟右将军宝之子也，《晋书》卷一二二《吕光载记》无"右将军"。
⑤ 编者注：隆遂以晋安帝隆安五年春二月僭即天王位，《晋书》卷一二二《吕光载记》作"隆以晋安帝元兴年遂僭即天王位"，无"春二月"。

殊死以下①，改元神鼎。追尊父宝为文皇帝，母卫氏为皇太后，妻杨氏为皇后。以弟超有佐命之勋，拜使持节、侍中、都督中外诸军事、辅国大将军、司隶校尉、录尚书事，封安定公。

二月，右仆射杨桓奔河西利鹿孤，任为左司马。利鹿孤率众来攻，隆与战，败绩，掠其民二千余户而去。②

夏五月，隆残虐无度③，多杀豪望以立威名，内外嚣然，人不自保④。魏安人焦朗遣使说秦陇西公姚硕德曰："吕氏因秦之乱，制命此州，自武皇弃世，兄弟相攻⑤，德刑不恤，残暴是先。饥馑流亡死者过半，唯泣诉昊天而精诚无感。伏惟明公道迈前贤，任尊分陕，宜兼弱攻昧，经略此方，救生灵之沉溺，布徽政于玉门。篡夺之际，为功不难，不可失也⑥。"乃遣妻子为质。硕德遂率步骑六万来伐。秋七月，硕德自金城渡河直趋广武，至姑臧，隆遣辅国大将军超、龙骧将军邈等出战，大败遁还，邈为硕德所擒，所失万计，隆收集离散婴城固守。巴西公他率东苑之众二万五千降秦。

闰月。时荧惑犯帝座，有雀群斗于太庙，死者数万。姑臧受围累月，东方之人在城中者多谋外叛，将军魏益多又唱动群心，乃谋杀隆、超，事发诛之，连坐死者三百余家。于是，群臣表求与秦通和，隆弗许。安定公超谏曰："通塞有时，艰泰相袭，孙权屈身于魏，谯周劝主迎降，岂非大丈夫哉！势屈故也。天锡承七世之资，树恩百载，武旅十万，谋士盈朝，秦师临境，识者导以见机，若愎谏自专，社稷为墟。前鉴不远，我之元龟。何惮⑦尺书单使，不以危易安，且令卑辞以退敌，敌去之后内修德政，废兴由人，何损大略。"隆曰："吾虽常人，属当国家之重，不能嗣守成基，保安社稷，乃以太祖之业委之于人，复何面目见先帝于地下乎？"超曰："应龙以屈伸为灵，圣人以知机为美。今连兵积岁，粮储内竭，强寇外逼，百姓嗷嗷无糊口之计—作寄。假使张、

---

① 编者注：大赦境内殊死以下，《晋书》卷一二二《吕光载记》无"境内殊死以下"。
② 编者注：二月……掠其民二千余户而去，《晋书》卷一二二《吕光载记》无。
③ 编者注：夏五月隆残虐无度，《晋书》卷一二二《吕光载记》无。
④ 编者注：保，《晋书》卷一二二《吕光载记》作"固"。
⑤ 编者注：兄弟相攻，《晋书》卷一二二《吕光载记》作"诸子竞寻干戈"。
⑥ 编者注：不可失也，《晋书》卷一二二《吕光载记》无。
⑦ 编者注：惮，《晋书》卷一二二《吕光载记》作"惜"。

陈、韩、白，亦复无如之何，陛下当思权变屈伸①，割区区常虑。若卜
世未穷，何忧旧业之不复。②苟天命去矣，亦可以保全宗族。不然坐守
困穷，终将何如③？”隆乃从之。九月，遣使请降于秦，秦遣鸿胪桓敦拜
隆为使持节、镇西大将军、都督河西诸军事、凉州刺史、建康公，优诏
嘉美之。于是，遣母弟爱子文武旧臣慕容筑、杨颖、史难、阎松等五十
余家入秦为质，硕德乃还。

　　冬十二月，安定公超攻姜纪不克，遂攻焦朗于魏安。朗遣弟子嵩为
质于河西王利鹿孤，利鹿孤遣傉檀来援，比至超已退，傉檀乃耀兵姑
臧，壁于胡阬。超夜遣中垒将军王集率精骑二千斫营，傉檀纵兵逆击，
集被杀，失兵士三百余人。隆惧，伪与傉檀通好，请于苑内结盟，傉檀
遣镇北俱延入盟。延疑有伏，毁苑墙而出，伏兵击之，延失马步还。傉
檀怒，遂攻昌松太守孟祎于显美，隆遣广武将军苟安国、宁远将军石可
率骑五百救之。安国等惮傉檀之强，遁还，傉檀遂克显美，执孟祎而
去。

　　神鼎二年（402）春二月，兴遣兼散骑常侍席确来观虚实，因征隆
弟超为质。沮渠蒙逊率众来伐，隆遣使求救于河西王利鹿孤。利鹿孤遣
车骑大将军傉檀率众一万救之，未至，隆击败之，蒙逊请与结盟，留谷
万余斛以赈饥人。是时，姑臧大饥，谷价踊贵，斗米直钱五千文，人相
食，饿死者十余万口。城门昼闭，樵采路绝，百姓请出城乞为佣作奴婢
者日有数百。隆恶其沮动众心，尽坑之，积尸盈于路衢，户绝者十有九
焉。冬十月，河西王傉檀复攻隆于姑臧。

　　神鼎三年（403）秋七月，河西王傉檀及沮渠蒙逊互出兵来攻，隆
以二寇之逼，念姑臧终无以自存，乃遣超率骑二百多赍珍宝请迎于秦。
姚兴遂遣徐难④等率步骑四万来迎，军至姑臧，隆素车白马迎于道旁。
难以司马王尚行凉州刺史配兵三千，权镇姑臧，分置守宰，以戍仓松、
番禾二城。隆使吕胤告光庙曰：“陛下往运神略，开建西夏，德被苍
生，威振遐裔。枝嗣不臧，迭相篡弑。二虏交逼，将归东京，谨与陛下

---

　　① 编者注：屈伸，《晋书》卷一二二《吕光载记》作“大纲”。
　　② 编者注：卜世未穷何忧旧业之不复，《晋书》卷一二二《吕光载记》作“苟卜世有期”，不在和
好。
　　③ 编者注：不然坐守困穷终将何如，《晋书》卷一二二《吕光载记》无。
　　④ 编者注：徐难，《晋书》《通鉴》作“齐难”。

奉诀于此。"歔欷恸泣,酸感兴军。隆遂率宗族僚属及民一万户随难东迁。既至长安,兴以隆为散骑常侍、尚书[1]公如故,超为安定太守,文武三十余人皆擢叙之。初,郭鷹常言"代吕者王",故其起兵先推王详,后推王乞基。及隆东迁,王尚卒代之终如鷹言。[2]其后,隆坐与姚兴子广平公弼谋反,为兴所杀。

吕光以孝武太元十一年(385)岁在丙戌,据凉州十五年,至隆灭亡岁在癸卯,凡十八年,以安帝元兴二年(403)灭。(第992—994页)

## 卷八十四 后凉录四

### 吕纬

吕纬,纂之弟也,封陇西公,镇北城。初,秃发傉檀率众袭姑臧,纬固守北城,兵不得入。及纂为超等所害,或说纬曰:"超陵天逆上,士众不附。明公以介弟之亲,仗大义之名,投戈而起。且姜纪、焦辩在南城,杨桓、田诚在东苑,皆吾党也,何患不济!"纬遂严兵谓叔父巴西公他曰:"隆、超弒逆,所宜击之。昔田氏之乱,孔子邻国之臣犹抗言于哀公,况今萧墙有难而可坐观乎!"他将从之,他妻梁氏止之曰:"纬、超俱兄弟之子,何为舍超助纬,自为祸首乎!"他乃谓纬曰:"超举事已成,据武库,拥精兵,图之甚难。且吾老矣,无能为也。"超闻,登城告他曰:"纂信谗言,将灭超兄弟,超以身命之切,且惧社稷覆亡,故出万死之计为国家唱义,叔父当有以亮之。"超弟邈,有宠于纬,因说纬曰:"纂残国破家,诛戮兄弟,隆、超此举,应天人之心,正欲尊立明公耳!方今明公先帝之长子,当主社稷,四海颙颙,人无异议,隆、超虽不达臧否,终不以孽代宗更图异望也,愿公勿疑。"纬信之,乃与隆、超结盟,单马入城,超执而杀之。他寻叛降于秦。

### 吕训

吕训,光子也,光征西域留于仇池,其后仕杨难当为建忠将军。王师[3]北伐,训卫仓储以俟,既克难当,署为驸马都尉奉朝请,徙居内郡。

---

[1] 编者注:尚书,《晋书》卷一二二《吕光载记》无。
[2] 编者注:初郭鷹常言……终如鷹言,《晋书》卷一二二《吕光载记》无。
[3] 编者注:吕训事,见《宋书》卷四七《刘怀肃传》,此处"王师"指南朝刘宋军队。

## 光妻石氏

光妻石氏，略阳氐人也。初光之征西域，留石氏于仇池。麟嘉元年（389），光僭称凉王[1]于姑臧，石氏与子绍及弟德世来自仇池，光乃迎于城东，遂册立为王后。纂后篡位，尊为王太后。

## 纂妻杨氏[2]

纂妻杨氏，弘农人，尚书右仆射杨桓之女也，咸宁元年（399）立为皇后。杨氏美艳有义烈，纂为超所刺，杨氏命禁兵讨之，殿中皆其党与莫有应者，将军魏益多入斩纂首。杨氏泣曰："人已死如土石，无所复知，何忍复残其形骸乎！"益多骂之。杨氏与婢十数人殡纂于城西，将出宫，超恐其挟珍宝出外，使人搜索之。杨氏厉声责曰："尔兄弟不能和睦，手刃相屠，我旦夕死人，用金宝何为？"超惭而退，又问杨氏玉玺所在，杨氏怒曰"已毁之矣"。超见其有色欲纳之，谓其父桓曰："后若自杀，祸及卿宗。"桓以言告杨氏，杨氏曰："大人本卖女与氏以图富贵，一之已甚，其可复使女辱于二氏乎！"桓不能强，遂自杀，谥曰穆后。

## 绍美人张氏[3]

张氏，敦煌人，本隐王绍之美人也。清辨有操行，姿色壮丽，年十四，绍见杀便请为沙门，隆见而悦之，欲污其行，遣中书郎裴敏说之。张氏善言名理，敏为之屈。隆亲逼之，张氏敛衽曰："钦乐至道，故投身空门，恐一旦辱于人，誓不改节。今见逼如此，岂非命也！"于是，升门楼自投于地，二踵俱折，口诵佛经，颜色自若，俄然而卒。

## 吕宪妻符氏[4]

吕宪，纂之从叔也，为建节将军、辽东太守。[5]妻符氏，年十五，有姿色，宪卒自杀。

## 郭黁[6]

郭黁，西平人也。少明式易，善天文占候，仕郡主簿。张天锡末

---

[1] 编者注：凉王，当为"三河王"。
[2] 编者注：纂妻杨氏，《晋书》有传。
[3] 编者注：绍美人张氏，《晋书》有传。
[4] 编者注：符氏，当作"苻氏"。下同
[5] 编者注：吕宪事，又见清光绪年间陕西省咸阳市出土《后秦吕宪墓表》。
[6] 编者注：郭黁，《晋书》有传。

年，苻氏每有西伐之问，太守赵凝使麛筮之。麛曰："若郡内二月十五日失囚者东军当至，凉祚必终。"凝乃申约属县。至十五日，鲜卑折掘送马于凝，凝疑其非骏，幽之内厩。鲜卑惧而夜遁，凝以告麛。麛曰："是也，国家将亡，不可复久。"苻坚末年，当阳门震，凉州刺史梁熙问麛曰："其祥安在？"麛曰："为四夷之事也，当有外国二王来朝主上，一当反国，一死此城。"岁余，而鄯善及前部王朝于苻坚，前部王西归，鄯善王死于姑臧。及光王河西，西海太守王桢以郡叛，麛劝光袭之。光左丞宝曰："千里袭人，自昔所难，况王者之师，天下所闻，何可侥幸以邀成功，麛不可从，误人大事。"麛曰："若其不捷，麛自伏铁钺之诛，如其克也，左丞为无谋矣！"光从而克之，遂比之京管，参预机密，迁散骑常侍兼太常。光将伐乞伏乾归，麛谏曰："今太白未出，不宜行师，往必无功，终当覆败。"太史令贾曜以为必有秦陇之地，及克金城，光使曜诘麛。麛密谓曜曰："昨有流星东坠，当有伏尸死将，虽得此城，忧在不守。正月上旬，河冰将解，若不早渡恐有大变。"后二日而败问至，光引军渡河，既讫冰泮，国人服其神验，甚信重之。后以光年老，知其将败，会荧惑守东井，谓仆射王详—作祥曰："于天文凉之分野将有大兵，且主上老病，太子冲暗，太原公纂等凶悍，一旦不讳，祸乱必起。以吾二人久居内要，彼常切齿，将为诛首，恐祸及人，深宜虑之。田胡王乞基部落最强。二苑之人多其故众。吾今欲与公共唱大义，推乞基为主，则二苑之众尽为我有，克城之后徐更议之。"详以为然。麛遂以二苑之众，夜烧洪范门，使详为内应，事泄，麛据东苑以叛，百姓闻麛起兵，皆言圣人起事，事无不成，故相率从之，如不及旬日之间，有众数千。光孙八人年幼，悉在乳母抱中，先在东苑，麛之叛也悉虏而获之，及纂击破麛军，麛恚甚，尽投王孙于锋刃之上，枝分节解，饮其血以盟众，睹者尽皆掩目，寒心不忍视之，而麛悠然自若，遂与光相持。时有逃人奔于麛，称吕统病死。麛曰："未也，光、统之命尽在一时后。"统死三日而光死。麛尝曰："凉州谦光殿当有索头鲜卑居之，其后秃发傉檀、沮渠蒙逊迭据姑臧。"终如麛言。麛性褊酷，不为士庶所附，战败奔降西秦，乾归败，入仕姚兴为太史令。麛以灭姚者晋，遂将妻子南奔，为追兵所杀。

### 杜进

杜进，略阳氐也。初为光裨将，从伐西域讨平龟兹。及光引还，凉州刺史梁熙责光擅命还师，遣子胤率众来拒。光遣进等为前锋迎击，胤将麾下数百骑来奔[1]，进追擒之，胡夷款附。光之定河西也，进功居多，表为辅国将军、武威太守，封武始侯。进既居都尹，权高一时，出入羽仪与光相亚。光甥石聪至自关中，光曰："中州人言吾政化何如？"聪曰："但闻有杜进耳！实不闻有舅也。"光默然，因此诛进。

### 张资

张资仕光为中书监，博学多才艺，文翰温雅，光甚器之。资病，光博营救疗。有外国道人罗义[2]云能差资病，光喜，给赐甚厚。鸠摩罗什知义诳诈，乃告资曰："义不能为益，徒烦费耳！冥运虽隐，可以事试也。"遂以五色丝作绳，结之烧为灰末，投之水中，灰若出水还成结者，病不可愈。须臾，灰聚浮出复绳本形，又疗无效。少日，资死，光悼惜之。

### 任射

任射者，光时得罪自匿为王欣家奴，发觉应死，射有奇巧，王尔一作肃、鲁般之俦也，故赦之。及大殿岁久倾败，光募能正者，射运巧致思，不烦大工，土木俱正。

### 窦苟

窦苟，略阳氐也，以壮勇知名。从光攻龟兹，登云梯入地道，或时堕落，苏而复上，光深奇之。后以强弩将军从中郎将方攻乞伏乾归，又从太原公纂率步骑五千南讨彭奚念，皆无所获。光亲讨乾归，苟又从纂率步骑三万攻拔金城，以功迁左卫将军，赐爵关内侯。

### 侯瑾

侯瑾，字子瑜，能解鸟语。光大安三年（388），常出门见白雀巢阳川与黑雀列行，慨然叹曰："今天下大乱，君子小人相共居焉。"遂去，不知所之。

---

[1] 编者注：来奔，《晋书》卷一二二《吕光载记》作"东奔"。
[2] 编者注：罗义，《晋书》卷九五《鸠摩罗什传》、《高僧传》卷二《晋长安鸠摩罗什》均作"罗叉"。以下出现"义"径改作"叉"。

### 齐从

齐从，魏安人也。仕光为左卫将军，守融明观。绍初嗣立，纂与弘率壮士攻洪范门，从逆问之曰："谁也？"众曰："太原公"。从曰："国有大故，主上新立，太原公行不由道，夜入禁城，将为乱耶？"因抽剑直前，斫纂，中额。纂左右擒之，纂曰："义士也，赦之勿杀。"及即伪位，谓从曰："卿前斫我，一何甚也？"从泣曰："隐王先帝所立，陛下虽应天顺时，而微心未达，此时惟恐陛下不死，何谓甚也！"纂嘉其忠，因善遇之。

### 宋歆

宋歆，姑臧人也，仕为敦煌太守，以德惠下，境内肃清，乃结同心之梨。歆诣酒泉献之，光嘉其美瑞，赏帛五十匹。

### 宗燮

宗燮，敦煌人[1]，仕纂为骑都尉、尚书仆射[2]。大司马弘起兵东苑，劫尹文、杨桓为谋主，请燮俱行。燮曰："老臣受先帝大恩，位为列棘，不能陨身授命死有余罪，而复从殿下亲为戎首者，岂天地所容乎！且臣耄矣，智不能谋，众不足恃，将焉用之！"弘曰："君为义士，我为乱臣。"乃止。（第977—999页）

## 卷八十五 西秦录一

### 乞伏乾归

［太初四年，391］冬十月，三河王吕光遣弟右将军吕宝乘虚攻金城，乾归闻之引还，为宝所袭，败于鸣雀峡，退屯青岸。（第1004页）

太初五年（392）秋八月，吕宝进攻乾归，乾归使北河州刺史彭奚念断其归路，躬贯甲胄连战败之，宝及将士投河死者万余人。光又遣子虎贲中郎将吕纂袭击彭奚念，纂复败绩，奔遁。（第1004页）

［太初八年，395］秋七月，三河王吕光率众十万来伐，左辅将军密贵周、右卫将军莫者羖羝言于乾归曰："光旦夕将至，陛下以命世雄姿开业洮罕，克剪群凶，威振遐迩，将鼓淳风于东夏，建八百之鸿庆，不忍小屈与奸竖竞于一时，若机事不捷，恐非国家之利也，宜遣爱子以退

---

① 编者注：仕纂为骑都尉尚书仆射，仅见屠本，其他史籍无。
② 编者注：敦煌人，诸史记宗燮子宗敞、宗钦等皆曰"金城人"。

之。"乾归乃称藩于光，遣子敕勃载记作勃勃为质，既而悔之，杀贵周及
殺羝。（第1005页）

［太初九年，396］冬十月，凉州牧乞伏轲弹与秦州牧乞伏益州不
平，轲弹奔凉。（第1005页）

太初十年（397）春正月，凉王吕光以乾归数反覆，举兵来伐，使
吕延为前锋。群臣咸劝其东奔成纪以避其锐，乾归不从。谓诸将曰：
"昔曹孟德败袁本初于官渡，陆伯言摧刘玄德于白帝，皆以权略取之。
军之胜败，在于巧拙，不在众寡。光虽举全州之军而无经远之略，不足
惮也。且其精锐尽在吕延，延勇而无谋，易以奇策制之，延军若败，光
亦遁还，乘胜追奔，可以得志。"众咸曰："非所及也。"二月，光军于
长最，遣子吕纂帅步骑三万攻金城，乾归率众二万救之。未至，纂等拔
金城。光别将梁恭等以甲卒万余出阳武下峡，与秦州刺史没奕干攻其
东，以为犄角之势。吕延以枹罕之众攻陷临洮、武始、河关。乾归泣谓
诸将曰："今事势穷蹙，逃命无所，死中求生正在今日，凉军虽四面而
至，然相去辽远，山河既阻，力不周接，败其一军，众军自退。"乃纵
反间，绐延称秦王乾归众溃，东奔成纪。延信之，引骑轻进，遂大败
之，斩延于阵。（第1005页）

太初十一年（398）春正月，乾归遣秦州牧益州攻凉支阳、鹯武、
允吾三部，皆克之，虏万余人而还。夏六月，秃发乌孤遣使来结和亲。
凉散骑常侍郭黁来奔，乾归以为建忠将军兼散骑常侍。（第1005—1006
页）

太初十六年（393）秋七月，秦遣乾归以所部甲卒随齐难等迎吕隆
于河西。（第1007页）

## 卷八十八　南凉录一

### 秃发乌孤

秃发乌孤，河西鲜卑人。其先与魏同出，八世祖匹孤率其部众自塞
北迁于河西。……匹孤卒，子寿阗立。……寿阗卒，孙树机能立，壮果
雄健，兼多谋略。……后为马隆所败，部民没骨杀之以降。从弟务丸代
立。丸死，孙推斤立。斤，年一百一十死，子思复鞬立，部众稍盛。乌
孤，即思复鞬之长子也。晋孝武太元十九年（394）思复鞬死，乌孤嗣

立。雄勇有大志，与大将纷陀谋复欲规取凉州。纷陀曰："明公必欲得凉州，宜先务农桑、修邻好、礼贤俊、明政刑，然后乃可。"乌孤从之。三河王吕光遣使署为假节冠军大将军、河西鲜卑大都统、广武县侯。乌孤谓诸将曰："吕氏远来假授，当可受否？"众咸曰："我士马众多，何为属人。"乌孤将从之，石真若留不对，乌孤曰："卿畏吕光耶！何默无言也？"石真若留曰："吾根本未固，理宜随时。吕光德刑修明，境内无虞，若致死于我，大小不敌，后虽悔之，将何所及？不如受以骄之，俟衅而动，蔑不济矣！"乌孤乃受之。

太元二十年（395）秋七月，乌孤讨乙弗、折掘等诸部，皆破降之。冬十月，遣别将石亦干筑廉川堡而都之。乌孤登廉川大山，泣而不言。石亦干进曰："臣闻主忧臣辱，主辱臣死，大王所为不乐者，将非吕光乎？光年已衰老，师徒屡败，今我以士马之盛保据大川，乃可以一击百，光何足惧也！"乌孤曰："光之衰老，亦吾所知。但我祖宗以德怀远，殊俗惮威，卢陵、契汗万里委顺。及吾承业，诸部背叛。迩既乖违，远何以附，是以泣耳！"别将苻浑曰："大王何不振旅誓众以讨其罪？"乌孤从之。遂大兴师，诸部皆来降附。广武赵振少好奇略，闻乌孤在廉川，弃家从之。乌孤喜曰："吾得赵生，大事济矣！"拜为左司马。三河王吕光进封乌孤为广武郡公。十二月，乌孤又讨意云鲜卑，大破之。

太元二十一年（396）夏六月，时魏皇始元年也，吕光复遣使署乌孤为征南大将军、益州牧、左贤王。乌孤谓使者曰："吕王昔以专征之威，遂有此州。不能以德怀远，惠安黎庶，诸子贪淫，三甥暴虐，郡县土崩，下无生赖。吾安可违天下之心受不义之爵，帝王之起岂有常哉！无道则灭，有德则昌，吾将顺天人之望为天下主。"乃留其鼓吹羽仪，谢其使而遣之。（第1022—1023页）

太初元年（397）春正月，乌孤自称大都督、大将军、大单于、西平王，大赦境内殊死已下，建元太初。耀兵广武，进攻凉金城，克之。光遣将军窦苟来击，战于街亭，凉兵大败。秋七月，凉散骑常侍、太常西平郭黁叛据东苑，太原公吕纂击破之，黁遣使乞援。九月，乌孤使弟骠骑将军利鹿孤率骑五千赴之。冬十月，河南鲜卑吐秫等十二部大人皆来归附。（第1023—1024页）

太初二年（398）春二月，凉后将军略阳杨轨以司马郭纬为西平相，率步骑三万北赴郭黁，乌孤遣弟车骑将军傉檀率骑一万助轨。轨至姑臧，营于城北。夏六月，轨自恃其众，欲与吕光决战。光使太原公纂来迎，轨与骠骑将军利鹿孤共邀击之，为纂所败。秋九月，轨南奔廉川，收集夷夏，众至万余。王乞基谓轨曰："秃发氏才高而兵盛，且乞基之主也，不如归之。"轨乃遣使降于乌孤，寻为羌酋梁饥所败，西奔俤海，袭乙弗鲜卑而据其地。乌孤谓群臣曰："杨轨、王乞基归诚于我，卿等不速救，使为羌人所覆，孤甚愧之。"平西将军浑屯曰："梁饥无经远大略，兼以军无纪律，多所残杀，可一战擒也。"冬十月，饥进攻西平，西平人田玄明执太守郭俸而代之以拒饥，遣子为质于乌孤。乌孤欲救之，群臣惮饥兵强，多以为疑。左司马赵振曰："杨轨新败，吕氏方强，洪池以北未可冀也。岭南五郡，庶几可取。大王若无开拓之志，振不敢言。若欲经营四方，此机不可失也。使羌得西平，华夷振动，非我之利也。"乌孤喜曰："吾亦欲乘时立功，安能坐守穷谷乎？"乃谓群臣曰："梁饥若得西平，保据山河，不可复制。饥虽骁猛，军令不整，此易擒耳！"遂进击饥，大破之，饥退屯龙支堡。乌孤进攻，拔之，饥单骑奔浇河，俘斩数万。以田玄明为西平内史，乐都太守田瑶、湟河太守张稠、浇河太守王稚，皆以郡降，岭南羌胡数万余落莫不归附。十一月，杨轨、王乞基率户数万来奔。（第1024页）

太初三年（399）春正月，乌孤徙治乐都，遣西平公利鹿孤镇安夷，广武公傉檀镇西平，叔父素渥镇湟河，若留镇浇河，从弟替引镇岭南，洛回镇廉川，从叔吐若流镇浩亹。以杨轨为宾客，金石生、时连珍，四夷之豪隽；阴训、郭俸，西州之德望；杨统、杨贞、卫殷、麴承明一作丞、郭黄、郭奋、史暠、鹿嵩，文武之秀杰；梁昶、韩疋、张昶、郭韶，中州之才令；金树、薛翘、赵振、王忠、赵晁、苏霸，秦雍之世门，皆内居显位，外宰郡县，随才授任，咸得其宜。乌孤从容谓群臣曰："陇右河西区区数郡地耳，因其兵乱分裂遂至十余国。乾归擅命河南，段业阻兵张掖，虐氏假息偷据姑臧。吾藉父兄遗烈，思欲廓清西夏，兼弱攻昧，三者何先？"杨统进曰："乞伏氏本吾之部落，终当归命。段氏书生，才非经世，权臣擅命，制不由己，千里伐人，粮运悬绝，且结好于我，许以分灾共患，乘其危弊攻之不义。吕光衰耄，嗣绍冲暗，二子纂弘，虽颇有才而内相猜忌，若天威临之，必应锋瓦解。宜遣车骑镇浩亹，镇北据廉川，乘虚迭出，多方以误之，救右则击其左，救左则击其右，彼必疲于奔命，人不得安其农业，兼弱攻昧，于是乎在不出三年可以坐定姑臧。姑臧既拔，则二寇不待兵戈自然归附矣！"乌孤曰："善。"遂阴有吞并之志。……夏四月，北凉王段业为吕纂所侵，遣使求救。乌孤遣骠骑大将军利鹿孤及杨轨救之，纂惧，烧氏池张掖谷麦而去。（第1024—1025页）

### 秃发利鹿孤

利鹿孤闻吕光死，遣建节将军金树、平远将军苏翅率骑五千，屯于昌松、漠口。（第1026页）

［建和元年，400］夏四月，凉王吕纂率众来伐，利鹿孤使弟广武公傉檀拒之。纂士马精锐，进渡三堆。三军扰惧，傉檀下马据胡床而坐，以安众心，徐乃贯甲与纂交战，败之，斩首二千余级。五月，杨轨、田玄明潜谋叛逆，事泄，杀之。六月，吕纂西击段业，傉檀闻之率众一万乘虚袭姑臧。纂弟纬守南北城以自固，傉檀置酒朱明门上，鸣钟鼓以飨将士，耀兵于青阳门，虏八千余户而归。（第1026页）

［建和二年，401］三月，傉檀率师伐吕隆，大败之，徙二千余户而归，获隆右仆射杨桓，拜为左司马。……秋七月，秦陇西公姚硕德自金城济河直趋广武，利鹿孤摄广武守军以避之，军至姑臧，利鹿孤遣使入贡于秦。初，凉将姜纪降于利鹿孤，广武公傉檀与论兵略，甚爱重之，坐则连席，出则同车，每常谈论以夜继昼。利鹿孤谓傉檀曰："姜纪信有美才，然视候非常，必不肯久留于此，不如杀之。纪若入秦，必为人患。"傉檀曰："臣以布衣之交待纪，纪必不相负也！"八月，纪将数十骑奔秦。时利鹿孤虽僭伪位，尚称臣于秦。杨桓兄经，佐命姚苌早死，兴闻桓有德望，遣使征之。利鹿孤不敢留，饯于城东，为之流涕以遣之。……十二月，吕超攻焦朗，朗遣其弟子嵩为质以请迎，利鹿孤遣广武公傉檀赴之。比至，超已退，朗闭门拒之。傉檀怒将攻之，昌松侯俱延谏曰："安土重迁，人之常情。朗孤城无食，今年不降，后年自服，何必多杀士卒以攻之。若其不捷，彼必去从他国，弃州境士民以资敌国，非计也！不如以善言谕之。"傉檀从之，乃与朗连和，耀兵姑臧，壁于胡坑堡。傉檀知超必来斫营，蓄火以待。其夜，超果遣中垒将军王

集率精兵来袭，傉檀徐严不起，集入垒中，内外皆起火光，烛天照耀如昼，乃纵兵追击，斩集及甲首三百余级。吕隆大惧，伪与傉檀通好，请于苑内结盟。傉檀信之，遣俱延入盟，伏兵出击，俱延失马步走，陵江将军郭祖力战拒之，俱延得免。傉檀怒遂攻隆昌松太守孟祎于显美，隆遣广武苟安国、宁远石可率五百骑来援，惮傉檀之强，迁延不进，因而遁去。（第1027—1028页）

建和三年（402）春正月，傉檀攻拔显美，执孟祎而数之，以其不早降。祎曰："祎荷吕氏厚恩，分符守土，若明公甫至而归命，恐获罪于执事矣，惟明公图之。"傉檀大悦，拜为左司马，固辞乞归，乃义而释之。徙显美、丽轩二千余户而还。二月，吕隆为沮渠蒙逊所逼，遣使乞师，利鹿孤引群臣议之。尚书左丞婆衍岭曰："今姑臧饥荒残弊，谷石万钱，野无青草，资食无取。蒙逊千里行师，粮运不继，使二寇相残以乘其衅。若蒙逊拔姑臧，亦不能守，适可为吾取之，不宜救也。"傉檀曰："岭知其一未知其二，姑臧今虽虚敝，地居形胜，河西一都之会，不可使蒙逊据之，宜在速救。"利鹿孤曰："车骑之言，吾之心也！"遂遣傉檀率骑一万救之，至昌松而蒙逊已退，乃徙凉泽、段冢五百余户而归。（第1028页）

## 卷八十九　南凉录二

### 秃发傉檀

［弘昌元年，402］冬十月，傉檀攻吕安于姑臧。十二月，秦姚兴遣使拜傉檀车骑将军，广武公。秦建节将军王松忽率骑助吕隆守姑臧，傉檀弟文真击而虏之，傉檀怒遣使谢罪，送还长安。（第1029页）

弘昌二年（403）春正月，傉檀大城乐都。秋七月，傉檀复出兵攻吕隆于姑臧。秦姚兴遣左仆射齐难等率骑迎隆，傉檀摄昌松、魏安二戍以避之。（第1030页）

## 卷九十　南凉录三

### 杨桓

杨桓，弘农人也。初仕吕光，光之季年，内外叛作。郭黁之反东苑也，桓从弟统始举兵推桓为主，而桓执义弥厉详具光龙飞二年。及吕纂

时，桓以后父任为尚书左仆射，而纂为隆所弑，后亦自杀，桓乃弃位而
出亡。利鹿孤伐隆，获桓，乃谓桓曰："安寝危邦，不思择木，老为囚
虏，岂曰智乎！"桓曰："臣受吕氏厚恩位参端贰，虽洪水滔天，犹欲济
彼俱溺，实耻为叛臣以见明主耳！"利鹿孤曰："卿忠臣也！"以为左司
马。秦姚兴闻桓有德望，征之。利鹿孤不敢留，乃饯之于城东，谓之
曰："本期与卿共成大业，事乖本图，分歧之感，实情深古人。但鲲非
溟海无以运其躯，凤非修梧无以晞其翼。卿有佐时之器，夜光之宝，当
振缨云阁，耀价连城，区区河右未足以逞卿才力，善晶日新，以成大
美。"桓泣曰："臣往事吕氏，情节不建，陛下宥臣于俘虏之中，显同贤
旧，每希攀龙附凤，立尺寸之功，龙门既开而臣违离，公衡之恋岂曰忘
之。"利鹿孤为之流涕遣行，既至秦，兴深礼重之，屡仕显职，桓竟卒
于秦。（第1037—1038页）

**宗敞**

宗敞，姑臧人，仕秦姚兴凉州别驾。敞父燮，吕光时自湟河太守入
为尚书郎，见傉檀于广武，乃执其手曰："君神爽宏拔，逸气凌云，命
世之杰也，必当克清世难。恨吾年老不及见耳，以敞兄弟托君，可
乎？"傉檀曰："若如公言，不敢忘德。"（第1038页）

**孟祎**

孟祎，武威姑臧人也，仕吕隆为昌松太守。傉檀攻祎于显美，克
之，乃执祎而数之曰："见机而作，赏之所先；守迷不变，刑之所及。
吾方耀威玉门，扫平秦陇，卿固守穷城稽淹王宪，国有常刑，于分甘
乎！"祎曰："明公开剪河右，声播宇内，文德以绥远人，威武以惩不
恪。况祎蔑尔，敢距天威，衅鼓之刑，祎之分也。但忠于彼者亦忠于
此，祎荷吕氏厚恩受藩屏之任，若明公大军甫至望旗归命，恐获罪于执
事，惟明公图之！"傉檀大悦，乃释其缚，待以客礼，嘉其忠烈，拜为
左司马。祎辞曰："吕氏将亡，圣朝必取河右，昭然已定，人无智愚皆
知之者。但祎为人守城不能自全，复忝显任，窃所未安。若蒙明公之
惠，使得就戮于姑臧，死且不朽。"傉檀义而归之，及隆为秦所灭，祎
仕于姚兴，为凉州刺史王尚别驾、司马。兴后以傉檀代尚为凉州，祎出
迎于道左，既至，宴群僚于宣德堂，仰视而叹曰："古人有言，作者不
居，居者不作，信矣！"祎进曰："昔张文王谓张骏筑城苑、缮宫庙，为

贻厥之资万世之业，秦师济河，灌然瓦解。梁熙据全州之地，拥十万之众军败于酒泉，身死于彭济。吕氏以排山之势主有西夏，率土崩离，衔璧秦雍。宽饶有言'富贵无常，忽辄易人'，此堂之建，年垂百载，十有二主矣！惟信顺可以久安，仁义可以永固，愿大王勉之。"傉檀谢曰："非君无以闻谠言也。"（第1038—1039页）

## 卷九十一　西凉录一

### 李暠

李暠，字玄盛，小字长生，陇西成纪人也。……少而好学，性沉敏宽和，美器度，通涉经史，尤善天文。及长，颇有声称，兼习武艺，诵孙吴兵法。尝与吕光太史令郭黁及同母弟宋繇同宿，黁起谓繇曰："君当位极人臣，如李君者终当有国土之分，家有骟草马生白额驹，此其时也。"光龙飞二年（397），建康太守京兆段业叛光，自称凉州牧，以敦煌太守赵郡孟敏为沙州刺史，署暠效谷令，宋繇亦仕于业为中散常侍。孟敏卒，敦煌护军冯翊郭谦、沙州治中敦煌索仙等以暠温毅有惠政，推为宁朔将军、敦煌太守。暠初难之，会宋繇自张掖告归敦煌，言于暠曰："段业无经济远略，终必无成，兄忘郭黁之言耶？白额驹今已生矣。"暠乃从之。（第1042页）

辛丑[①]二年（401）夏四月，初吕光之称王也，遣使市六玺玉于于阗。至是，玉至敦煌，纳之郡府。（第1043页）

［建初二年，406］初，秦建元之末，徙江汉一万余户于敦煌，中州之人有田畴不辟者，亦徙七千余户。郭黁之寇武威，武威、张掖已东人西奔敦煌、晋昌者数千户。及暠东迁，皆徙之酒泉……（第1046页）

## 卷九十三　西凉录三

### 宋繇

宋繇，字体业，敦煌人也。……繇少而有志尚，喟然谓妹夫张彦曰："门户倾覆，负荷在繇，不衔胆自励，何以继承先业。"遂随彦至酒泉，从师就学，闭户读书，昼夜不辍，博通经史，诸子群言莫不综览。

---

① 编者注：辛丑，当作"庚子"。

吕光举为秀才，除郎中。后奔段业，拜散骑常侍。繇以业无经济远略，西奔于阖，历从事中郎，寻加折冲将军，转右将军，领敦煌护军、左长史，受遗辅政。（第1056—1057页）

## 卷九十四 北凉录一

### 沮渠蒙逊

沮渠蒙逊，本张掖临松卢水胡人也。匈奴有左沮渠、右沮渠之官，蒙逊之先世曾为此职，故遂以官为氏，世居卢水为酋豪。高祖晖仲归、曾祖遮，皆雄健有勇力，祖祁复延封北地王北—作狄又作乞，父法弘袭爵，苻坚时以为中田护军，卒，蒙逊代领部曲。雄杰多策略，好学，涉猎书史，颇晓天文，滑稽善权变数，为诸胡所推服。梁熙、吕光皆奇而惮之，故常游饮以自晦。光之王于凉土，使蒙逊自领营人，配箱直。又以蒙逊伯父罗仇为西平太守，仇弟麴粥为三河太守。光遣其子慕璝①率仇、粥征河南王乞伏乾归于枹罕，前军败绩。麴粥言于罗仇曰："主上昏耄骄纵，诸子朋党相倾，谗人侧目。今军败将死，正其智勇猜忌之时，可不惧乎！吾兄弟素为所惮，必不见容，与其死之无名，不若勒众向西平，出苕藋，奋臂大呼，凉州不足定也。"罗仇曰："诚如汝言，然吾家世以忠孝著于西土，一方所推，宁使人负我，我不忍负人也。"未几，光果听谗，以败军之罪杀仇及粥。蒙逊以仇、粥之丧归葬，诸部多其姻族，会葬者凡万余人。蒙逊哭谓众曰："昔汉祚中微，吾之乃祖翼奖窦融，保宁河右。吕王昏耄，荒虐无道，多杀不辜，岂可坐观成败，不上继先祖安民之志，下使二父有恨黄泉！"众咸称万岁。遂结谋起兵，杀光中田护军马邃，进攻临松郡杀县令井祥以盟，一旬之间，众至万余，屯据金山。光遣吕纂逆击蒙逊于忽谷，蒙逊败绩，将六七人逃入山中，家户悉亡散。时从兄晋昌太守男成闻蒙逊起兵，亦合众数千还屯乐绾②，杀酒泉太守叠滕—作垒澄，蒙逊乃收集部曲投之，共推建康太守段业为使持节、大都督、龙骧大将军、凉州牧、建康公，改吕光龙飞二年为神玺元年（397）。业以蒙逊为镇西将军，张掖太守，男成为辅国将军、酒泉太守，军国之事悉以委之。（第1058—1059页）

---

① 编者注：慕璝，吕光诸子无此人。"慕"为"纂"之误，"璝"乃衍字。
② 编者注：乐绾，当作"乐涫"。

神玺二年（398）夏四月，段业将遣蒙逊攻光西郡太守吕纯，众咸疑之。蒙逊曰："此郡据岭之要，不可不取。"业曰："卿言是也。"遂遣之。经旬不克，乃引水灌城，城溃，执纯以归。于是晋昌太守王德，敦煌太守孟敏皆以郡降业。……六月，业遣男成及王德攻光常山公吕弘，弘引兵弃张掖东走，业遂徙治张掖。议欲追击之，蒙逊谏曰："归师勿遏，穷寇弗追，此兵家之法也。不如纵之，以为后图。"业曰："一日纵敌，悔将何及！"遂率众追之，为弘所败，赖蒙逊救以免。业叹曰："孤不能用子房之言，以至于此！"冬十月，业筑西安城，以别将臧莫孩为太守。蒙逊曰："莫孩勇而无谋，知进不知退，此乃为之筑冢，非筑城也。"业不从，寻为吕纂所破。蒙逊惧业不能容己，每匿智以避之。（第1059页）

［天玺元年，399］夏五月，三河王吕光①遣其二子绍、纂来攻，业请救于秃发乌孤，乌孤遣弟利鹿孤及杨轨救之。绍等引军而南，业将击之，逊谏曰："杨轨恃鲜卑—作虏骑之强，有窥觎之心。绍、纂深入，置兵死地，必决战求生，不可敌也！今不战则有泰山之安，战则有累卵之危。"业曰："卿言是也。"按兵不战。绍亦难之，各引兵归。（第1059—1060页）

［永安元年，401］五月，蒙逊至张掖，田昂兄子承爱斩关内之。业左右散走，蒙逊大呼曰："镇西何在？"军人曰："在此。"业曰："孤单瓢—作飘一已，为贵门所推，愿丐余命投身岭南，庶得东还与妻子相见。"蒙逊不许，遂斩之。业，京兆人也。博涉史传，有尺牍之才，为杜进记室，从征塞表。儒素长者，无他权略，威禁不行，群下擅命，尤信卜筮、谶记、巫觋、征祥，故为奸佞所误。……秋七月，秦姚兴遣陇西公姚硕德攻吕隆于姑臧，蒙逊因遣从事中郎李兴聘于秦，以通和好。八月，蒙逊所部酒泉、凉宁二郡叛降于西凉李暠，又闻吕隆降秦，大惧，遣建忠将军挈、牧府长史张潜见硕德于姑臧，请军迎接，率部人东迁。硕德大悦，拜潜张掖太守，挈建康太守。潜劝蒙逊东迁。挈私于蒙逊曰："吕氏犹存，姑臧未拔，硕德粮竭将还，必不能久。何故违离桑梓，受制于人乎！"辅国将军臧孩曰："建忠之言是也。"（第1061页）

---

① 编者注：三河王吕光，此语不确。吕光于麟嘉元年（389）二月称三河王，龙飞元年（396）六月称大凉天王。

永安二年（402）春二月，蒙逊与西平侯秃发傉檀①共攻凉州，为吕隆所破。（第1062页）

永安四年②（404）春二月，吕隆以蒙逊、傉檀交侵，遣弟吕超求迎于秦。……秋八月，秦姚兴遣尚书左仆射齐难等率众迎隆。隆劝难引兵来伐，难从之，蒙逊使臧莫孩败其前军，难乃结盟而还，蒙逊遣弟建忠将军挐入贡于秦。（第1062页）

玄始元年（412）冬十月，蒙逊迁都姑臧。十一月，僭即河西王位于谦光殿，大赦境内殊死已下，改元玄始，置百官丞郎官如吕光为三河王故事，缮宫殿起城门诸观。（第1064页）

## 卷九十七 北凉录四

### 马权

马权，卢水胡人也，隽爽有逸气，武略过人。兄为凉将綦毋翊所杀，权后杀翊，剖其肝而食之。仕段业为门下侍郎，甚见亲重。（第1085页）

### 宗钦

宗钦，字景若，金城人也。父燮，字文友，吕光太常卿。（第1088页）

---

① 编者注：西平侯秃发傉檀，此语不确。秃发乌孤建国，封秃发傉檀广武公，封秃发利鹿孤西平公。

② 编者注：永安四年，当作"永安三年"。

## 三、汤球辑补《十六国春秋辑补》后凉史料

[北魏]崔鸿撰，[清]汤球辑补，聂溦萌、罗新、华喆点校：《十六国春秋辑补》，北京：中华书局，2020年。

### 卷三十二　前秦录二

#### 苻生

[寿光元年，355]尊其母强氏为皇太后，立妻梁氏为皇后。……以吕婆楼为侍中、左大将军，苻安领太尉，苻柳为征东大将军、并州牧，镇蒲坂，苻謏为镇东大将军、豫州牧，镇陕城。自余封授有差。（第396页）

[寿光二年，356]生闻张祚见杀，玄靓幼冲，命其征东苻柳参军阎负、梁殊使凉州，以书喻之。负、殊至姑臧，玄靓年幼，不见殊等。……[前凉凉州牧张]瓘曰："秦据汉旧都，地兼将相，文武辅臣，领袖一时者谁也？"负、殊曰："皇室懿藩，忠若公旦者，则大司马、武都王安，征东大将军、晋王柳；文武兼才，神器秀拔，入可允厘百工，出能折冲万里者，卫大将军、广平王黄眉，后将军、清河王法，龙骧将军、东海王坚之兄弟；其耆年硕德，德侔尚父者，则太师、录尚书事、广宁公鱼遵；其清素刚严，骨鲠贞亮，则左光禄大夫强平，金紫光禄程肱、牛夷；博闻强识，探赜索幽，则中书监胡文，中书令王鱼，黄门侍郎李柔；雄毅厚重，权智无方，则左卫将军李威，右卫将军苻雅；才识明达，令行禁止，则特进、领御史中丞梁平老，特进、光禄大夫强汪，侍中、尚书吕婆楼；文史富赡，郁为文宗，则尚书右仆射董

荣，秘书监王飚，著作郎梁谠；骁勇多权略，攻必取，战必胜，关张之流，万人之敌者，则前将军、新兴王飞，建节将军邓羌，立忠将军彭越，安远将军范俱难，建武将军徐盛；常伯纳言，卿校牧守，则人皆文武，莫非才贤；其余怀经世之才，蕴佐时之略，守南山之操，遂而不夺者，王猛、朱彤之伦相望于岩谷。济济多士，焉可罄言！姚襄、张平一时之杰，各拥众数万，狼顾偏方，皆委忠献款，请为臣妾。小不事大，《春秋》所诛，惟君公图之。"（第398—400页）

[寿光三年，357] 生夜对侍婢曰："阿法兄弟亦不可信，明当除之。"是夜，清河王苻法梦神告之曰："旦将祸集汝门，为先觉者可以免之。"寤而心悸。会侍婢来告，乃与特进梁平老、强汪等率壮士数百人潜入云龙门，东海王坚与吕婆楼率麾下三百余人鼓噪继进，宿卫将士皆舍杖归坚。（第405页）

## 卷三十三 前秦录三

### 苻坚

[苻] 坚要结英豪，以图纬世之宜。王猛、吕婆楼、强汪、梁平老等皆有王佐之才，坚并倾身礼之，以为股肱羽翼①。此节亦见《御览》四百七十四（第410页）

永兴元年（357）晋升平元年。 六月，去皇帝之号，僭称大秦天王②，即位太极殿③，诛生佞倖臣董龙、赵韶等二十余人，赦其境内，改寿光三年为永兴元年④。追尊谥父雄为文桓皇帝，尊母苟氏为皇太后，妻苟氏为皇后，世子宏为皇太子⑤，兄清河王法为使持节⑥、侍中、都督中外诸军事、丞相、录尚书、东海公⑦，以从祖永安公苻侯为太尉⑧，从

①　以为股肱羽翼，见《御览》卷四七四引，《载记》作"以为羽翼"。
②　永兴元年……大秦天王（编者按，原注作"永兴元年至大秦天王"，为更清晰呈现，统一将"至"字省略内容改作"……"特此说明。下同），《偏霸部》同，《载记》作"以升平元年僭称大秦天王"。
③　即位太极殿，见《偏霸部》，《载记》无。
④　改寿光三年为永兴元年，《偏霸部》同，《载记》作"改元曰永兴"。
⑤　世子，《偏霸部》同，《载记》作"子"。
⑥　清河王，见《偏霸部》，《载记》无。
⑦　东海公，见《偏霸部》，《载记》无。
⑧　永安公苻侯，《偏霸部》同，《载记》作"侯"。

兄苻柳为车骑大将军、尚书令。诸王皆贬爵为公①。封弟融为阳平公，双河南公，子丕为长乐公，晖为平原公，熙为广平公，叡为钜鹿公。李威为卫将军、尚书左仆射，梁平老为右仆射，强汪为领军将军，仇腾为尚书，领选，席宝为丞相长史、行太子詹事，吕婆楼为司隶校尉，王猛、薛赞为中书令侍郎②，权翼为给事黄门侍郎③，与猛、赞并掌机密。（第411页）

戊辰。［建元］四年（368） 坚遣后禁将军杨成世、左将军毛嵩等讨双、武，王猛、邓羌攻蒲坂，杨安、张蚝攻陕城。成世、毛嵩为双、武所败，坚又遣其武卫王鉴、宁朔吕光等率中外精锐以讨之，左卫苻雅、左禁窦衡④率羽林骑七千继发。双、武乘胜至于榆眉，鉴等击败之，斩获万五千人。武弃安定，随双奔上邽，鉴等攻之。……鉴等攻上邽，克之，斩双、武。猛又寻破蒲坂，斩柳及其妻子，传首长安。猛屯蒲坂，遣邓羌与王鉴等攻陷陕城，克之，送庾于长安，杀之。（第419页）

## 卷三十五 前秦录五

### 苻坚

［建元十六年，380］［苻洛］自称大将军、大都督、秦王，署置官司，以平颜辅国将军、幽州刺史，为其谋主。……乃率众七万发和龙，将图长安。于是关中骚动，盗贼并起。坚遣使数之曰："天下未一家，兄弟匪他，何为而反？可还和龙，当以幽州永为世封。"洛谓使者曰："汝还白东海王，幽州褊厄，不足容万乘，须还王咸阳，以承高祖之业。若能候驾潼关者，位为上公，爵归本国。"坚大怒，遣其左将军窦冲及吕光率步骑四万讨之，右将军都贵驰传诣邺，率冀州兵三万为前锋，以苻融为大都督，授之节度。使石越率骑一万，自东莱出石径，袭和龙，海行四百余里。苻重亦尽蓟城之众会洛兵于中山⑤，有众十万。

---

① 诸王皆贬爵为公，见《偏霸部》，《载记》无。

② 中书令侍郎，《偏霸部》同，《载记》《通鉴》卷一〇〇并作"中书侍郎"。又下文云，甘露元年八月王猛征拜中书令，此处"令"字疑衍。

③ 给事黄门侍郎，原作"给事中黄门侍郎"。《纂录》《偏霸部》作"黄门郎"，《载记》《通鉴》卷一〇〇并作"给事黄门侍郎"，《辑补》衍"中"字，今删。

④ 编者注：窦衡，当作"窦冲"。

⑤ 会洛兵于中山，"兵"，屠本卷三七同，《载记》作"次"。

冲等与洛战于中山，大败之，执洛及其将兰殊，送于长安。吕光追斩苻重于幽州，石越克和龙，斩平颜及其党与百余人。坚赦兰殊，署为将军，徙洛于凉州。（第451—452页）

## 卷三十六　前秦录六

### 苻坚

[建元十八年，382]　车师前部王弥寘、鄯善王休密驮朝于坚，坚赐以朝服，引见西堂。寘等观其宫宇壮丽，仪卫严肃，甚惧，因请年年贡献。坚以西域路遥，不许，令三年一贡，九年一朝，以为永制。寘等请曰："大宛诸国虽通贡献，然诚节未纯，请乞依汉置都护故事，若王师出关，请为乡导。"坚于是以骁骑吕光为使持节、都督西讨诸军事，与陵江将军姜飞、轻骑将军彭晃等配兵七万，以讨定西域。苻融以虚耗中国，投兵万里之外，得其人不可役，得其地不可耕，固谏以为不可。坚曰："二汉力不能制匈奴，犹出师西域。今匈奴既平，易若摧朽，虽劳师远役，可传檄而定，化被昆山，垂芳千载，不亦美哉！"朝臣又屡谏，皆不纳。（第461页）

癸未。[建元]十九年①（383）　吕光发长安，坚送于建章宫，谓光曰："西戎荒俗，非礼义之邦。羁縻之道，服而赦之，示以中国之威，导以王化之法，勿极武穷兵，过深残掠。"加鄯善王休密驮使持节、散骑常侍、都督西域诸军事、宁西将军，车师前部王弥寘使持节、平西将军、西域都护，率其国兵为光乡导。（第465页）

## 卷三十七　前秦录七

### 苻坚

[建元二十年，384]　时骁骑将军吕光讨平西域三十六国②，上疏曰："惟龟兹据三十六国之中，制彼王侯之命。入其国城，天骥龙麟，腰裹丹髦，万计盈厩，虽伯乐更生，卫赐复出，不能辨也。"③此节依《御

---

①十九年，《载记》作"明年"。

②骁骑将军，见《御览》卷八九五引，《载记》无。

③上疏……不能辨也，见《御览》卷八九五引、《事类赋注》卷二一引，《载记》无。《事类赋注》引无"制彼王侯之命"一句。腰裹，《御览》引作"腰裛"，《事类赋注》引作"骔裛"。伯乐，《御览》《事类赋注》引作"伯益"。

览》八百九十五、《事类赋注》二十一引补。所获珍宝以万万计。坚下书以光为使持节、散骑常侍、都督玉门以西诸军事、安西将军、西域校尉，进封顺乡侯，增邑一千户。（第479—480页）

## 卷三十八　前秦录八

### 苻坚附王猛

苻坚将有大志，闻［王］猛名，遣吕婆楼招之。一见便若平生，语及废兴大事，异符同契，若玄德之遇孔明也。（第491页）

## 卷三十九　前秦录九

### 苻丕附索泮

［太安元年，385］是月①，安西吕光自西域还师，至于宜禾，坚梁州②刺史梁熙谋闭境距之。高昌太守杨翰言于熙曰：“吕光新定西国，兵强气锐，其锋不可当也。度其事意，必有异图。且今关中扰乱，京师存亡未知，自河已西，迄于流沙，地方万里，带甲十万，鼎峙之势，实在今日。若光出流沙，其势难测。高梧谷口水险之要，宜先守之而夺其水。彼既穷渴，自然投戈。如其以远不守，伊吾之关亦可距也。若度二要，虽有子房之策，难为计矣。地有所必争，真此机也。”熙弗从。美水令犍为张统说熙曰：“主上倾国南讨，覆败而还。慕容垂擅兵河北，泓、冲寇逼京师，丁零杂虏，跋扈关、洛，州郡奸豪，所在风扇，王纲弛绝，人怀利己。今吕光回师，将军何以抗也？”熙曰：“诚深忧之，未知计之所出。”统曰：“光雄果勇毅，明略绝人，今以荡西域之威，拥归师之锐，锋若猛火之盛于原，弗可敌也。将军世受殊恩，忠诚夙著，立勋王室，宜在于今。行唐公洛，上之从弟，勇冠一时。为将军计者，莫若奉为盟主，以摄众望，推忠义以总率群豪，则光无异心也。资其精锐，东兼毛兴，连王统、杨璧，集四州之众，扫凶逆于诸夏，宁帝室于关中，此桓文之举也。”熙又不从。杀洛于西海，以子胤为鹰扬将军，率众五万距光于酒泉。敦煌太守姚静、晋昌太守李纯以郡降光。胤及光战于安弥，为光所败。武威太守彭济执熙迎光，光杀之。建威、西郡太

① 是月，《偏霸部》同，《载记》作“是时”。
② 编者注：梁州，当作“凉州”。

守索泮，奋威、督洪池已南诸军事、酒泉太守宋皓等，并为光所杀。（第504—505页）

[太安二年，386] 五月，丕以吕光为车骑大将军、梁州牧、酒泉公①。（第507页）

索泮，字德林，敦煌人也，世为冠族。……吕光既克姑臧，泮固郡不降，光攻而获之。光曰："孤既平西域，将赴难京师，梁熙无状，绝孤归路，此朝廷之罪人，卿何意阻郡固迷，自同元恶！"泮厉色责光曰："将军受诏讨叛胡，可受诏乱凉州邪？寡君何罪，而将军害之？泮但苦力寡，不能固守以报君父之仇，岂如逆氏彭济望风反叛！主灭臣死，礼之常也。"乃就刑于市，神色不变。

其弟菱②，有俊才，仕张天锡为执法中郎、冗从右监。苻坚世至伏波将军、典农都尉，与泮俱被害。（第510—511页）

## 卷五十一 后秦录三

### 姚兴

[弘始四年，402] 五月，遣大将军陇西王硕德、姚穆率步骑六万伐吕隆于凉州。③（第645页）

先是，吐蕃傉檀据西平，沮渠蒙逊据张掖，李暠据敦煌，各制方域，共相侵伐④。硕德从金城济河，直趣广武，经苍松至隆姑臧城下。隆遣弟辅国超、龙骧邈等率众拒硕德。硕德大破之，生擒邈⑤，俘斩一万。隆将吕他等率众二万五千，以东苑来降。傉檀、蒙逊、李暠等各修表奉献⑥。（第646页）

时硕德攻吕隆，抚纳夷夏，分置守宰，节粮积粟，为持久之计。隆

---

① 五月……酒泉公，见《纂录》《偏霸部》，《载记》无。"五月"，《纂录》同；《偏霸部》作"正月"而系于二年二月之后，显误；《通鉴》卷一〇六事在四、六月间。"车骑大将军"，屠本卷三九、《通鉴》同，《纂录》《偏霸部》作"车骑将军"。"梁州"，《偏霸部》同，《纂录》、屠本、《通鉴》作"凉州"。

② 其弟菱，"菱"原作"凌"，据《载记》改。

③ 五月……于凉州，《偏霸部》无"姚穆"，余同。《载记》作"姚硕德、姚穆率步骑六万伐吕隆"。

④ 先是……共相侵伐，《偏霸部》同。《载记》此节在硕德破邈之下，且"吐蕃傉檀"作"秃发利鹿孤"，"各制方域共相侵伐"作"与吕隆相持"。

⑤ 硕德从金城……生擒邈，《偏霸部》"姑臧城下"作"城下"，余同。《载记》此节但作"硕德至姑臧，大败吕隆之众"。

⑥ 傉檀蒙逊李暠等各修表奉献，《偏霸部》同，《载记》作"至是皆遣使降"。

惧，九月，奉表请降。兴答报嘉美，以隆为镇西将军、凉州刺史、建康公①。硕德军令齐整，秋毫无犯，祭先贤，礼儒哲，西土悦之。（第646页）

兴徙河西豪右万余户于长安。（第646页）

## 卷五十二　后秦录四

### 姚兴

［弘始五年，403］兴遣镇远赵曜率众二万，西屯金城，建节王松忿率骑助吕隆等守姑臧。松忿至魏安，为偨檀弟文真所围，众溃，执松忿送于偨檀。偨檀大怒，送松忿还长安，归罪文真，深自陈谢。（第651页）

［姚兴］又遣其兼散骑常侍席确诣凉州，征吕隆弟超入侍，隆遣之。吕隆惧秃发偨檀之逼，表请内徙。兴遣齐难及镇西姚诘、镇远乞伏乾归、镇远赵曜等步骑四万迎隆于河西。难至姑臧，以其司马王尚行凉州刺史，配兵三千镇姑臧，以将军阎松为仓松太守，郭将为番禾太守，分戍二城。徙隆及其宗室僚属于长安。沮渠蒙逊遣弟挐贡其方物②。王尚绥抚遗黎，导以信义，百姓怀其惠化，翕然归之。（第652页）

［弘始六年，404］十一月，鸠摩罗什至长安③。（第653页）

［弘始八年，406］太史令郭黁言于兴曰："戌亥之岁，当有孤寇起于西北，宜慎其锋。起兵如流沙，死者如乱麻，戎马悠悠会陇头，鲜卑乌丸居不安，国朝疲于奔命矣。"（第654页）

［王］尚既至长安，坐匿吕氏宫人，擅杀逃人薄禾等，禁止南台。凉州别驾宗敞、治中张穆、主簿边宪、胡威等上疏理尚曰……兴览之，大悦，谓其黄门侍郎姚文祖曰："卿知宗敞乎？"文祖曰："与臣州里，西方之英俊。"兴曰："有表理王尚，文义甚佳，当王尚研思耳。"文祖曰："尚在南台禁止不与宾客交通，敞寓于杨桓，非尚明矣。"兴曰：

①九月……建康公,见《偏霸部》,《载记》但作"遂降"。

②沮渠蒙逊遣弟挐贡其方物，"挐"，屠本卷五七同，《载记》作"如子"，殿本《考证》云"一本作'挐'"。按《晋书》卷一二九《沮渠蒙逊载记》、《通鉴》卷一一二、一一三并作"挐"。

③十一月,鸠摩罗什至长安,见《偏霸部》,《载记》无。按,《偏霸部》此条在弘始四年九月吕隆降后。《高僧传》卷二《鸠摩罗什传》云："九月，隆上表请降，方得迎什入关，以其年十二月二十日至于长安。"则鸠摩罗什至长安在隆降之年。又按,屠本卷五七系年同此,参见下条校勘记。

"若尔，桓为措思乎？"文祖曰："西方评敞甚重，优于杨桓。敞昔与吕超周旋，陛下试可问之。"兴因谓超曰："宗敞文才何如？可是谁辈？"超曰："敞在西土，时论甚美，方敞魏之陈、徐，晋之潘、陆。"即以表示超，曰："凉州小地，宁有此才乎？"超曰："臣以敞余文比之，未足为多。琅琳出于昆岭，明珠生于海滨，若必以地求人，则文命大夏之弃夫，姬昌东夷之摈士。但当问其文彩何如，不可以区宇格物。"兴悦，赦尚之罪，以为尚书。（第655—657页）

## 卷五十三 后秦录五

### 姚兴

辛亥．弘始十三年（411）　初，天水人姜纪，吕氏之叛臣，阿谄奸诈，好间人之亲戚。兴子弼有宠于兴，纪遂倾心附之。弼时为雍州刺史镇安定，与密谋还朝，令倾心事常山公显，树党左右。（第665页）

## 卷五十四 后秦录六

### 姚兴

［弘始十八年，416］兴疾转笃。兴妹伪南安长公主问疾，不应。兴少子耕儿出告其兄愔曰："上已崩矣，宜速决计。"于是愔与其属一作"弼党"率甲士攻端门①，殿中上将军敛曼高一作"嵬"勒兵拒战②，右卫胡翼度率禁兵闭四门。愔等遣壮士登门，缘屋而入，及于马道。泓时侍疾于谘议堂，遣敛曼嵬率殿中兵登武库距战，太子右卫率姚和都率东宫兵入屯马道南。愔等既不得入③一作"进"，遂烧端门。兴力疾临前殿，赐弼死。禁兵见兴，喜跃，贯甲赴贼，贼众骇扰。和都勒东宫兵自后击之，愔等奔溃，逃于骊山。愔党吕隆奔雍，尹冲等奔于京师。兴引绍及赞、梁喜、尹昭、敛曼嵬等入内寝，受遗（诏）辅政。（第678页）

---

① 愔与其属，《载记》同，《偏霸部》作"弼党"。
② 敛曼高，《偏霸部》同，下校云"一作'嵬'"，《载记》作"敛曼嵬"。
③ 愔等既不得入，"入"，《偏霸部》同，《载记》作"进"。

## 卷五十五　后秦录七

### 姚泓

丙辰。永和元年（416）　兴既薨，秘不发丧。南阳公姚愔及大将军尹元等谋为乱，泓皆诛之。命其齐公姚恢杀安定太守吕超，恢久乃诛之，泓疑恢有阴谋，恢自是怀贰，阴聚兵甲焉。（第684页）

## 卷五十七　后秦录九

### 鸠摩罗什

鸠摩罗什，天竺人也，世为国相。……苻坚闻之，密有迎罗什之意。会太史奏云："有星见外国分野，当有大智入辅中国。"坚曰："朕闻西域有鸠摩罗什，将非此邪？"乃遣骁骑将军吕光等率兵七万，西伐龟兹，谓光曰："若获罗什，即驿送之。"光军未至，罗什谓龟兹王帛纯曰："国运衰矣，当有勍敌从日下来，宜恭承之，勿抗其锋。"纯不从，出兵距战，光遂破之，乃获罗什。光见其年齿尚少，以凡人戏之，强妻以龟兹王女，罗什距而不受，辞甚苦至。光曰："道士之操，不逾先父，何所固辞！"乃饮以醇酒，同闭密室。罗什被逼，遂妻之。光还，中路置军于山下，将士已休，罗什曰："在此必狼狈，宜徙军陇上。"光不纳。至夜，果大雨，洪潦暴起，水深数丈，死者数千人。光密异之。

光欲留王西国，罗什谓光曰："此凶亡之地，不宜淹留，中路自有福地可居。"光还至凉州，闻苻坚已为姚苌所害，于是窃号河右。属姑臧大风，罗什曰："不祥之风，当有奸叛，然不劳自定也。"俄而有叛者，寻皆殄灭。

沮渠蒙逊先推建康太守段业为主，光遣其子纂率众讨之。时论谓业等乌合，纂有威声，势必全克。光以访罗什，答曰："此行未见其利。"既而纂败于合黎，俄又郭黁起兵，纂弃大军轻还，复为黁所败，仅以身免。

中书监张资病，光博营救疗。有外国道人罗叉①，云能差资病。光喜，给赐甚重。罗什知叉诳诈，告资曰："叉不能为，益徒烦费耳。冥

---

① 有外国道人罗叉，"罗叉"，原作"罗义"，据《晋书》卷九五《艺术传》、《高僧传》卷二《鸠摩罗什传》改，下同。

运虽隐，可以事试也。乃以五色丝作绳结之，烧为灰末，投水中，灰若出水还成绳者，病不可愈。"须臾，灰聚浮出，复为绳，又疗果无效，少日，资亡。

顷之，光死，纂立。有猪生子，一身三头。龙出东厢井中，于殿前蟠卧，比旦失之。纂以为美瑞，号其殿为龙翔殿。俄而有黑龙升于当阳九宫门，纂改九宫门为龙兴门。罗什曰："比日潜龙出游，豕妖表异，龙者，阴类，出入有时，而今屡见，则为灾眚，必有下人谋上之变。宜克己修德，以答天戒。"纂不纳，后果为吕超所杀。

罗什之在凉州积年，吕光父子既不能弘道，故蕴其深解，无所宣化。姚兴遣姚硕德西伐，破吕隆，乃迎罗什，待以国师之礼。仍使入西明阁及逍遥园，译出众经。（第701—704页）

## 卷六十一 南燕录四

### 慕容超

慕容超字祖明，德兄北海王纳之子。秦灭燕，以纳为广武太守，数岁去官，与母公孙太妃就弟德，家于张掖。德从苻坚南征，留金刀辞母而去。[1]及垂起兵山东，张掖太守[2]苻昌收纳及德之诸子，皆诛之，公孙太妃以耄不合刑获免，纳妻段氏以怀妊未决，囚之于郡狱。狱掾呼延平，德之故吏也，尝有死罪，德免之。至是，将公孙及段氏逃于羌中，而生超焉。年十岁而公孙氏卒，临终授超以金刀，曰："闻汝伯已中兴于邺都，吾朽病将没，相见理绝。[3]若天下太平，汝脱得东归，可以此刀还汝叔也。"平又将超母子奔于吕光。及吕隆降于姚兴，秦徙凉州民于长安，超因而东归。[4]超母谓超曰："吾母子得全济者，呼延氏之力也。惠而不报，天不佑人。[5]平今虽死，吾欲为汝纳其女以答其厚恩。"于是娶之。（第733—734页）

---

① 秦灭燕……辞母而去，《偏霸部》同，《载记》稍略。
② 张掖太守，见《偏霸部》，《载记》无。
③ 闻汝伯……相见理绝，见《偏霸部》，《载记》无。
④ 秦徙凉州民于长安，超因而东归，见《偏霸部》，《载记》作"超又随凉州人徙于长安"。
⑤ 惠而不报天不佑人，见《偏霸部》，《载记》无。

## 卷八十一　后凉录一

### 吕光

吕光字世明，略阳氐人也。其先吕文和，汉文帝初，自沛避难迁略阳，因家焉[1]，世为氐酋豪[2]。父婆楼，字广平[3]，佐命前秦苻坚[4]，官至太尉。光以赵建武中生于枋头[5]，夜有神光之异，故以"光"为名焉。年十岁，与诸童儿游戏邑里，为战阵之法，而童儿咸推为主[6]，部分详平，群童叹服。不乐读书，唯好鹰马。及长，身长八尺四寸，目重瞳子，左肘有肉印，沉毅凝重，宽简有大量，喜怒不形于色。时人莫之知一作"识"也[7]，唯王猛甚异之，曰："此非常人。"言之苻坚。

举贤良，除美阳令，民夷惮爱，邻境肃清[8]。迁鹰扬将军，以功赐爵关内侯[9]。从坚征张平，战于铜壁，刺平养子蚝中之，自是威名大著。

苻双反于秦州，坚将杨成世为双将苟兴所败。光与王鉴讨之，鉴欲速战，光曰："兴初破成世，奸气渐张，宜持重以待其弊。兴乘胜轻来，粮竭必退，退而击之，可以破也。"二旬而兴退，诸将不知所为，光曰："揆其奸计，必攻榆眉，若得榆眉，据城断路。资储复赡，非国之利也，宜速进师。若兴攻城，尤须赴救。如其奔也，彼粮既尽，可以灭之。"鉴从之，果败兴军。从王猛灭慕容暐，封都亭侯。苻重之镇洛阳，以光为长史。及重谋反，苻坚闻之曰："吕光忠孝方正，必不同也。"驰使命光槛重送之。寻入为太子右率，甚见敬重。蜀人李焉聚众二万攻逼益州，坚以光为破虏将军，率兵讨灭之，迁步兵校尉。苻洛反，光又击平之，拜骠骑将军[10]。

---

① 迁略阳因家焉，《偏霸部》同，《载记》作"徙焉"。

② 氐酋豪，《载记》作"酋豪"，《偏霸部》作"氐酋"。

③ 字广平，见《偏霸部》，《载记》无。

④ 前秦苻坚，《载记》作"苻坚"，《偏霸部》作"前秦"。

⑤ 光以赵建武中生于枋头，"以赵建武中"，见《偏霸部》，《载记》无。

⑥ 而童儿咸推为主，"童儿"，《偏霸部》同，《载记》作"侪类"。

⑦ 时人莫之知也，"知"，《偏霸部》同，《载记》作"识"。

⑧ 民夷惮爱，邻境肃清，《偏霸部》同，《载记》作"夷夏爱服"。

⑨ 以功赐爵关内侯，见《偏霸部》，《载记》无。

⑩ 编者注：骠骑将军，《晋书》卷一二二《吕光载记》、屠乔孙《十六国春秋》卷八十一《后凉录一》作"骁骑将军"。

坚既平山东，士马强盛，遂有图西域之志。建元十九年（383）①，以光为使持节、都督西讨诸军事，率将军姜飞、彭晃、杜进、康隆等②，总兵七万，铁骑五千，以讨西域。以陇西董方、冯翊郭抱、武威贾虔、弘农杨颖为四府佐将。坚太子宏执光手曰："君器相非常，必有大福，宜深保爱。"

行至高昌，闻坚寇晋，光欲更须后命。部将杜进曰："节下受任金方，赴机宜速，有何不了，而更留乎！"乃进。及流沙，三百余里无水，将士失色，光曰："吾闻李广利精诚玄感，飞泉涌出，吾等岂独无感致乎！皇天必将有济，诸君不足忧也。"俄而大雨，平地三尺。进兵至焉耆，其王泥流率其旁国③请降。

十二月，至龟兹④。龟兹王帛纯捍命不降⑤。光军其城南，五里为一营，深沟高垒，广设疑兵，以木为人，被之以甲，罗之垒上，以为持久之计⑥。帛纯徙城外人入于城中，附庸侯王各婴城自守。

至是，光左臂内脉起成字，文曰"巨霸"。营外夜有一黑物，大如断堤，摇动有头角，目光若电，及明而云雾四周，遂不复见。旦视其处，南北五里，东西三十余步，鳞甲隐地之所，昭然犹在。光笑曰："黑龙也。"俄而云起西北，暴雨灭其迹。杜进言于光曰："龙者神兽，人君利见之象。《易》曰：'见龙在田，德施普也。'斯诚明将军道合灵和，德符幽显。愿将军勉之，以成大庆。"光有喜色。又进攻龟兹城，夜梦金象飞越城外。光曰："此谓佛神去之，胡必亡矣。"光攻城益急。将军窦苟，洛阳人⑦，以壮勇知名，从吕光攻龟兹，每登云梯，入地道，或时坠落，苏而复上，光深奇之。依《御览》七百六十五及三百三十六引补。

二十年（384）五月⑧，帛纯乃倾国财宝，请救于狯胡。狯胡遣弟呐龙、侯将馗率骑二十余万，并引温宿一作"姑默宿"、尉头一作"须"等国王

① 建元十九年，见《偏霸部》，《载记》无。
② 康隆，《纂录》同，《偏霸部》无，《载记》作"康盛"。
③ 编者注：旁国，指焉耆附属国。
④ 十二月，至龟兹，见《偏霸部》，《载记》无。
⑤ 捍命不降，《偏霸部》同，《载记》作"距光"。
⑥ 以为持久之计，见《偏霸部》，《载记》无。
⑦ 洛阳人，《御览》卷七六五引同。按，"洛阳"疑"略阳"之误，屠本卷八四《窦苟传》亦云"略阳氏也"。
⑧ 二十年(384)五月，见《偏霸部》，《载记》无。

及诸胡内外合七十余万人以救之①。胡便弓马，善矛槊，铠如连锁，射不可入，乃以革索为羂②，策马掷人，多有中者，众甚惮之。诸将咸欲每营结阵，案兵以距之。光曰："彼众我寡，众营又相远，势分力散，非良策也。"于是迁营相接，案阵为勾锁之法③，精骑为游军，弥缝其阙。秋七月④，战于城西，大败之，斩万余级。帛纯收其珍宝逃奔⑤，一作"遁走"。王侯降者三十余国。此段亦见《御览》三百九、《通典》百五十八。光入其城。城有三重，广轮与长安城等，城中塔庙千数。帛纯宫室壮丽，焕若神居⑥。光大飨将士，赋诗言志⑦，命参军京兆段业著《龟兹宫赋》以讥之。胡人奢侈，富于奉养，家有蒲桃酒或至千斛，经十年不败，士卒沦没酒藏者相继矣。此节亦见《御览》七百六十五及九百七十二。诸国惮光威名，贡款属路。乃立帛纯弟震为王以安之。光抚宁西域，威恩甚著，桀黠胡王昔所未宾者，不远万里，皆来归附，上汉所赐节传，光皆表而易之。坚闻光平西域，以光为使持节、散骑常侍、都督玉门已西诸军事、安西将军、西域校尉，进封顺乡侯⑧，道绝不通。

光既平龟兹，有留焉之志。时始获鸠摩罗什，罗什劝之东还，曰："此凶亡之地，不可淹留，推运揆数，将军宜速东归，中路自有福地可居。"⑨见《西夷传》。二十一年（385）正月⑩，光大飨文武，博议进止，众咸请还，光从之。三月，引还⑪。以驼二万余头致外国珍宝及奇伎异戏、殊禽怪兽千有余品，骏马万余匹而还。

苻坚高昌太守杨翰说其凉州刺史梁熙距守高桐、伊吾二关，熙不从。光至高昌，翰以郡迎降。初，光闻翰之说，恶之，又闻苻坚丧败，

---

①　并引温宿……救之，"温宿"，载记同，《偏霸部》作"姑默宿"。"尉头"，偏霸部同，载记作"尉须"。"及诸胡内外"见《偏霸部》，《载记》无。

②　乃以革索为羂，"羂"，原作"羁"，据《载记》《偏霸部》改。

③　案阵为勾锁之法，"案"，《载记》《偏霸部》无。

④　秋七月，见《偏霸部》，《载记》无。

⑤　帛纯收其珍宝逃奔，"逃奔"，《偏霸部》同，《载记》作"而走"，《御览》卷三〇九引、《通典》卷一五八作"遁走"。

⑥　城有三重……焕若神居，见《偏霸部》，《载记》无。

⑦　赋诗言志，此下《载记》有"见其宫室壮丽"六字。

⑧　进封顺乡侯，见《偏霸部》，《载记》无。

⑨　曰此凶亡之地……可居，《载记》作"语在西夷传"。按唐修《晋书》无"西夷传"，鸠摩罗什语见《艺术传》。

⑩　二十一年正月，见《偏霸部》，《载记》无。

⑪　三月引还，见《偏霸部》，《载记》无。

长安危逼，谋欲停师。杜进谏曰："梁熙文雅有余，机鉴不足，终不能纳善从说也，愿不足忧之。闻其上下未同，宜在速进，进而不捷，请受过言之诛。"光从之。及至玉门，梁熙传檄责光擅命还师，遣子胤与振威姚皓、别驾卫翰率众五万距光于酒泉。光报檄凉州，责熙无赴难之诚，数其遏归师之罪。遣彭晃、杜进、姜飞等为前锋击胤，大败之。胤轻将麾下数百骑东奔，杜进追擒之。于是四山胡夷皆来款附[①]。武威太守彭济执熙请降。

九月[②]，光入姑臧，自领凉州刺史、护羌校尉。表杜进为辅国将军、武威太守，封武始侯，自余封拜各有差。

光主簿尉佑，奸佞倾险人也，见弃前朝。与彭济同谋执梁熙，光深见宠任，乃谮诛南安姚皓、天水尹景等名士十余人，远近颇以此离贰。光寻擢佑为宁远将军、金城太守。佑次允吾，袭据外城以叛，佑从弟随据鹯阴以应之。光遣其将魏真讨随，随败奔佑。光将姜飞又击败佑众，佑奔据兴城，扇动百姓，夷夏多从之。飞司马张象、参军郭雅谋杀飞应佑，发觉，逃奔。

丙戌。大安元年（386）[③]初，苻坚之败，张天锡南奔，其世子大豫为长水校尉王穆所匿。及坚还长安，穆将大豫奔秃发思复鞬，思复鞬送之魏安。是月，魏安人焦松、齐肃、张济等起兵数千，迎大豫于揟次，陷昌松郡。光遣其将杜进讨之，为大豫所败。大豫遂进逼姑臧，求决胜负，王穆谏曰："吕光粮丰城固，甲兵精锐，逼之非利。不如席卷岭西，厉兵积粟，东向而争，不及期年，可以平也。"大豫不从，乃遣穆求救于岭西诸郡，建康太守李隰、祁连都尉严纯及阎袭起兵应之。大豫进屯城西，王穆率众三万，及思复鞬子奚干等阵于城南[④]。光出击破之，斩奚干等二万余级。光谓诸将曰："大豫若用王穆之言，恐未可平也。"诸将曰："大豫岂不及此邪，皇天欲赞成明公八百之业，故令大豫迷于良算耳。"光大悦，赐金帛有差。大豫自西郡诣临洮，驱略百姓五千余户保据俱城[⑤]。光将彭晃、徐炅攻破之。大豫奔广武，穆奔建康，

---

① 于是四山胡夷皆来款附，"四山"，原作"西山"，据《载记》改。

② 九月，见《偏霸部》，《载记》无。

③ 大安元年，见《偏霸部》，《载记》无。

④ 思复鞬子奚干，"奚干"，《载记》作"奚于"，下同。

⑤ 驱略百姓五千余户保据俱城，"俱城"，原作"其城"，据《载记》、《通鉴》卷一〇六改。

广武人执大豫送之，斩于姑臧市。

苻丕以光为车骑大将军、凉州牧，领护西域大都督、酒泉公①。光始闻苻坚为姚苌所害，奋袂哀怒②，三军缟素，大临于城南。传檄诸州，期孟冬大举③。伪谥坚为文昭皇帝，长吏百石已上服斩缞三月，庶人哭泣三日。

十月④，大赦境内，改建元曰大安⑤。十一月，群僚劝进曰："长蛇未殄，方扫国难，不一无 "不" 字。宜进位元台。"⑥十二月，上光为使持节⑦、侍中、中外大都督、督陇右河西诸军事、大将军，领护匈奴中郎将、凉州牧、酒泉公。

丁亥。二年（387） 王穆据酒泉⑧，自称大将军、凉州牧。时谷价踊贵，斗直五百，人相食，死者太半。光西平太守康宁自称匈奴王，阻兵以叛，光屡遣讨之，不捷。

初，光之定河西也，杜进有力焉，以为辅国将军、武威太守。既居都尹，权高一时，出入羽仪，与光相亚。光甥石聪至自关中，光曰："中州人言吾政化何如？"聪曰："止知有杜进耳，实不知有舅。"光默然，因此诛进。

光后宴群僚，酒酣，语及政事。时刑罚峻重，参军段业进曰："严刑重宪，非明王之义也。"光曰："商鞅之法至峻而兼诸侯，吴起之术无亲而荆蛮以霸，何也？"业曰："明公受天眷命，方君临四海，景行尧舜犹惧有弊，奈何欲以商申之末法，临道义之神州！岂此州士女所望于明公哉！"光改容谢之，于是下令责躬，及崇宽简之政。

其将徐炅与张掖太守彭晃谋叛，光遣师讨炅，炅奔晃。晃东结康宁，西通王穆，光议将讨之。诸将咸曰："今康宁在南，阻兵伺隙，若

---

① 苻丕以……酒泉公，见《偏霸部》，《载记》无"大都督"，《纂录》同，《偏霸部》无"督"字。

② 奋袂哀怒，《偏霸部》同，《载记》记作"愤怒哀号"。

③ 传檄诸州，期孟冬大举，见《偏霸部》，《载记》无。

④ 十月，见《偏霸部》，《载记》作"光于是"。

⑤ 改建元曰大安，《偏霸部》同，《载记》作"建元曰大安"。按建元是苻坚年号，时吕光闻坚死，受苻丕官爵，乃奉丕年号曰太安，非光自建元也。

⑥ 十一月……元台，见《偏霸部》，《载记》无。"不宜"，《纂录》《偏霸部》并作"宜"，《纂录》校云"一作'不宜'"。

⑦ 十二月，上光为使持节，"十二月上光为"见《偏霸部》，《载记》作"光自称"。

⑧ 王穆据酒泉，《载记》"据"上有"袭"字。

大驾西行，宁必乘虚出于岭左。晃、穆未平，康宁复至，进退狼狈，势必大危。"光曰："事势实如卿言。今而不往，当坐待其来。晃、穆共相唇齿，宁又同恶相救，东西交至，城外非吾之有，若是，大事去矣。今晃叛逆始尔，宁、穆与之情契未密，及其仓卒，取之为易。且隆替命也，卿勿复言。"光于是自率步骑三万，倍道兼行。既至，攻之二旬，晃将寇颙斩关纳光①，于是诛彭晃。

初，略阳王穆起兵酒泉以应大豫，遣使招郭瑀，瑀叹曰："临河救溺，不卜命之短长，脉病三年，不豫绝其餐馈。鲁连在赵，义不结舌，况人将左衽而不救之！"乃与敦煌索嘏起兵五千，运粟三万石，东应王穆。穆以瑀为太府左长史、军师将军，嘏为敦煌太守。瑀虽居元佐，而口咏黄老，冀功成世定，追伯成之踪。穆惑于谗间，既而忌嘏威名，率众伐嘏。瑀谏曰："昔汉定天下，然后诛功臣，今事业未建而诛之，立见麋鹿游于此庭矣。"穆不从。瑀出城大哭，举手谢城曰："吾不复见汝矣。"还而引被覆面，不与人言，不食七日，舆疾而归，且夕祈死。夜梦乘青龙上天，至屋而止，寤而叹曰："龙飞在天，今止于屋。屋之为字，尸下至也，龙飞至尸，吾其死也。古之君子不卒内寝，况吾正士乎！"遂还酒泉南山赤崖阁，饮气而卒。②此段依《晋书·隐逸传》补足。盖《载记》因已采《隐逸传》，故于此多删节云。

光闻之，谓诸将曰："二虏相攻，此成擒也。"光将攻之，众咸以为不可，光曰："取乱侮亡，武之善经，不可以累征之劳而失永逸之举。"率步骑二万攻酒泉，克之，进次凉兴。穆引师东还，路中众散。穆单骑奔骁马，骁马令郭文斩首送之。

戊子。三年（388）八月，甘露降逍遥园。白燕翔于酒泉，众燕成列而从之。③（第915—923页）

---

① 晃将寇颙斩关纳光，"寇颙"，原作"寇头"，据《载记》改。

② 初，略阳王穆……而卒，"嘏为敦煌太守""既而忌嘏威名，率众伐嘏"见《载记》，余依《晋书》卷九四《隐逸·郭瑀传》。

③ 三年八月……从之，见《偏霸部》，《载记》无。

## 卷八十二 后凉录二

### 吕光

己丑。麟嘉元年（389） 正月①，麟见金泽县，百兽从之，光以为己瑞。于是群僚奉表崇进名号，光从之。以孝武太元十四年（389）二月僭即三河王位于南郊②，置官司，自丞郎已下犹摄州县事③，大赦其境内，改元④，年号麟嘉。

光妻石氏、子绍、弟德世至自仇池。光迎于城东，大飨群臣。

遣其子左将军他、武贲中郎将纂讨北虏匹勒于三岩山⑤，大破之。

立妻石氏为王妃，子绍为世子，宴其群臣于内苑新堂。

庚寅。二年（390） 九月⑥，太庙新成，追尊其高祖为敬公，曾祖为恭公，祖为宣公，父为景昭王，母曰昭烈妃。其中书侍郎杨颖上疏，请依三代故事，追尊吕望为始祖，永为不迁之庙，光从之。

是岁，张掖督邮傅曜考核属县，而丘池令尹兴杀之，投诸空井。曜见梦于光，曰："臣张掖郡小吏，案校诸县，而丘池令尹兴赃状狼籍，惧臣言之，杀臣，投于南亭空井中。臣衣服形状如是。"光寤而犹见，久之乃灭。遣使覆之，如梦。光怒，杀兴。

辛卯。三年（391） 著作郎段业以光未能扬清激浊，使贤愚殊贯，因疗疾于天梯山，作表志诗《九叹》《七讽》十六篇以讽焉。光览而悦之。

南羌彭奚念入攻白土，都尉孙峙退奔兴城。

壬辰。四年（392） 光遣其南中郎将吕方及其弟右将军吕宝、振威杨范、强弩窦苟讨乞伏乾归于金城。方屯河北，宝进师济河，为乾归所败，宝死之。

武贲吕纂、强弩窦苟率步骑五千南讨彭奚念，战于盘夷，大败而归。光亲讨乾归、奚念，遣纂及扬武杨轨、建忠沮渠罗仇、建武梁恭军

---

① 麟嘉元年正月，《偏霸部》同，《载记》作"是时"。
② 僭即三河王位于南郊，"于南郊"，见《偏霸部》，《载记》无。
③ 置官司，自丞郎已下犹摄州县事，《偏霸部》同，《载记》作"置百官自丞相已下"。
④ 改元，见《偏霸部》，《载记》无。
⑤ 讨北虏匹勒于三岩山，"匹勒"，屠本卷八一同，《载记》作"匹勤"。
⑥ 二年九月，《纂录》同，《偏霸部》"二"作"三"，《载记》无此四字。

于左南。奚念大惧，于白土津累石为堤，以水自固，遣精兵一万距守河津。光遣将军王宝潜趣上津，夜渡湟河。光济自石堤，攻克枹罕。奚念单骑奔甘松，光振旅而还。

癸巳。麟嘉五年（393） 天崩，有声若雷，久之乃止。见《御览》八百七十四。

甲午。六年（394） 初，光徙西海郡人于诸郡，至是，谣曰："朔马心何悲，念旧中心劳。燕雀何徘徊，意欲还故巢。"顷之，遂相扇动，复徙之于西河乐都。

群议以高昌虽在西垂，地居形胜，外接胡虏，易生翻覆，宜遣子弟镇之。光以子覆为使持节、镇西将军、都督玉门已西诸军事、西域大都护，镇高昌，命大臣子弟随之。

乙未。七年（395）

丙申。龙飞元年（396） 五龙见于浩亹，群臣咸贺，劝光称号①。光于是以太元二十一年六月僭即天王位于南郊②，大赦境内，改年龙飞。备置群司③，立世子绍为太子，诸子弟为公侯者二十人。中书令王详为尚书左仆射，段业等五人为尚书。

乾归从弟轲弹来奔，光下书曰："乾归狼子野心，前后反复。朕方东清秦赵，勒铭会稽，岂令竖子鸱峙洮南！且其兄弟内相离间，可乘之机勿过今也。其敕中外戒严，朕当亲讨。"

丁酉。二年（397） 光于是次于长最，使吕纂率杨轨、窦苟等步骑三万攻金城。乾归率众二万救之，光遣其将王宝、徐炅率骑五千邀之，乾归惧而不进。光又遣其将梁恭、金石生以甲卒万余出阳武下峡，与秦州刺史没奕干攻其东，光弟天水公延以枹罕之众攻临洮、武始、河关，皆克之。吕纂克金城，擒乾归金城太守卫鞬。鞬瞋目谓光曰④："我宁守节断头，不为降虏也。"光义而免之。乾归因大震，泣叹曰："死中求生，正在今日也。"乃纵反间，称乾归众溃，东奔成纪。吕延信而追

---

① 龙飞元年……称号，见《偏霸部》，《载记》无。

② 光于是以……南郊，"六月""于南郊"，见《偏霸部》，《载记》无。

③ 备置群司，见《偏霸部》，《载记》无。

④ 鞬瞋目谓光曰，"瞋"，原作"瞑"，据《载记》改。

之，引师轻进。延司马耿稚谏曰<sup>①</sup>："告者视高而色动，必有奸计<sup>②</sup>，不可。乾归雄勇过人，权略难测，破王广，克杨定，皆赢师以诱之，虽蕞尔小国，亦不可轻也。困兽犹斗，况乾归而可睹风自散乎！今宜部阵而前，步骑相接，徐俟诸军大集，可一举灭之。"延不从，与乾归相遇，战败死之。此段亦见《御览》二百八十六及二百九十二、《通典》百五十一又百五十四。耿稚及将军姜显收集散卒，屯于枹罕。光还于姑臧。

　　光荒耄信谗，杀尚书沮渠罗仇、三河太守沮渠麹粥。罗仇弟子蒙逊叛光，杀中田护军马邃，攻陷临松郡，屯兵金山，大为百姓之患。蒙逊从兄男成先为将军守晋昌，闻蒙逊起兵，逃奔赀虏，扇动诸夷，众至数千，进攻福禄、建安。宁戎护军赵策击败之，男成退屯乐涫。吕纂败蒙逊于忽谷。酒泉太守垒澄率将军赵策、赵陵步骑万余讨男成于乐涫，战败，澄、策死之。垒澄本姓裴氏。此句依《通鉴考异》及《广韵》引补。按皆引作《后赵录》，自系后凉之误。<sup>③</sup>

　　男成进攻建康，说太守段业曰："吕氏政衰，权臣擅命，刑罚失中，人不堪役。一州之地，叛者连城，瓦解之势，昭然在目，百姓嗷然，无所宗附。府君岂可以盖世之才，而立忠于垂亡之世！男成等既唱大义，欲屈府君抚临鄙州，使涂炭之余，蒙来苏之惠。"业不从。相持二旬，而外救不至，郡人高逵、史惠等言于业曰："今孤城独立，台无救援，府君虽心过田单，而地非即墨，宜思高算，转祸为福。"业先与光侍中房晷、仆射王详不平，虑不自容，乃许之。男成等推业为大都督、龙骧大将军、凉州牧、建康公。光命吕纂讨业。沮渠蒙逊进屯临洮，为业声势。战于合离，纂师大败。

　　光散骑常侍、太常郭黁明天文，善占候，谓王详曰："于天文，凉之分野将有大兵。主上老病，太子冲暗，纂等凶武，一旦不讳，必有难作。以吾二人久居内要，常有不善之言，恐祸及人，深宜虑之。田胡王

　　① 延司马耿稚谏曰，"耿稚"，《载记》、《通典》卷一五一同，《御览》卷二九二引作"耿雄"，《御览》卷二八六引、《通典》卷一五四作"耿雅"。
　　② 告者视高而色动，必有奸计，此句《载记》在下文"可睹风自散乎"之下，《御览》卷二八六引及《通典》卷一五四无此句，《御览》卷二九二引文及《通典》卷一五一耿稚语则仅存此句。
　　③《广韵》卷三《旨韵》"垒"字："《后赵录》有垒澄，本姓裴氏。"《通鉴》卷一〇五太元九年胡注引《姓谱》同，未见《通鉴考异》引。

乞机部众最强①，二苑之人多其故众。吾今与公唱义，推机为主，则二苑之众尽我有也。克城之后，徐更图之。"详以为然。夜烧光洪范门，二苑之众皆附之，详为内应。事发，光诛之。麿遂据东苑以叛。

光驰召纂，诸将劝纂曰："业闻师回，必蹑军后。若潜师夜还，庶无后患矣。"纂曰："业虽凭城阻众，无雄略之才，若夜潜还，张其奸志。"乃遣使告业曰："郭麿作乱，吾今还都。卿能决者，可出战。"于是引还。业不敢出。

纂司马杨统谓其从兄桓曰："郭麿明善天文，起兵其当有以。京城之外非复朝廷之有，纂今还都，复何所补。统请除纂，勒兵推兄为盟主，西袭吕弘，据张掖以号令诸郡，亦千载一时也。"桓怒曰："吾闻臣子之事君亲，有陨无二。吾未有包胥存救之效，岂可安荣其禄，乱增其难乎！吕宗若败，吾为弘演矣。"统惧，至番禾，遂奔郭麿。

麿遣军邀纂于白石，纂大败。光西安太守石元良率步骑五千赴难，与纂共击麿军，破之，遂入于姑臧。麿之叛也，得光孙八人于东苑。及军败，恚甚，悉投之于锋刃之上，枝分节解，饮血盟众。众皆掩目，不忍视之，麿悠然自若。

麿推后将军杨轨为盟主，轨自称大将军、凉州牧、西平公。吕纂击麿将王斐于城西，大破之。自是麿势渐衰。光遗杨轨书曰："自羌胡不靖，郭麿叛逆，南藩安否，音问两绝。行人风传，云卿拥逼百姓，为麿唇齿。卿雅志忠贞，有史鱼之操，鉴察成败，远侔古人，岂宜听纳奸邪，以亏大美！陵霜不凋者松柏也，临难不移者君子也，何图松柏凋于微霜，而鸡鸣已于风雨！郭麿巫卜小数，时或误中，考之大理，率多虚谬。朕宰化寡方，泽不逮远，致世事纷纭，百城离叛。戮力一心，同济巨海者，望之于卿也。今中仓积粟数百千万，东人战士一当百余，入则言笑晏晏，出则武步凉州，吞麿咀业，绰有余暇。但与卿形虽君臣，心过父子，欲全卿名节，不使贻笑将来。"轨不答。

戊戌。三年（398）轨率步骑二万北赴郭麿，至姑臧，垒于城北。轨以士马之盛，议欲大决成败，麿每以天文裁之。吕弘为段业所逼，光遣吕纂迎之。轨谋于众曰："吕弘精兵一万，若与光合，则敌强我弱。

① 田胡王乞机部众最强，"王乞机"，《载记》作"王气乞机"。按《晋书》卷九五《艺术·郭麿传》，麿叛，"推王乞机为主"，即此王乞机也。屠本卷八一、《通鉴》卷一〇九并作"田胡王乞基"。

养兽不讨，将为后患。"遂率兵邀纂，纂击败之。郭廧闻轨败，东走魏安，遂奔于乞伏乾归。杨轨闻廧走，南奔廉川。

己亥。四年（399）九月，光寝疾。十二月，疾甚①，立其太子绍为天王，光自号太上皇帝，以子纂为太尉②，吕弘为司徒。谓绍曰："吾疾病唯增，恐将不济。三寇窥窬，迭伺国隙。吾终之后，使纂统六军，弘管朝政，汝恭己无为，委重二兄，庶可以济。若内相猜贰，衅起萧墙，则晋赵之变，旦夕至矣。"又谓纂、弘曰："永业才非拨乱，直以正嫡有常，猥居元首。今外有强寇，人心未宁，汝兄弟辑穆，则贻厥万世。若内自相图，则祸不旋踵。"纂、弘泣曰："不敢有二心。"

光以安帝隆安三年（399）薨，时年六十三，在位十年。当作"十四年"③。葬高陵④，伪谥武《载记》作"懿武"。皇帝，庙号太祖。（第927—933页）

## 卷八十三 后凉录三

### 吕纂

吕纂字永绪，光之长庶子也，母赵淑媛⑤。少便弓马，好鹰犬。苻坚时入太学，不好读书，唯以交结公侯声乐为务。及坚乱，西奔上邽。太安元年（386）⑥，至于姑臧。拜武贲中郎将，封太原公。

光临薨，执手戒之曰："汝性粗武，深为吾忧。开基既难，守成不易。善辅永业，勿听谗言。"⑦光薨，吕绍秘不发丧，纂推阁入哭，尽哀而出。绍惧为纂所害，以位让之，曰："兄功高年长，宜承大统，愿兄勿疑。"纂曰："臣虽年长，陛下国家之冢嫡，不可以私爱而乱大伦。"绍固以让纂，纂不许之。

及绍嗣伪位，骁骑吕超⑧言于绍曰："纂统戎积年，威震内外，临丧

---

① 四年……疾甚，《偏霸部》同，《载记》作"光疾甚"。
② 以子纂为太尉，"子"，《偏霸部》同，《载记》作"吕"。
③ 汤球以吕光"建元大安"，光之"大安元年"当晋太元十一年，故谓"当作十四年"。按上文及《晋书》卷九《孝武帝纪》并云光以太元十四年称三河王，至隆安三年，应是十一年。
④ 葬高陵，《偏霸部》同，《载记》作"墓号高陵"，在"庙号太祖"句下。
⑤ 母赵淑媛，见《偏霸部》，《载记》无。
⑥ 太安元年，见《偏霸部》，《载记》无。
⑦ 光临薨……谗言，见《偏霸部》，《载记》无。
⑧ 骁骑吕超，"骁骑"，见《偏霸部》，《载记》无。

不哀，步高视远，观其举止乱常，恐成大变，宜早除之，以安社稷。"绍曰："先帝明命，音犹在耳，兄弟至亲，岂有此乎！吾弱年而荷大任，方赖二兄，以宁家国，纵其图我，我视死如归，终不忍有此意也。卿慎勿过言。"超曰："纂威名素盛，安忍无亲，今不图之，后必噬脐矣。"绍曰："吾每念袁尚兄弟，未曾不痛心忘寝食，宁坐而死，岂忍行之！"超曰："圣人称知几其神，陛下临几不断，臣见大事去矣。"既而纂见绍于湛露堂，超执刀侍绍，目纂请收之，绍弗许。

初，光欲立弘为世子，会闻绍在仇池，乃止。弘由是有憾于绍，遣尚书姜纪密告纂曰："先帝登遐，主上暗弱，兄总摄内外，威恩被于遐迩，辄欲远追废昌邑之义，以兄为中宗，何如？"纂闻超谋[1]，遂夜率壮士数百逾北城，攻广夏门。弘率东苑之众斫洪范门，左卫齐从守融明观，逆问之曰："谁也？"众曰："太原公。"从曰："国有大故，主上新立，太原公行不由道，夜入禁城，将为乱邪！"因抽剑直前，斫纂中额，纂左右擒之。纂曰："义士也，勿杀。"绍遣武贲中郎将吕开率其禁兵距战于端门，骁骑吕超率卒二千赴之。众素惮纂，悉皆溃散。纂入自青角门，升于谦光殿。绍登紫阁自杀，吕超出奔广武。

纂惮弘兵强，劝弘即位。弘曰："自以绍，弟也，而承大统，众心不顺，是以违先帝遗敕，惭负黄泉。今复越兄而立，何面目以视息世间！大兄长且贤，威名振于二贼，宜速即大位，以安国家。"

纂以隆安三年（399）原作"四年"。[2]遂僭即天王位，大赦境内，改龙飞四年为咸宁元年（399）[3]，谥绍为隐王。以弘为使持节、侍中、大都督、都督中外诸军事、大司马、车骑大将军、司隶校尉、录尚书事，改封番禾郡公，其余封拜各有差。

纂谓齐从曰："卿前斫我，一何甚也！"从泣曰："隐王先帝所立，陛下虽应天顺时，而微心未达，唯恐陛下不死，何谓甚也。"纂嘉其忠，善遇之。

纂遣使谓征东吕方曰："超实忠臣，义勇可嘉，但不识经国大体，权变之宜。方赖其忠节，诞济世难，可以此意喻之。"超上疏陈谢，纂

---

① 纂闻超谋，见《偏霸部》，《载记》无。
② 隆安三年，《载记》"三"作"四"。
③ 改龙飞四年为咸宁元年，见《偏霸部》，《载记》作"改元为咸宁"。

复其爵位。

庚子。咸宁二年（400）　吕弘自以功名崇重，恐不为纂所容，纂亦深忌之。弘遂起兵东苑，劫尹文、杨桓以为谋主，请宗燮俱行。燮曰："老臣受先帝大恩，位为列棘，不能陨身授命，死有余罪，而复从殿下亲为戎首者，岂天地所容乎！且智不能谋，众不足恃，将焉用之！"弘曰："君为义士，我为乱臣。"乃率兵攻纂。纂遣其将焦辨击弘，弘众溃，出奔广武。纂纵兵大掠，以东苑妇女赏军，弘之妻子亦为士卒所辱。纂笑谓群臣曰："今日之战何如？"其侍中房晷对曰："天祸凉室，衅起戚藩。先帝始崩，隐王幽逼，山陵甫讫，大司马惊疑肆逆，京邑交兵，友于接刃。虽弘自取夷灭，亦由陛下无棠棣之义。宜考己责躬，以谢百姓，而反纵兵大掠，幽辱士女。衅自由弘，百姓何罪！且弘妻，陛下之弟妇也，弘女，陛下之侄女也，奈何使无赖小人辱为婢妾。天地神明，岂忍见此！"遂歔欷悲泣。纂改容谢之。召弘妻及男女于东宫，厚抚之。吕方执弘系狱，驰使告纂，纂遣力士康龙拉杀之。

是月，立其妻杨氏为皇后，以杨氏父桓为散骑常侍、尚书左仆射、凉都尹，封金城侯。

纂将伐秃发利鹿孤，中书令杨颖谏曰："夫起师动众，必参之天人，苟非其时，圣贤所不为。秃发利鹿孤上下用命，国未有衅，不可以伐。宜缮甲养锐，劝课农殖，待可乘之机，然后一举荡灭。比年多事，公私罄竭，不深根固本，恐为患将来。愿抑赫斯之怒，思万全之算。"纂不从。度浩亹河，为利鹿孤弟傉檀所败，遂西袭张掖。姜纪谏曰："方今盛夏，百姓废农，所利既少，所丧者多。若师至岭西，虏必乘虚寇掠都下。宜且回师，以为后图。"纂曰："虏无大志，闻朕西征，正可自固耳。今速袭之，可以得志。"遂围张掖，略地建康。闻傉檀寇姑臧，乃还。

即序胡安据盗发张骏墓，见骏貌如生，得真珠帘、琉璃榼、白玉樽、赤玉箫、紫玉笛、珊瑚马鞭、马脑钟，此节亦见《御览》三百五十九。水陆奇珍，不可胜纪。纂诛安据党五十余家，遣使吊祭骏，并缮修其墓。

道士句摩罗耆婆言于纂曰："潜龙屡出，豕犬见妖，将有下人谋上之祸。宜增修德政，以答天戒。"纂纳之。罗耆婆即罗什之别名也。是年有猪生子，一身三头。又有龙出东厢井中，到殿前蟠卧，比旦失之。纂以为美瑞，号大殿为龙翔殿。又有黑龙行于当阳九宫门，改为龙兴门。①

辛丑。三年（401） 纂游田无度，荒耽酒色，其太常杨颖谏曰："臣闻皇天降鉴②，惟德是与，德由人弘，天应以福。故勃焉之美，奄在圣躬。大业已尔，宜以道守之，廓灵基于日新，邀洪福于万祀。自陛下龙飞，疆宇未辟，崎岖二岭之内，纲维未振于九州。当兢兢夕惕，经略四方，成先帝之遗志，拯苍生于荼蓼。而更饮酒过度，出入无恒，宴安游盘之乐，沉湎樽酒之间，不以寇仇为虑，窃为陛下危之。糟丘酒池，洛汭不返，皆陛下之殷鉴。臣蒙先帝夷险之恩，故不敢避干将之戮。"纂曰："朕之罪也。不有贞亮之士，谁匡邪僻之君！"然昏虐自任，终不能改。常与左右因醉驰猎于坑涧之间，殿中侍御史王回、中书侍郎王儒扣马谏曰："千金之子，坐不垂堂，万乘之主，清道而行。奈何去舆辇之安，冒奔骑之危！衔橛之变，动有不测之祸，愚臣窃所不安，敢以死争。愿陛下远思袁盎揽辔之言，不令臣等受讥千载。"纂不纳。

纂番禾太守吕超擅伐鲜卑思盘，思盘遣弟乞珍诉超于纂，纂召超将盘入朝。超至姑臧，大惧，自结于殿中监杜尚。纂见超，怒曰："卿恃兄弟桓桓，欲欺吾也！要当杀卿，然后天下可定。"超顿首曰："不敢。"纂因引超及其诸臣宴于内殿，吕隆屡劝纂酒，已至昏醉，乘步挽车将超等游于内。③至琨华堂东阁，车不得过，纂亲将窦川、骆腾倚剑于壁，推车过阁。超取剑击纂，纂下车擒超，超刺纂洞胸，奔于宣德堂。川、腾与超格战，超杀之。纂妻杨氏命禁兵讨超，杜尚约兵舍杖。将军魏益多入斩纂首以徇，曰："纂违先帝之命，杀害太子，荒耽酒猎，昵近小人，轻害忠良，以百姓为草芥。番禾太守超以骨肉之亲，惧社稷颠覆，已除之矣。上以安宗庙，下为太子报仇。凡我士庶，同兹休庆。"

伪巴西公吕他、陇西公吕纬时在北城，或谓纬曰："超陵天逆上，士众不附。明公以懿弟之亲，投戈而起，姜纪、焦辩在南城④，杨桓、田诚在东苑，皆我之党也，何虑不济！"纬乃严兵，谓他曰："隆、超弑

---

① 原注录自《晋书》卷九五《艺术·鸠摩罗什传》。
② 皇天降鉴，"降"，原作"隆"，据《载记》改。
③ 乘步挽车将超等游于内，"步挽车"，《偏霸部》同，《载记》作"挽车"。
④ 姜纪、焦辩在南城，"焦辩"，屠本卷八四《吕纬传》同，《载记》作"焦辨"。

逆，所宜击之。昔田恒之乱，孔子邻国之臣，犹抗言于哀公，况今萧墙有难，而可坐观乎！"他将从之，他妻梁氏止之曰："纬、超俱兄弟之子，何为舍超助纬而为祸首乎！"他谓纬曰："超事已立，据武库，拥精兵，图之为难。且吾老矣，无能为也。"超闻，登城告他曰："纂信谗言，将灭超兄弟。超以身命之切，且惧社稷覆亡，故出万死之计，为国家唱义。叔父当有以亮之。"超弟邈有宠于纬，说纬曰："纂残国破家，诛戮兄弟。隆、超此举，应天人之心，正欲尊立明公耳。先帝之子，明公为长，四海颙颙，人无异议。隆、超虽不达臧否，终不以孽代宗，更图异望也，愿公勿疑。"纬信之，与隆、超结盟，单马入城。超执而杀之。

初，纂尝与鸠摩罗什棋，杀罗什子，曰："斫胡奴头。"罗什曰："不斫胡奴头，胡奴斫人头。"超小字胡奴[1]，竟以杀纂。

纂妻杨氏及侍婢数人[2]殡纂于城西。将出宫，超恐其赍珍宝出外，使人搜之，杨氏厉色责超曰："尔兄弟不能和睦，手刃相屠，我旦夕死人，何用金宝！"超惭而退。[3]又问杨氏玉玺何—作"所"在，杨氏怒曰："尽坏之—作"毁之"矣。"杨氏，国色也，超将妻之，谓其父桓曰："后若自杀，祸及卿宗。"桓以言告杨氏，杨氏曰："大人本卖女与氏—作"吕"[4]，以图富贵，一之已甚，其复使女辱于二氏乎！"桓不能强。乃自杀。谥曰穆后[5]。此见《御览》四百三十九引，而以《晋书·列女传》补足。

纂在位三年，以元兴元年死。盖实以隆安五年死，《载记》误推下一年也。隆既篡位，伪谥灵皇帝，墓号白石陵[6]—作"葬白石陵"。（第937—943页）

**吕绍**

吕绍字永业，光之嫡子也。麟嘉元年（389），与母石氏至自仇池，遂立为世子。光僭即天王位，进为太子。光死，绍秘不发丧。下事《载记》俱附于纂传，《纂录》本亦同。庶兄太原公纂与常山公弘率壮士数百攻绍，

---

① 超小字胡奴，"小字"，原作"字"，据《载记》改。
② 侍婢数人，《御览》卷四三九引同，《晋书》卷九六《列女·吕纂妻杨氏传》作"侍婢十数人"。
③ 将出宫……超惭而退，见《晋书》卷九六《列女·吕纂妻杨氏传》，《御览》卷四三九引无。
④ 按《御览》卷四三九引、《晋书》卷九六《列女·吕纂妻杨氏传》、屠本卷八四《纂妻杨氏传》皆作"氏"，未见作"吕"者。
⑤ 谥曰穆后，《御览》卷四三九引、《晋书》卷九六《列女·吕纂妻杨氏传》皆无，见屠本卷八四《纂妻杨氏传》。
⑥ 墓号白石陵，《载记》同，《偏霸部》作"葬白石陵"。

绍登紫阁自杀，追谥隐王。先是，光未亡时，有鬼叫于都街，曰："兄弟相灭百姓弊。"徼吏寻视之，则无所见。其年，光死，绍立五日，为纂所杀。

案：绍当有传，《载记》将其事尽附于纂传，而不存其目，岂以其即位日浅欤？然援前凉张灵曜例，重华十一月死，十二月废灵曜，亦无多日。故姑录屠本前后两段，以存梗概。（第944页）

### 吕隆

吕隆字永基，光弟宝之子也。美姿貌，善骑射。光末，拜北部护军，稍历显位，有声称。

超既杀纂，让于隆。隆有难色，超曰："今犹乘龙上天，岂可中下！"隆以安帝元兴元年<small>盖实隆安五年也</small>，《载记》<small>误推下一年</small>遂僭即天王位。超先以番禾得小鼎，以为神瑞，大赦，改咸宁三年为神鼎元年（401）①。

二月②，追尊父宝为文皇帝，母卫氏为皇太后，妻杨氏为皇后。以弟超有佐命之勋，拜为使持节、侍中、都督中外诸军事、辅国大将军、司隶校尉、录尚书事，封安定公。

初，吕绍之死也，美人敦煌张氏年十四，为沙门③<small>一作"便请为尼"</small>。清辩有姿色，吕隆见而悦之，欲秽其行④，遣中书郎裴敏说之。张氏善言明理，敏为之屈。隆亲逼之，张氏曰："钦乐至法，故投身道门，誓不受辱⑤。且一辱于人，誓不毁节，今逼如此，岂非命也！"遂升门楼，自投于地。二胫俱折，口诵佛经，俄然而卒。<small>此节见《御览》四百三十九引，而以《晋书·列女传》补足。</small>

右仆射杨桓<small>纂后父</small>奔河西利鹿孤，任为左司马。利鹿孤率众来攻，隆与战，败，掠其民二千余户而去。⑥

夏五月，隆残虐无度⑦，多杀豪望以立威名，内外嚣然，人不自

---

① 改咸宁三年为神鼎元年，《偏霸部》同，《载记》作"改元为神鼎"。

② 二月，见《偏霸部》，《载记》无。

③ 为沙门，《御览》卷四三九引同，《晋书》卷九六《列女·吕绍妻张氏传》作"便请为尼"。

④ 欲秽其行，见《晋书》卷九六《列女·吕绍妻张氏传》，《御览》卷四三九引无。

⑤ 誓不受辱，见《晋书》卷九六《列女·吕绍妻张氏传》，《御览》卷四三九引无。

⑥ 右仆射杨桓……二千余户而去，此节见屠本卷八三《吕隆传》，《载记》无。

⑦ 夏五月，隆残虐无度，见屠本卷八三《吕隆传》，《载记》无。

固。魏安人焦朗遣使说姚兴将姚硕德曰："吕氏因秦之乱，制命此州。自武皇弃世，诸子竞寻干戈，德刑不恤，残暴是先。饥馑流亡，死者大半，唯泣诉昊天，而精诚无感。伏惟明公道迈前贤，任尊分陕，宜兼弱攻昧，经略此方，救生灵之沉溺，布徽政于玉门。篡夺之际，为功不难。"遣妻子为质。硕德遂率众至姑臧，其部将姚国方言于硕德曰："今悬师三千，后无继援，师之难也。宜曜劲锋，示其威武。彼以我远来，必决死距战，可一举而平。"硕德从之。吕超出战，大败遁还。隆收集离散，婴城固守。

时荧惑犯帝坐，有群雀斗于太庙，死者数万。东人多谋外叛，魏益多又唱动群心，乃谋杀隆、超。事发，诛之，死者三百余家。于是群臣表求与姚兴通好，隆弗许。吕超谏曰："通塞有时，艰泰相袭，孙权屈身于魏，谯周劝主迎降，岂非大丈夫哉？势屈故也。天锡承七世之资，树恩百载，武旅十万，谋士盈朝[1]，秦师临境，识者导以见机，而愎谏自专，社稷为墟。前鉴不远，我之元龟也。何惜尺书单使，不以危易安！且令卑辞以退敌，然后内修德政，废兴由人，未损大略。"隆曰："吾虽常人，属当家国之重，不能嗣守成基，保安社稷，以太祖之业委之于人，何面目见先帝于地下！"超曰："应龙以屈伸为灵，大人以知机为美。今连兵积岁，资储内尽，强寇外逼，百姓嗷然无糊口之计。假使张陈韩白，亦无如之何。陛下宜思权变大纲，割区区常虑。苟卜世有期，不在和好，若天命去矣，宗族可全。"隆从之，乃请降。硕德表隆为使持节、镇西大将军、凉州刺史、建康公。于是遣母弟爱子，文武旧臣慕容筑、杨颖、史难、阎松等五十余家质于长安，硕德乃还。

壬寅。神鼎二年（402） 秦遣鸿胪恒敦拜隆征北大将军、都督河西诸军事、凉州牧、建康公。[2]姚兴谋臣皆曰："隆籍伯父余资，制命河外。今虽饥窘，尚能自支。若将来丰赡，终非国有。凉州险绝，世难先违，道清后顺，不如因其饥弊而取之。"兴乃遣使来观虚实。

沮渠蒙逊又伐隆，隆击败之。蒙逊请和结盟，留谷万余斛以振饥人。姑臧谷价踊贵，斗直钱五千文，人相食，饿死者十余万口。城门尽

---

[1] 谋士盈朝，屠本卷八三《吕隆传》同，《载记》无"谋士"二字。
[2] 神鼎二年……建康公，见《偏霸部》，《载记》无。"神鼎"原无，《偏霸部》亦无。因神鼎元年即吕纂咸宁三年，神鼎年号宜出于此，今补。"都督河西诸军事"《纂录》同，《偏霸部》无"都督"二字。

闭，樵采路绝，百姓请出城乞为夷虏奴婢者日有数百。隆惧沮动人情，尽坑之，于是积尸盈于衢路。

癸卯。三年（403）①秃发傉檀及蒙逊频来伐之，隆以二凉之逼也②，遣超率骑二百，多赍珍宝，请迎于秦姚兴。兴乃遣其尚书左仆射③齐难等，率步骑四万来迎。难至姑臧，隆素车白马，迎于道旁。使吕胤告光庙曰："陛下往运神略，开建西夏，德被苍生，威振遐裔。枝嗣不臧，迭相篡弑。二虏交逼，将归东京，谨与陛下奉诀于此。"歔欷恸泣，酸感兴军。隆率户—作"骑"一万④，随难东迁。既至长安，兴一作"秦"以隆为散骑常侍、尚书⑤，公如故，超为安定太守，文武三十余人皆擢叙之。其后隆坐与姚兴少子广平公弼⑥谋反，为兴所诛。

吕光以乙酉岁据凉州，至于是岁，岁在癸卯，凡十九年⑦。《载记》作："吕光以孝武太元十二年定凉州，十五年僭立，至隆凡十有三载。"似有误。以安帝元兴三当作"二"年灭。（第944—948页）

## 卷八十四 后凉录四

### 吕宪⑧妻苻氏

建中将军、辽东太守吕宪妻苻氏，年十五，有姿色。宪卒，自杀。见《御览》四百三十九（第951页）

### 郭黁⑨

郭黁，西平人也。少明式易，仕郡主簿。

张天锡末年，苻氏每有西伐之问，太守赵凝使黁筮之，黁曰："若郡内二月十五日失囚者，东军当至，凉祚必终。"凝乃申约属县。至十五日，鲜卑折掘送马于凝，凝怒其非骏，幽之内厩，鲜卑惧而夜遁。凝以告黁，黁曰："是也，国家将亡，不可复振。"

---

① 三年，见《偏霸部》，《载记》无。
② 隆以二凉之逼也，"凉"，《偏霸部》同，《载记》作"寇"。
③ 尚书左仆射，见《偏霸部》，《载记》无。
④ 率户一万，"户"，《偏霸部》同，《载记》作"骑"。
⑤ 尚书，见《偏霸部》，《载记》无。
⑥ 姚兴少子广平公弼，《偏霸部》同，《载记》作"子弼"，语似吕隆之子，不当。
⑦ 吕光以乙酉岁……凡十九年，此句见《偏霸部》，《载记》文见原注。
⑧ 编者注：吕宪之事，又见清光绪年间陕西省咸阳市出土《后秦吕宪墓表》。
⑨ 编者注：郭黁，《晋书》有传。

苻坚末，当阳门震，刺史梁熙问麞曰："其祥安在？"麞曰："为四夷之事也。当有外国二王来朝主上，一当反国，一死此城。"岁余而鄯善及前部王朝于苻坚，前部王西归，鄯善王死于姑臧。

吕光之王河西也，西海太守王桢叛，麞劝光袭之。光之左丞吕宝曰："千里袭人，自昔所难，况王者之师，天下所闻，何可侥幸以邀成功！麞不可从，误人大事。"麞曰："若其不捷，麞自伏铁钺之诛。如其克也，左丞为无谋矣。"光从而克之。光比之京、管，常参帷幄密谋。光将伐乞伏乾归，麞谏曰："今太白未出，不宜行师，往必无功，终当覆败。"太史令贾曜以为必有秦陇之地。及克金城，光使曜诘麞，麞密谓光曰："昨有流星东坠，当有伏尸死将，虽得此城，忧在不守。正月上旬，河冰将解，若不早渡，恐有大变。"后二日而败问至，光引军渡河讫，冰泮，时人服其神验。光以麞散骑常侍、太常。

麞后以光年老，知其将败，遂与光仆射王详起兵作乱。百姓闻麞起兵，咸以圣人起事，事无不成，故相率从之如不及。麞以为代吕者王，乃推王乞基为主。后吕隆降姚兴，兴以王尚为凉州刺史，终如麞言。麞之与光相持也，逃人称吕统病死，麞曰："未也。光、统之命，尽在一时。"后统死三日而光死。麞尝曰："凉州谦光殿，后当有索头鲜卑居之。"终于秃发傉檀、沮渠蒙逊迭据姑臧。

性褊酷，不为士庶所附。战败，奔乞伏乾归。乾归败，入姚兴。麞以灭姚者晋，遂将妻子南奔，为追兵所杀也。此依《晋书·艺术传》录。（第951—953页）

## 卷八十六　西秦录二

乞伏乾归

辛卯。［太初］四年（391）……为吕光弟宝所攻，败于鸣雀峡，退屯青岸。（第962页）

壬辰。［太初］五年（392）　宝进追乾归，乾归使其将彭奚念断其归路，躬贯甲胄，连战败之，宝及将士投河死者万余人。（第962页）

乙未。［太初］八年（395）……吕光率众十万来伐乾归[1]，左辅密贵

---

[1] 来伐乾归，《载记》作"将伐乾归"，《偏霸部》作"来伐"。

周、左卫将军莫者殽觚八字亦见《广韵》引。①言于乾归曰："光旦夕将至，陛下以命世雄姿，开业洮、罕，克剪群凶，威振遐迩，将鼓淳风于东夏，建八百之鸿庆，不忍小屈，与奸竖竞于一时，若机事不捷，非国家利也，宜遣爱子以退之。"乾归乃称藩于光，遣子勃勃为质②。既而悔之，遂诛周等。（第964页）

丙申。［太初］九年（396） 乞伏轲殚与乞伏益州不平，奔于吕光。光又伐之，咸劝其东奔成纪，乾归不从，谓诸将曰："昔曹孟德败袁本初于官渡，陆伯言摧刘玄德于白帝，皆以权略取之，岂在众乎！光虽举全州之众，而无经远之算，不足惮也。且其精卒尽在吕延，延虽勇而愚，易以奇策制之。延军若败，光亦遁还，乘胜追奔，可以得志。"众咸曰："非所及也。"（第964—965页）

丁酉。［太初］十年③晋隆安元年。（397） 光遣其子纂伐乾归，使吕延为前锋。乾归泣谓诸将曰："今事势穷蹙，逃命无所，死中求生，正在今日。凉军虽四面而至，然相去辽远，山河既阻，力不周接，败其一军而众军自退。"乃纵反间，称秦王乾归众溃，东奔成纪。延信之，引师轻进，果为乾归所败，遂斩之。（第965页）

戊戌。［太初］十一年（398） 秃发乌孤遣使来结和亲。使乞伏益州攻克支阳、鹯武、允吾三城，俘获万余人而还。（第965页）

癸卯。［太初］十六年（403） 遣随兴将齐难迎吕隆于河西。（第967页）

## 卷八十九 南凉录一

### 秃发乌孤

秃发乌孤，河西鲜卑人也。其先与后魏同出，八世祖匹孤率其部自塞北迁于河西……匹孤卒，子寿阗立。……寿阗卒，孙树机能立，壮果多谋略。……后为马隆所败，部下杀之以降。能死，从弟务丸代立。丸死，孙推斤立。斤死，子思复鞬立，部众转盛，遂据凉土④。乌孤即思

---

① 见《广韵》卷五《铎韵》"莫"字。
② 遣子勃勃为质，"勃勃"，《偏霸部》同，《载记》作"敕勃"。
③ 十年，《载记》作"隆安元年"。
④ 部众转盛，遂据凉土，《偏霸部》"部众"作"部落"，余同，《载记》作"部众稍盛"。

复鞬之子也。

鞬卒，子乌孤袭位，养民务农，修结邻好。①吕光遣使署为假节、冠军大将军、河西鲜卑大都统、广武县侯。乌孤谓诸将曰："吕氏远来假授，当可受不？"众曰："吾士众不少，何故属人！"乌孤将从之，其将石真若留曰："今本根未固，理宜随时。光德刑修明，境内无虞，若致死于我者，大小不敌，后虽悔之，无所及也。不如受而遵养之，以待其衅耳。"乌孤乃受之。

乌孤讨乙弗、折掘二部，大破之，遣其将石亦干筑廉川堡以都之。乌孤登廉川大山，泣而不言。石亦干进曰："臣闻主忧臣辱，主辱臣死，大王所为不乐者，将非吕光乎？光年已衰老，师徒屡败。今我以士马之盛，保据大川，乃可以一击百，光何足惧也！"乌孤曰："光之衰老，亦吾所知。但我祖宗以德怀远，殊俗惮威，庐陵②、契汗万里委顺。及吾承业，诸部背叛，迩既乖违，远何以附？所以泣耳。"其将苻浑曰："大王何不振旅誓众，以讨其罪？"乌孤从之，大破诸部。吕光封乌孤广武郡公。又讨意云鲜卑，大破之。光又遣使署乌孤征南大将军、益州牧、左贤王。乌孤谓使者曰："吕王昔以专征之威，遂有此州，不能以德柔远，惠安黎庶。诸子贪淫，三甥肆暴，郡县土崩，下无生赖。吾安可违天下之心，受不义之爵！帝王之起，岂有常哉！无道则灭，有德则昌，吾将顺天人之望，为天下主。"留其鼓吹、羽仪，谢其使而遣之。（第991—992页）

丁酉。太初元年晋隆安元年。（397）　正月，改元③，自称大都督、大将军、大单于、西平王，赦其境内。以弟利鹿孤为骠骑将军，傉檀为车骑将军。④曜兵广武，攻克金城。光遣将军窦苟来伐，战于街亭，大败之。（第993页）

戊戌。［太初］二年（398）　降光乐都、湟河、浇河三郡。岭南羌胡数万落皆附之。光将杨轨、王乞基率户数千来奔。（第993页）

己亥。［太初］三年（399）　……段业为吕纂所侵，遣利鹿孤救之。

————————

① 鞬卒……修结邻好，见《偏霸部》，《载记》作"及嗣位务农桑修邻好"。

② 庐陵，《载记》作"卢陵"。

③ 太初元年正月改元，《偏霸部》同，《载记》作"隆安元年"，于后文"赦其境内"后有"年号太初"。

④ 以弟利鹿孤……车骑将军，见《偏霸部》，《载记》无。

纂惧，烧氏池、张掖谷麦而还。（第994页）

**秃发利鹿孤**

利鹿孤闻吕光死，遣其将金树、苏翘率骑五千，屯于昌松漠口。（第995页）

庚子。建和元年（400）……吕纂来伐，使傉檀距之。纂士卒精锐，进度三堆，三军扰惧。傉檀下马据胡床而坐，士卒众心乃始安。与纂战，败之，斩二千余级。纂西击段业，傉檀率骑一万乘虚袭姑臧。纂弟纬守南北城以自固。傉檀置酒于朱明门上，鸣钟鼓以飨将士，耀兵于青阳门，虏八千余户而归。（第995页）

辛丑。建和二年（401）……于是使傉檀率师伐吕隆①，大败之，获其右仆射杨桓。傉檀谓之曰："安寝危邦，不思择木，老为囚虏，岂曰智也！"桓曰："受吕氏厚恩，位忝端贰，虽洪水滔天，犹欲济彼俱溺，实耻为叛臣以见明主。"傉檀曰："卿忠臣也。"以为左司马。（第996页）

七月，姚硕德伐吕隆，利鹿孤摄广武守军以避之。此节依《通鉴考异》引补②。（第997页）

时利鹿孤虽僭位，尚臣姚兴。杨桓兄经佐命姚苌，早死，兴闻桓有德望，征之。利鹿孤饯桓于城东，谓之曰："本期与卿共成大业，事乖本图，分歧之感，情深古人。但鲲非溟海，无以运其躯；凤非修梧，无以晞其翼。卿有佐时之器，夜光之宝，当振缨云阁，耀价连城，区区河右，未足以逞卿才力。善勖日新，以成大美。"桓泣曰："臣往事吕氏，情节不建。陛下宥臣于俘虏之中，显同贤旧，每希攀龙附凤，立尺寸之功。龙门既开，而臣违离，公衡之恋，岂曰忘之！"利鹿孤为之流涕，遣之。（第997页）

傉檀又攻吕隆昌松太守孟祎于显美。（第997页）

壬寅。[建和]三年（402）克显美③。傉檀执祎而数之曰："见机而作，赏之所先；守迷不变，刑之所及。吾方耀威玉门，扫平秦陇，卿固

---

① 于是使傉檀率师伐吕隆，《载记》无"使傉檀"，屠本卷八八作"傉檀率师伐吕隆"。按，《通鉴》卷一一二云"河西王利鹿孤伐凉，与凉王隆战，大破之，徙二千余户而归"。

② 见《通鉴》卷一一二隆安五年吕隆降后秦事下《考异》引。

③ 三年克显美，《载记》连上文作"克之"。"显美"，原作"美显"，据上文乙正。

守穷城，稽淹王宪，国有常刑，于分甘乎？"祎曰："明公开疆河右，声播宇内，文德以绥远人，威武以惩不恪，况祎蔑尔，敢距天命！衅鼓之刑，祎之分也。但忠于彼者，亦忠于此。荷吕氏厚恩，受藩屏之任，明公至而归命，恐获罪于执事，惟公图之。"傉檀大悦，释其缚，待之客礼。徙显美、丽軒二千余户而归。嘉祎忠烈，拜左司马。祎请曰："吕氏将亡，圣朝之并河右，昭然已定。但为人守而不全，复忝显任，窃所未安。明公之恩，听祎就戮于姑臧，死且不朽。"傉檀义而许之。

吕隆为沮渠蒙逊所伐，遣使乞师，利鹿孤引群下议之。尚书左丞婆衍崄曰："今姑臧饥荒残弊，谷石万钱，野无青草，资食无取。蒙逊千里行师，粮运不属，使二寇相残，以乘其衅。若蒙逊拔姑臧，亦不能守，适可为吾取之，不宜救也。"傉檀曰："崄知其一，未知其二。姑臧今虽虚弊，地居形胜，河西一都之会，不可使蒙逊据之，宜在速救。"利鹿孤曰："车骑之言，吾之心也。"遂遣傉檀率骑一万救之。至昌松而蒙逊已退，傉檀徙凉泽、段冢五百余家而归。（第997—998页）

## 卷九十　南凉录二

### 秃发傉檀

癸卯。［弘昌］二年（403）傉檀大城乐都。姚兴遣将齐难率众迎吕隆于姑臧，傉檀摄昌松、魏安二戍以避之。

兴凉州刺史王尚遣主薄宗敞来聘。敞父燮，吕光时自湟河太守入为尚书郎，见傉檀于广武，执其手曰："君神爽宏拔，逸气凌云，命世之杰也，必当克清世难。恨吾年老，不及见耳，以敞兄弟托君。"（第1004页）

## 卷九十二　西凉录一

### 李暠

李暠字玄盛，小字长生，陇西狄道一作"成纪"。人也①。……及长，颇习武艺，诵孙吴兵法。常与吕光太史令郭黁及其同母弟宋繇同宿，黁起谓繇曰："君当位极人臣，李君有国土之分。家有骝草马生白额驹，

---

① 陇西狄道人也，"狄道"，《偏霸部》同，本传作"成纪"。

此其时也。"（第1023页）

后凉吕光龙飞二年（397）①，建康太守京兆段业自称凉州牧②，号神玺元年③，以敦煌太守赵郡孟敏为沙州刺史，拜暠效谷令。敏寻卒。二年④，敦煌护军冯翊郭谦、沙州治中敦煌索仙等以暠温毅有惠政，推暠为宁朔将军、敦煌太守。暠初难之，会宋繇仕于业，告归敦煌，言于暠曰："兄忘郭黁之言邪! 白额驹今已生矣。"暠乃从之。（第1024页）

辛丑。［庚子］二年（401）初，吕光之称王也，遣使市六玺玉于于阗。至是，六月⑤，玉至敦煌，纳之郡府。此节见《御览》八百四。（第1025页）

## 卷九十三 西凉录二

### 李暠

丙午。建初二年（406）……初，暠之西也，留女敬爱养于外祖尹文。文既东迁，暠从姑梁褒之母养之。（第1031—1032页）

初，苻坚建元之末，徙江汉之人万余户于敦煌，中州之人有田畴不辟者，亦徙七千余户。郭黁之寇武威，武威、张掖已东人西奔敦煌、晋昌者数千户。及暠东迁，皆徙之于酒泉……（第1033页）

## 卷九十五 北凉录一

### 沮渠蒙逊

沮渠蒙逊，临松卢水胡人也。……蒙逊好学，博涉群史，颇晓天文，雄烈有英略，滑稽善权变，梁熙、吕光皆奇而惮之，故常游饮自晦。（第1053页）

光之王于凉土，使蒙逊自领营人配箱直，又以蒙逊伯父罗仇为西平太守，仇弟麹粥为三河太守⑥。（第1053页）

后凉龙飞二年（397），蒙逊伯父罗仇、麹粥从吕光子慕璝征河南王

---

① 后凉吕光龙飞二年，本传作"吕光末"，《偏霸部》作"后凉龙飞二年"。
② 建康太守，见《偏霸部》，本传无。
③ 号神玺元年，见《偏霸部》，本传无。
④ 二年，见《偏霸部》，本传无。
⑤ 六月，见《御览》卷八〇四引，本传无。
⑥ 光之王……三河太守，《载记》《偏霸部》无，见屠本卷九四。

乞伏乾归于枹罕①。光前军大败，麹粥言于兄罗仇曰："主上荒耄，骄纵诸子②，朋党相倾，谗人侧目。今军败将死，正是智勇见猜之日，可不惧乎！吾兄弟素为所惮，与其经死沟渎，岂若勒众向西平，出苕藋，奋臂大呼，凉州不足定也。"罗仇曰："理如汝言，但吾家累世忠孝，为一方所归，宁人负我，无我负人。"俄而皆为光所杀。宗姻诸部会葬者万余人，蒙逊哭谓众曰："昔汉祚中微，吾之乃祖翼奖窦融，保宁河右。吕王昏耄，荒虐无道，岂可坐观成败，不上继先祖安时—作"民"之志，下使二父有恨黄泉！"③众咸称万岁。遂斩光中田护军马邃、临松令井祥立盟约以盟④。一旬之间，众至万余，屯据金山。（第1053—1054页）

　　光遣吕纂逆击蒙逊，逊败绩，将六七人逃入山中，家户悉散亡。时从兄男成闻蒙逊起兵，亦合众数千，还屯乐涫，杀酒泉太守叠滕。蒙逊乃收集部曲⑤，与从兄男成推光建康太守段业为使持节、大都督、龙骧大将军、凉州牧、建康公，改吕光龙飞二年为神玺元年（397）。（第1054页）

　　神玺二年（398），业将使蒙逊攻西郡，众咸疑之。蒙逊曰："此郡据岭之要，不可不取。"业曰："卿言是也。"遂遣之。经旬不克⑥，蒙逊引水灌城，城溃，执太守吕纯以归。于是王德以晋昌，孟敏以敦煌降业。……业使男成及王德攻光常山公吕弘，弘不胜⑦，去张掖，将东走。业遂徙治张掖⑧，议欲击之。蒙逊谏曰："归师勿遏，穷寇弗追，此兵家之戒也。不如纵之，以为后图。"业曰："一日纵敌，悔将无及。"遂率众追之，为弘所败。业赖蒙逊而免，叹曰："孤不能用子房之言，

---

　　①后凉龙飞二年……枹罕，"后凉龙飞二年"，《载记》屠本卷九四无，《宋书》卷九八《氐胡传》载此事作"安帝隆安三年春"。"吕光子慕璝"，屠本同，《载记》作"吕光"，《宋书》卷九八《氐胡传》作"吕光遣子镇东将军纂"，按"慕璝"疑为"纂"之讹。"河南王乞伏乾归归于枹罕"，屠本同，《载记》但作"河南"。

　　②骄纵诸子，"骄纵"，《载记》无，见屠本卷九四。

　　③岂可……黄泉，"坐观成败"，《载记》无，见《偏霸部》。"时"，《载记》同，《偏霸部》作"民"。"下"，《载记》无，见《偏霸部》。

　　④立盟约以盟，《载记》作"以盟"，《偏霸部》作"立盟约"。

　　⑤光遣吕纂逆击蒙逊……收集部曲，《载记》《偏霸部》无，见屠本卷九四。

　　⑥经旬不克，《载记》无，见屠本卷九四。

　　⑦业使男成……弘不胜，《载记》无，见屠本卷九四。《御览》卷三一四引作"后凉吕弘攻段业于张掖，不胜"。

　　⑧遂徙治张掖，《载记》《御览》卷三一四引无，见屠本卷九四。

以至于此!"此节亦见《御览》三百十四、《通典》百六十二①。业筑西安城②此句亦见《初学记》二十四，以其将臧莫孩为太守。蒙逊曰:"莫孩勇而无谋,知进忘退,所谓为之筑冢,非筑城也。"业不从。俄而为吕纂所败。蒙逊惧业不能容己,每匿智以避之。(第1054—1055页)

[天玺元年(399)]吕光遣其二子绍、纂伐业,业请救于秃发乌孤,乌孤遣其弟利鹿孤及杨轨救业。绍以业等军盛,欲从三门关挟山而东。纂曰:"挟山示弱,取败之道,不如结阵卫之,彼必惮我而不战也。"绍乃引军而南。业将击之,蒙逊谏曰:"杨轨恃虏骑之强,有窥觎之志。绍、纂兵在死地,必决战求生。不战则有泰山之安,战则有累卵之危。"业曰:"卿言是也。"乃按兵不战。绍亦难之,各引兵归。此段亦见《通典》一百五十九。(第1055页)

辛丑。永安元年(401) ……[段]业,京兆人也。博涉史传,有尺牍之才,为杜进记室,从征塞表。儒素长者,无他权略,威禁不行,群下擅命,尤信卜筮谶记、巫觋征祥,故为奸佞所误。(第1057页)

时姚兴遣将姚硕德攻吕隆于姑臧,蒙逊遣从事中郎李典聘于兴,以通和好。蒙逊以吕隆既降于兴,酒泉、凉宁二郡叛降李暠,乃遣建忠挐、牧府长史张潜见硕德于姑臧,请军迎接,率郡人东迁。硕德大悦,拜潜张掖太守,挐建康太守。潜劝蒙逊东迁。挐私于蒙逊曰:"吕氏犹存,姑臧未拔,硕德粮竭将还,不能久也。何故违离桑梓,受制于人!"辅国莫孩曰:"建忠之言是也。"(第1058页)

壬寅。二年(402) 蒙逊与秃发傉檀共攻凉州,为吕隆所破。(第1058页)

甲辰。四年③(404) 遣辅国臧莫孩袭山北虏,大破之。姚兴遣将齐难率众四万迎吕隆,隆劝难伐蒙逊,难从之。莫孩败其前军,难乃结盟而还。(第1059页)

---

① "《通典》百六十二",原作"《通鉴》百六十一",今改。又按,《通典》文句同《御览》卷三一四引。

② 业筑西安城,《载记》同。《初学记》卷二四《城郭》"西安南武"条引作"沮渠蒙逊等推段业为凉州牧,业筑西安城"。

③ 编者注:永安四年,当作"永安三年"。

## 卷九十六 北凉录二

### 沮渠蒙逊

壬子。玄一作"王"始元年（412）冬十月，蒙逊迁都姑臧①，以义熙八年（412）十一月僭即河西王位于谦光殿②，大赦境内，改元玄始。置百官，始如吕光为三河王故事③。缮宫殿，起城门诸观。（第1067页）

---

① 玄始元年……迁都姑臧，"玄始元年冬十月"，《载记》无，见《偏霸部》，唯《偏霸部》误"玄始"为"正始"，《纂录》不误。"迁都"，《偏霸部》同，《载记》作"迁于"。
② 以义熙八年十一月僭即河西王位于谦光殿，"十一月""于谦光殿"，见《偏霸部》，《载记》无。
③ 置百官，始如吕光为三河王故事，《偏霸部》同，《载记》"百官"作"官僚"，无"始"字。

# 第四章

## 地志类

# 一、《洛阳伽蓝记》后凉史料

［北魏］杨衒之撰，周祖谟校释：
《洛阳伽蓝记校释》，北京：中华
书局，2010年。

## 卷五　城北"宋云惠生使西域"条

　　［宋云等］从鄯善西行一千六百四十里，至左末城。《大正新藏》
2086《北魏僧惠生使西域记》"左末"作"且末"。城中居民可有百家，土地无
雨，决水种麦，不知用牛，耒耜而田。城中图佛与菩萨，"城"字原
阙，"图"作"国"。今从《逸史》本校改。乃无胡貌，访古老云，是吕光伐胡
时所作。"时"字各本并无，今据《藏》本《惠生使西域记》补。○"左末"，《魏书·
西域传》作"且末"。《大唐西域记》卷十二作"沮沫"。《释迦方志》卷上作"且沫"。皆
同语之异译也。《魏书》云："且末国都且末城，在鄯善西，去代八千三百二十里。"前云
"鄯善去代七千六百里"，则鄯善至且末当为七百二十里。《水经注》卷二《河水》条云：
"且末国，治且末城，东去鄯善七百二十里。种五谷，其俗略与汉同。"此与《魏书》所
记相合。惟《释迦方志》卷上《遗迹篇》云："自沙州入碛七百余里，至纳缚波故国
（Navapa），即楼兰地，亦名鄯善。又西南千余里，至折摩陀那故国（Chalmadana），即沮
末地。"此本于《大唐西域记》，与本文一千六百余里之数相近。且末城，据近人所考，
当为今之且末县治车尔城（Charchan）或其附近（见 Thomas Watters，On Yuan Chwang's
Travels in India，Ⅱ，343—44）。○吕光，《魏书》卷九十五有传。光字世明，氐人，父婆
楼为前秦苻坚太尉。坚以光为骁骑将军。建元十八年（公元三八二）①，坚遣光伐龟兹、
乌耆②诸国。光至龟兹，王帛纯拒之，光乃结阵为勾锁之法，大破之，降者三十余国。光

---

① 编者注：建元十八年，当作"建元十九年"。
② 编者注：乌耆，当作"焉耆"。

　　既破龟兹，获鸠摩罗什。见慧皎《高僧传》卷二。还至凉州，闻苻坚已为姚苌所害，乃窃号关外，十余年而卒。史称后凉。（第171—172页）

# 二、《元和郡县图志》后凉史料

［唐］李吉甫撰，贺次君点校：
《元和郡县图志》，北京：中华书
局，1983年。

## 卷三十九　陇右道上

### 鄯州

后汉献帝分置西平郡，属凉州。前凉张轨分西平置晋兴郡。张天锡
以晋兴、西平二郡辽远，分为广源郡。后凉吕光改西平为西河郡，南凉
秃发乌孤自称武威王，徙都于此。（第991页）

## 卷四十　陇右道下

### 凉州

晋惠帝永宁元年（301），以张轨为刺史，持节领护羌校尉，会永嘉
之乱，因保据凉州，是为前凉，至张天锡，为苻坚所灭。后十余年，又
为吕光所据，是为后凉，至吕隆，为姚兴所灭。（第1017页）

昌松县，中。西北至州一百二十里。本汉苍松县，属武威郡。后凉置昌
松郡。县属焉。（第1020页）

嘉麟县，中下。东南至州七十里。本汉宣威县地，前凉张轨于此置武兴
郡[①]，后凉吕光改置嘉麟县，后废，万岁通天元年重置[②]。（第1020页）

---

① 置武兴郡，《考证》:官本作"兴武"，倒。
② 万岁通天元年重置，今按:《新唐志》云"神龙二年于故汉鸾鸟县城置，景龙元年省，先天二年
复置"，与此异。

**甘州**

初属张轨①，后凉末段业亦尝据此地，后业为北凉沮渠蒙逊所杀，据之，后又迁理姑臧。（第1021页）

**肃州**

初属张轨②，后凉吕光复据有其地。（第1023页）

---

① 初属张轨,《考证》:"初"字与上文义不相属,上应脱"东晋"字。

② 初属张轨,《考证》:上宜有"东晋"。

# 三、《太平寰宇记》后凉史料

［宋］乐史撰，王文楚等点校：《太平寰宇记》，北京：中华书局，2007年。

## 卷一百五十二 陇右道三

### 凉州

晋惠帝末，张轨求为凉州刺史，于是大城此地［姑臧］，为一会府以据之，号前凉。后苻秦末，吕光破凉州刺史梁熙，复为后凉，都于此郡。（第2935页）

**姑臧县，**元十乡。本汉旧县也。……灵泉池，在县南城中。《十六国春秋》云：张玄靓五年（359）"有大鸟青白色，舒翼二丈余，集于灵泉池"。后凉吕光太安三年（388），宴群僚于灵泉池，酒酣，语及政理。时刑法峻重，参军段业进曰："严刑重宪，非明王之义也。"光曰："商鞅之法至峻，而兼诸侯；吴起之术无亲，而荆蛮以霸，何也？"业曰："秦用苛法，禄祚不永。吴起任酷政，取灭会稽。大王受天明命，方君临四海，景行尧舜，犹惧有弊，奈何欲以申、商之末法，临道义之神州，岂此州士女所望于大王哉！"光改容谢之。（第2936—2937页）

**昌松县，**东南二百二十里。元六乡。本汉苍松县，属武威郡。《十六国春秋》云："后凉吕光麟嘉四年（392）以郭黁音香[1]言谶改为昌松，兼于此立东张掖郡。"至后周废郡，县仍旧隶凉州。（第2938页）

---

① 音香，万本、库本皆无此二字，傅校删，盖非乐史原文。

# 四、《十六国疆域志》后凉史料

〔清〕洪亮吉撰:《十六国疆域志》,二十五史刊行委员会编《二十五史补编(三)》,北京:中华书局,1998年,第4179—4183页。

## 卷十　后凉

### 凉州

凉州,《晋志》:张天锡降于苻氏,其地寻为吕光所据,及吕隆降于姚兴。《太平御览》称《后凉录》:建元二十一年(385)九月,光入姑臧,自领凉州刺史、护羌校尉;太安元年(386)十二月,群僚上光为侍中、中外都督、[都督]陇右诸军事、大将军、凉州牧、酒泉公;神鼎二年(402),秦遣鸿胪恒敦拜隆征北大将军、都督河西诸军[事]、凉州牧、建康公。案,后凉所统郡县,大略兼张氏所析之五州,而凉州外不闻别建州号,则诸郡并统于凉州,可知其前后以旧郡为主,所分新郡各分附于下,凡统旧郡六,增置郡二十一,又新置郡四,新改郡一,护军三。

武威郡,《晋书》:太元九年(384)①,苻坚武威太守彭济执梁熙请降,光表杜进为辅国将军、武威太守;光太安三年(388),杀进;纂以杨桓为凉都尹。领县五。案,杜进为武威太守,而《载记》云光既居都尹云云,则后凉以武威太守兼凉都尹也。

〔姑臧〕《后凉录》:建元二十一年(385)九月,光入姑臧。《晋

---

① 编者注:太元九年,当为"太元十年"。

志》：吕光都于姑臧。张大豫进逼姑臧。杨轨率步骑二万北赴郭䴰，至姑臧，垒于城北。咸宁二年（400），纂略地建康，闻傉檀寇姑臧，乃还。姚硕德率众至姑臧，吕超出战，大败，遁还。姑臧谷价踊贵，斗直钱五千文，人相食，饿死者十余万口，城门尽闭，樵采路绝。神鼎二年（402）、三年（403），傉檀频攻姑臧，隆请迎于姚兴，兴遣其将齐难等步骑四万迎之。难至姑臧，隆素车白马迎于道旁，率户一万随难东迁。有龙翔殿（《鸠摩罗什传》：以纂时龙出东厢井中，于殿前蟠卧，纂以为美瑞，因号其殿为龙翔殿）、谦光殿（《后凉录》：纂入自青角门，升谦光殿）、新堂（光宴群臣于内苑新堂）、湛露堂（纂见绍于湛露堂，吕超执刀持侧）、琨华堂（纂将吕超等游于内，至琨华堂东阁，超取剑击纂）、宣德堂（《后凉录》：超刺纂洞胸，奔于宣德堂，将军魏益［多］入斩纂首以徇）、东宫（纂召吕弘妻及男女，置于东宫，厚赡之）、紫阁（吕绍登紫阁，自杀）、融明观（左卫齐从守融明观，因抽剑斫纂）、当阳门（《郭䴰传》：苻坚末，当阳门震，凉州刺史梁熙以问䴰）、朱明门、青阳门（吕纬据北城自守，傉檀置酒朱明门，耀兵于青阳门而还）、广夏门（纂夜率壮士数百，踰北城，攻广夏门）、青角门（纂入自青角门）、洪范门（郭䴰叛，夜烧洪范门，又弘率东苑之众斫洪范门）、龙兴门（《鸠摩罗什传》：有黑龙升于当阳九宫门，纂改九宫门为龙兴门）、天渊池（段龟龙《凉州记》：吕光幸天渊池，时天清朗，忽然起雾，有五色云在光上）、灵泉池（《太平寰宇记》称《后凉录》：吕光太安三年（388）宴群臣于灵泉池，池在县南城中）、休屠故城（凉人张捷等招集戎夏三千人及于休屠故城，《水经注》：姑臧城西有马城，东城即休屠之故城也）、逍遥园（《后凉录》：太安三年（388）八月，甘露降逍遥园。案：逍遥园，盖吕光所置）、东西苑（郭䴰据东苑以叛，䴰得光孙八人于东苑，及兵败，恚甚，投之于锋刃之上，枝分节解，饮血盟众。吕弘率东苑之众斫洪范门，攻纂。姚硕德攻吕隆，隆将吕佗帅东苑之众降于秦。胡三省云：姑臧有东西苑城）、天梯山（段业疗疾于天梯山）、杨坞（光建康太守李隰等起兵应张大豫，有众三万，保据杨坞，张大豫自杨坞进屯姑臧城西。胡三省云：杨坞在姑臧城西）、凉泽（傉檀至昌松，闻蒙逊已退，乃徙凉泽段家民五百余户而还。胡三省云：即《禹贡》猪野泽也，又曰休屠泽，在武威县东）、吕光墓（《后凉录》：光薨，葬于高陵）、吕纂墓（纂死，墓号白石陵）。

〔祖厉〕有阳武下峡（晋隆安初，光攻乞伏乾归，拔金城，遣其将梁恭等出阳武下峡，攻其东。案：今在靖远县。）

〔宣威〕

〔揖次〕《晋书》：魏安人焦松、齐肃、张济等起兵数千，迎张大豫于揩次。

〔显美〕《晋书》：傉檀克显美，执孟祎。

〔骊軒〕

〔鹯阴〕《晋书》：尉祐从弟随据鹯阴应祐。

武兴郡，《元和郡县志》：嘉麟县本汉宣威县地，前凉张轨于此置武兴郡，后凉吕光改置嘉麟县。案：县疑即改武兴县，所置以无明文，姑并列入，领县九。

〔嘉麟〕

〔武兴〕

〔大城〕

〔乌支〕

〔襄武〕

〔晏然〕

〔新鄣〕

〔平狄〕

〔司监〕

西平郡，《后凉录》：吕光太安二年（387），西平太守康宁自称匈奴王，阻兵不从。《北凉录》：光以蒙逊伯父罗仇为西平太守。领县四。

〔西都〕 有龙支堡。（梁饥，退屯龙支堡。胡三省云：堡当在西平界。）

〔临羌〕

〔长宁〕

〔安夷〕

昌松郡，《元和郡县志》：后凉置。《太平寰宇记》：本汉苍松县地，属武威郡。《后凉录》：太安二年（387）（案：昌松郡疑即此年前所立，胡三省以为张氏时置，恐误），光以郭黁谶言，改昌松郡为东张掖郡（又云后凉吕光麟嘉四年（392），以郭黁谶言，改为昌松县，兼于此立东张掖郡，与此微异），胡三省《通鉴》注：吕光改昌松为东张掖郡，寻复为昌松郡。《晋书》：魏安人焦松等攻陷昌松郡，光遣其将杜进讨之，为所败；傉檀攻吕隆昌松太守孟祎于显美。领县可考者二。

〔昌松〕《图经》称《舆地广记》：吕光改苍松为昌松。

〔魏安〕《晋书》：张大豫奔秃发思复鞬，思复鞬送之魏安，魏安人焦松等起兵迎大豫。郭黁闻兵败，东走魏安。魏安人焦朗说姚兴将姚硕德伐姑臧。案，县当系吕氏初与郡同建。

**番禾郡**，《后凉录》：番禾太守吕超擅伐鲜卑思盘，思盘诉超于纂。《晋书》：纂改封吕弘番禾郡公。案，此则后凉时已有番禾郡。（《通志》亦云：后凉置番禾郡。）《元和郡县志》：北凉沮渠蒙逊立番禾郡，盖误。（胡三省亦云：郡盖吕氏置。）领县可考者一。

〔番禾〕《晋书》：杨统至番禾，奔归郭黁。

**金城郡**，《晋书》：光擢尉祐为宁远将军、金城太守。麟嘉四年（392），光遣南中郎将吕方及其弟右将军吕宝等讨乞伏乾归于金城，方屯河北，宝进师济河，为乾归所败，宝死之。龙飞二年（397），光使吕纂等步骑三万攻金城，乾归率众二万救之。光又遣王宝、徐炅率骑邀之，乾归惧，不进。吕纂克金城，擒乾归金城太守卫鞬。《北史·张湛传》：祖质，仕凉位金城太守。案，后凉郡县不能得其次第，今以晋地志旧郡为次，惟武威郡以光建都所在，故首列焉。领县六。

〔允吾〕《晋书》：尉祐次允吾，袭据外城以叛。案，允吾县汉末省，然《前赵录》：建元元年（315），曜进攻上郡，上郡太守张禹奔允吾，则西晋末年已有此县，疑怀愍时所立也。又考后凉金城郡，盖尚治允吾，故尉祐为金城太守，袭允吾外城以叛也。有兴城（光将姜飞击败尉祐，祐奔据兴城。龙飞三年（398），李鸾以兴城降秃发乌孤。案，《水经注》引阚骃曰：允吾县西四十里有小晋兴城，当即此）。

〔金城〕有长最（光讨乞伏乾归，次长最）。

〔榆中〕

〔允街〕

〔浩亹〕《后凉录》：太元二十一年（396），五龙见于浩亹，光以为己瑞，改元龙飞。有三堆（利鹿孤遣弟傉檀拒纂，战于三堆，纂败绩）、浩亹河（纂伐秃发利鹿孤，度浩亹河，为鹿孤弟傉檀所败，遂西袭张掖。《史记索隐》称《太康地记》云：河北得水为河，塞外得水为海也）。

〔盘夷〕《晋书》：吕纂等南讨彭奚念，战于盘夷，大败而归。案，县当是后凉所立。

**西河郡**，《元和郡县志》：后凉吕光改西平为西河郡。《晋书》：光西平太守康宁自称匈奴王，阻兵叛光，光屡讨之不克。光复徙西海郡人于

西河、乐都。光西河太守程肇。《郭黁传》：西平太守赵凝。《魏书》：光
杀西平太守沮渠罗仇。案，《艺文类聚》称《凉记》：凉王吕光麟嘉二年
（390），以沮渠罗仇为西宁太守，西宁疑当作西平。凡领县四。

〔西都〕

〔临羌〕有僰海（杨轨为羌酋梁饥所败，西奔僰海。阚骃曰：金城临羌县西有卑禾
羌海。郦道元云：古西零之地也）。

〔长宁〕

〔安夷〕

乐都郡，《晋书》：隆安二年（398），凉乐都太守田瑶降于秃发乌
孤。《元一统志》：东晋末，后凉吕光置乐都郡，盖因山谷为名。领县可
考者一。

〔茗藋〕

晋兴郡，后凉领县九。

〔晋兴〕

〔枹罕〕《晋书》：麟嘉四年（392），光攻克枹罕，彭奚念奔甘松。
吕延败死，延将耿稚等收散卒屯枹罕。

〔白石〕案，前凉时改汉白石县为永固，后凉概又复旧。《晋书》：
郭黁遣军邀吕纂于白石，纂大败。

〔临津〕

〔临鄣〕

〔广昌〕

〔遂兴〕

〔罕唐〕

〔左南〕《晋书》：光亲讨乾归、奚念，遣吕纂等军于左南。

张掖郡，《晋书》：太安二年（387），光将徐炅与张掖太守彭晃谋
叛，光遣师讨炅，炅奔晃，纂①遂西袭张掖，围之。吕弘镇张掖，龙飞
三年（398），弘弃张掖东走，段业徙治张掖。咸宁三年（401），纂进围
张掖，略地建康。领县五。

〔永平〕

---

① 编者注："纂"当作"光"。

〔临泽〕

〔**金泽**〕本玉门县。《晋书》：光至玉门，梁熙传檄责光擅命还师。《后凉录》：麟嘉元年（389）正月，麟见金泽县。《艺文类聚》称《凉州记》：吕光时，张掖金泽有麟，见群兽皆从，改年麟嘉。

〔屋兰〕

〔**氐池**〕《晋书》：张掖督邮傅曜考核属县，丘池令尹兴杀之，曜见梦于光，光遣使覆之，如梦，杀兴。《图经》：太和三年，纂烧氐池、张掖谷麦而遁。案，两汉张掖有氐池县。《晋书·武帝纪》：泰始三年（268）四月，张掖太守焦胜上言：氐池大神谷口有玄石一所，白书成文。是晋初有氐池县，本未尝省，《地理志》失载也，丘池即氐池之误。有南亭（傅曜见梦于光云：氐池令尹兴杀臣，投于南亭空井中）。

**西安郡**，《晋书》：光西安太守石元良率步骑五千赴难，与纂共击郭麝军，破之。龙飞三年（398），段业城西安，以其将臧莫孩为太守。案，西安郡当属后凉所置，胡三省以为业置西安郡于张掖东境，误也。

县无考。

**西郡**，《晋书》：张大豫自西郡诣临洮。龙飞三年（398），蒙逊攻临洮，引水灌城，城溃，执太守吕纯以归。领县五。

〔日勒〕

〔删丹〕

〔兰池〕

〔万岁〕

〔仙提〕

**酒泉郡**，《后凉录》：太安元年（386），苻丕以光为车骑大将军、凉州牧，领护西域大都督、酒泉公。三年（388），白燕翔于酒泉，众燕成列而从之。《晋书》：凉州刺史梁熙遣子胤等，距光于酒泉。王穆袭据酒泉，自称大将军、凉州牧。太安二年（387），光率步骑二万攻酒泉，克之。光酒泉太守垒澄。领县六。

〔**福禄**〕《晋书》：沮渠男成进攻福禄、建安，宁戎参军赵策[1]击败之。有南山（郭瑀还酒泉南山赤崖阁，饮气而卒）。

---

① 编者注：宁戎参军赵策，《晋书》卷一二二《吕光载记》作"宁戎护军"。

〔会水〕有合离山（《十六国春秋》：吕光遣吕纂讨段业，战于合离。《水经注》：合离山，在酒泉会水县东北）。

〔安弥〕《晋书》：光遣将彭晃等与梁胤战于安弥，破擒之。

〔骑马〕《晋书》：王穆单骑奔骑马，骑马令郭文斩首送之。

〔表氏〕

〔延寿〕

敦煌郡，《晋书》：王穆以其党索嘏为敦煌太守，既而忌其威名，率众攻嘏。太安三年（388），敦煌太守宋歆。龙飞三年（398），敦煌太守孟敏以郡降段业。领县六。

〔昌蒲〕

〔敦煌〕

〔龙勒〕有玉门关（《后凉录》：吕光平龟兹东还，自高昌至玉门。《元和郡县志》：在龙勒县西）。

〔阳关〕

〔效谷〕

〔乾齐〕

晋昌郡，《晋书》：沮渠男成先为将军守晋昌，闻蒙逊起兵，亦叛。龙飞三年（398），晋昌太守王德以郡降段业。领县七。

〔伊吾〕有伊吾关〔高昌太守杨翰说凉州刺史梁熙距守高梧、伊吾二关，熙不从〕、风穴〔太安二年（387），光遣房晷至晋昌祀风穴〕。

〔冥安〕

〔渊泉〕

〔广至〕

〔沙头〕

〔会稽〕

〔新乡〕

凉兴郡，《晋书》：太安二年（387），光破酒泉，进次凉兴。领县三。

〔凉兴〕

〔乌泽〕

〔宜禾〕光自龟兹还至宜禾。

西海郡，《晋书》：光徙西海郡人于诸郡。顷之，遂相扇动，复徙之于河西、乐都。《郭黁传》：吕光西海太守王祯。领县一。

〔居延〕

高昌郡，《晋书》：光至高昌，太守杨翰以郡迎降。麟嘉五年（394），光以子覆为使持节、镇西将军、都督玉门以西诸军事、西域大都护，镇高昌。领县一，有高梧谷（秦凉州刺史梁熙谋闭境拒光，高昌太守杨翰劝熙守高梧谷口。胡三省云：高梧谷口，当在高昌西界。案，《晋书·载记》作高桐）。

〔田地〕

建康郡，《晋书》：建康太守李隰起兵应张大豫；王穆为光将彭晃等所败，奔建康。麟嘉三年（391），光署段业为建康太守；沮渠男成进攻建康，推建康太守段业为大都督、龙骧大将军、凉州牧、建康公。吕纂略地建康。《后凉录》：秦封隆建康公。

〔乐涫〕《后凉录》：沮渠男成自福禄败奔乐涫。

祁连郡，《晋书》：祁连都尉严纯起兵应张大豫。领县二。

〔祁连〕

〔汉阳〕

临松郡，《晋书》：三河太守沮渠麹粥、罗仇弟子蒙逊叛光，杀中田护军。案《宋书·氐胡传》作临松护军马邃攻临松郡。领县一。

〔临松〕《晋书》：临松令井祥为蒙逊所杀。有合离（蒙逊与吕纂战于合离，纂大败。《鸠摩罗什传》作合黎。《太平寰宇记》：张掖县有合黎水，县本汉张掖鱳得县地，后乃立临松郡）。

三河郡，《后凉录》：光三河太守沮渠麹粥。案，郡盖吕氏所置。

〔白土〕本属金城郡。《图经》：后凉吕光置三河郡，治白土县，三河谓金城河、赐支河、湟河也。义熙八年（411），西秦乞伏炽磐攻南凉三河太守吴阴于白土，克之。《晋书》：南羌彭奚念入攻白土，都尉孙峙退奔兴城。有白土津（彭奚念于白土累石为堤，以水自固）、湟河（光遣将军王宝潜趋上津，夜渡湟河）、石隥（光济自石隥，攻克枹罕）。

浇河郡，《图经》：吕光置浇河郡。《后凉录》：浇河太守王推。县无考。

湟河郡，《后凉录》：光西平太守康宁自称匈奴王，杀湟河太守强禧以叛。《晋书》：光湟河太守宋燮①。

县无考。

**陇西郡**，后凉领县三。②

〔襄武〕

〔首阳〕

〔临洮〕《晋书》：光弟天水公延以枹罕之众攻临洮、武始、河关，皆克之。③沮渠蒙逊进屯临洮，④为段业声势。有俱城⑤（张大豫自西郡诣临洮，驱掠城下百姓五千余户，保据俱城。胡三省云：俱城在临汾⑥界）。

**广武郡**，《晋书》：张大豫奔广武，广武人执大豫送之，斩于姑臧市。《后凉录》：吕方镇广武，篡篡后，吕超、吕弘并出奔广武。咸宁三年（401），方率广武民三千余户奔利鹿孤。⑦领县五。

〔广武〕 有街亭（《后凉录》：秃发乌孤攻凉金城，吕光遣将军窦苟来，战于街亭，凉兵大败）、廉川堡（杨轨闻郭黁走，南奔廉川。胡三省云：廉川在湟中）。

〔令居〕

〔枝阳〕

〔永登〕

〔振武〕

**武始郡**，《晋书》：光封杜进武始侯。⑧领县一。

〔狄道〕⑨

**临池郡**，《晋书》：段业以蒙逊为临池太守。案，郡盖吕氏所置。领县一。

〔临池〕 案《蒙逊载记》：段业封蒙逊为临池侯，疑临池郡有临池

---

① 编者注："宋燮"当作"宗燮"。

② 编者注：后凉未曾统治陇西郡。

③ 编者注：后凉吕延攻克西秦之临洮等地，确在陇西郡境。

④ 编者注：沮渠蒙逊进屯之"临洮"，地在河西。郑炳林《前凉行政地理区划初探（凉州）》（《敦煌学辑刊》1993年第1期）、魏俊杰《十六国疆域与政区研究》（复旦大学出版社，2018年）等考证认为，此临洮县，隶属西郡。

⑤ 编者注：此"俱城"，在西郡临洮县境，非陇西郡临洮县境。

⑥ 编者注："临汾"当作"临洮"。

⑦ 编者注：《资治通鉴》卷一一一载，吕方降后秦，广武民三千户奔南凉秃发利鹿孤。

⑧ 编者注：《晋书》卷一二二《吕光载记》记杜进受封武始侯时，时吕光未占据武始郡，当为虚封。

⑨ 编者注：《晋书》卷一二二《吕光载记》记吕延等攻克西秦狄道等地，但旋即失守，并未建立实际统治。

县也。

**中田护军**，《晋书》：蒙逊杀中田护军马邃。胡三省云：盖吕光置。今考沮渠法弘于苻坚时已为中田护军，则军盖前秦所立，胡注误也。

**宁戎护军**，《载记》：光宁戎护军赵策。

**北部护军**，《晋书》：吕隆拜北部护军。案，《艺文类聚》称段龟龙《凉州记》：吕光太安三年（388），白雀巢阳川令盖敏室；又云吕光躬扑蝗虫，幸扬川濠水北，大驾所到，虫寻殄尽。扬川所在及属何郡，俟再考。

第五章

佛传类

# 一、《高僧传》后凉史料

[南朝梁] 释慧皎撰，汤用彤校
注，汤一玄整理《高僧传》，北
京：中华书局，1992年。

## 卷第二

### 译经中·晋长安鸠摩罗什

鸠①摩罗什②，此云③童寿，天竺人也，家世国相。……什既道流④西
域，名被东川⑤。时苻坚僭号关中，有外国前部王及龟兹王弟并来朝
坚，坚⑥引见，二王⑦说坚云："西域多产珍奇，请兵往定，以求内附。"
至苻坚建元十三年（公元三七七年）⑧岁次丁丑正月，太史奏云："有星
见于⑨外国分野，当有大德智人，入辅中国。"坚曰："朕闻西域有鸠摩
罗什，襄阳有沙门释⑩道安⑪，将非此耶。"即遣使求之。至十七年（公
元三八一年）二月，善⑫善王、前部王等，又说坚请兵西伐。十八⑬年

---

①《内典录》"鸠"上有"晋安帝世天竺国三藏法师"十一字；《珠林》"鸠"上有"晋长安有"四字；
《开元录》"鸠"上有"沙门"二字。

②《内典录》"什"下有"婆"。

③《祐录》卷十四"此云"作"齐言"；《内典录》《开元录》作"秦言"。

④《祐录》卷十四、《开元录》"流"作"震"。

⑤三本、金陵本、《祐录》、《开元录》"川"作"国"。

⑥三本、金陵本"坚"下有"于正殿"。

⑦三本、金陵本"王"下有"因"。

⑧宋本"三"作"二"。

⑨三本、金陵本、《祐录》、《开元录》、《晋书》、《珠林》无"于"。

⑩三本、金陵本无"释"。

⑪《祐录》《晋书》《开元录》无"襄阳有……道安"八字。

⑫三本、金陵本"善"作"鄯"。

⑬《祐录》《开元录》"八"作"九"。

（公元三八二年）九月，坚遣骁骑将军吕光、陵江将军姜飞①，将前部王及车师王等，率兵七万，西伐龟兹及乌耆②诸国。临发，坚饯光于建章宫，谓光曰："夫帝王应天而治，以予爱苍生为本，岂贪其地而伐之乎，正以怀道之人故也。朕闻西国③有鸠摩罗什，深解法相，善闲阴阳，为后学④之宗，朕甚思之。贤哲者，国之大宝，若克龟兹，即驰驿送什⑤。"光军未至，什谓龟兹王白纯曰："国运衰矣，当有勍敌。日下人从东方来，宜恭承之，勿抗其锋。"纯不从而战，光遂破龟兹，杀纯，立纯弟震为主。光既获什⑥，未测其智量。见年齿尚少，乃凡人戏之⑦，强妻以龟兹王女，什距而不受，辞甚苦到。光曰："道士之操，不逾先父，何可⑧固辞。"乃饮以醇酒，同闭密室。什被逼既至，遂亏⑨其节。或令骑牛及乘恶马，欲使堕落。什常怀忍辱，曾无异色，光惭愧而止。光还中路，置军于山下，将士已休。什曰："不可在此，必见狼狈，宜徙⑩军陇上。"光不纳。至夜果大雨，洪潦暴起，水深数丈，死者数千，光始密而异之。什谓光曰："此凶亡之地，不宜淹留。推运揆数，应速言归，中路必有福地可居。"光从之⑪，至凉州，闻苻坚已为姚苌所害，光三军缟素，大临城南，于是窃号关外⑫，称年太安。

太安元⑬年（公元三八六年）正月，姑臧大风，什曰："不祥之风，当有奸叛，然不劳自定也。"俄而梁谦、彭晃相系而叛⑭，寻皆殄灭。至光⑮龙飞二年（公元三九七年），张掖临松卢水胡沮渠男成及从弟蒙逊反，推建康太守段业为主，光遣庶子秦州刺史太原公纂率众五万讨之。

---

① 三本、金陵本"飞"下有"等"。
② 编者注：乌耆，"乌"当为"焉"之讹误。
③ 《金藏》无"国"。
④ 《祐录》卷十四、《开元录》"后"作"彼"。
⑤ "驰"字原脱，据高丽藏本补。
⑥ 参看《晋书》载记二十二《吕光传》。
⑦ 《北山录》卷三谓："吕光入龟兹获罗什，榼其头令倒乘驼，什无愠色。"
⑧ 三本、金陵本、《祐录》、《晋书》"可"作"所"。
⑨ 三本、金陵本、《祐录》"亏"作"虧"。
⑩ 原本"徙"作"徒"，据弘教本、金陵本、《洪音》、《祐录》、《晋书》、《珠林》、《开元录》改正。
⑪ 《晋书》"从之"作"还"。
⑫ 《晋书》"关外"作"河右"。
⑬ 元本、明本"元"作"二"。
⑭ 三本、金陵本、《祐录》"係而叛"作"继而反"；金藏"叛"作"反"。
⑮ 三本、金陵本"至光"作"光至"。

时论谓业等乌合，纂有威声，势必全克。光以访①什，什曰："观察此行，未见其利。"既而纂败绩于合梨②。俄又郭麐③作乱，纂委大军轻还，复为麐所败，仅以身免。

光中书监张资，文翰温雅，光甚器之，资病，光博营救疗。有外国道人罗叉云："能差资疾。"光喜，给赐甚重。什知叉诳诈，告资曰："叉不能为，益④徒烦费耳，冥运虽隐，可以事试也。"乃以五色系⑤作绳结之，烧为灰末，投水中，灰若出水还成绳者，病不可愈，须臾，灰聚浮出，复绳本形。既而又⑥治无效，少日资亡。顷之，光又卒，子绍袭位。数日，光庶子纂杀绍自立，称元咸宁。

咸宁二年（公元四〇〇年），有猪生子，一身三头。龙出东厢井中，到殿前蟠卧，比旦失之，纂以为美瑞，号大殿为龙翔殿。俄而有黑龙升于当阳九宫门，纂改九宫门为龙兴门。什奏曰："皆⑦潜龙出游，豕妖表异。龙者阴类，出入有时，而今屡见，则为灾眚⑧，必有下人谋上之变。宜克其⑨修德，以答天戒⑩。"纂不纳，与什博，戏杀［什子］⑪，纂曰："斫胡奴头。"什曰："不能斫胡奴头，胡奴将斫人头。"此言有旨，而纂终不悟。光弟保⑫有子名超，超小字胡奴，后果杀纂斩首，立其兄隆为主，时人方验什之言也。

什停凉积年，吕光父子既不弘道，故蕴其深解，无所宣化，苻坚已亡，竟不相见。及姚苌僭有关中，亦挹⑬其高名，虚心要请。诸吕以什

---

① 三本、金陵本、《祐录》"访"作"问"。

② 编者注：合梨，《晋书》卷九五《鸠摩罗什传》作"合黎"。

③ 原本及各本"麐"均作"馨"。按郭麐《晋书》列传六十五有传，据改，下同。麐作乱事在安帝隆安元年（公元三九七年）。

④ 三本、金陵本"益"作"盖"。

⑤ 三本、金陵本、《祐录》、《晋书》"系"作"丝"。

⑥ 金陵本、《祐录》"又"作"叉"。

⑦ 编者注：皆，《晋书》卷九五《鸠摩罗什传》作"比日"。按，"皆"当为"比日"二字连缀讹书为一字，改作"比日"，文意较"皆"似更通。

⑧ 《金藏》"灾眚"作"灾祟"；《洪音》"眚"作"崇"。

⑨ "其"误，据弘教本、金陵本、《祐录》、《晋书》当作"己"。

⑩ 三本、金陵本"戒"作"威"。

⑪ 编者注："杀"字后当有夺字，屠乔孙等辑《十六国春秋》卷八二《后凉录二》作"杀罗什子"，当是。

⑫ 编者注："保"，《晋书》卷一二二《吕光载记》作"宝"。

⑬ 三本、金陵本、《祐录》、《开元录》"亦挹"作"闻"。

智计多解，恐为姚谋，不许东入。及苌卒，子兴袭位，复遣敦请。兴弘始三年（公元四〇一年）三月，有树连理，生于广①庭，逍遥园葱变为茝②，以为美瑞，谓智人应入。至五月，兴遣陇西公硕德西伐吕隆，隆军大破。至九月，隆上表归降，方得迎什入关。以其年十月二十日至于长安③。兴待以国师之礼，甚见优宠。（第45—52页）

①三本、金陵本、《祐录》、《珠林》"广"作"庙"。
②《洪音》、《祐录》、《珠林》《金藏》"茝"作"薝"。
③按《敦煌罗什传》云："年三十五岁方达秦中。"似与其他资料不合。

# 二、《出三藏记集》后凉史料

［南朝梁］释僧祐撰，苏晋仁、萧炼子点校《出三藏记集》，北京：中华书局，1995年。

## 卷十四

### 鸠摩罗什传第一

鸠摩罗什，齐言童寿①，天竺人也。……［罗］什道震西域，声被东国。苻氏建元十三年（377），岁次丁丑，正月，太史奏有星见外国分野，当有大德智人入辅中国。坚素闻什名，乃悟曰："朕闻西域有鸠摩罗什，将非此耶？"十九年（383），即遣骁骑将军吕光将兵伐龟兹及焉耆诸国。临发，谓光曰："闻彼有鸠摩罗什，深解法相，善闲阴阳，为后学之宗，朕甚思之。若克龟兹，即驰驿送什。"光军未至，什谓其王帛纯曰："国运衰矣，当有勍敌。日下人从东方来，宜恭承之，勿抗其锋。"纯不从而战，光遂破龟兹，杀纯获什。光性疏慢，未测什智量，见其年尚少，乃凡人戏之，强妻以龟兹王女。什拒而不受，辞甚苦到。光曰："道士之操不逾先父，何所苦辞？"乃饮以醇酒，同闭密室。什被逼既至，遂亏其节。或令骑牛及乘恶马，欲使堕落。什常怀忍辱，曾无异色，光惭愧而止。光还中路，置军于山下，将士已休。什曰："不可在此，必见狼狈，宜徙军陇上。"光不纳。至夜果大雨，洪潦暴起②，水深数丈，死者数千。光始敬异之。什谓光曰："此凶亡之地，不宜淹

---

① 齐言童寿，"齐"字宋本、碛砂本、元本、明本作"秦"，兹从丽本。
② 洪潦暴起，"暴"字宋本、碛砂本、元本、明本作"瀑"，兹从丽本及《智昇录》四引。

留①，推数揆运，应速言归，中路必有福地可居。"光从之。至凉州，闻苻氏已灭，遂割据凉土，制命一隅焉。

正月，姑臧大风，什曰："不祥之风，当有奸叛，然不劳自定也。"俄而梁谦、彭晃相继而反，寻皆殄灭。光龙飞二年（397），张掖卢水胡沮渠男成及从弟蒙逊反，推建康太守段业为主。光遣子太原公纂率众五万讨之。时论谓业等乌合，纂有威声，势必全克。光以问什，什曰："观察此行，未见其利。"既而纂败绩，仅以身免。光中书监张资，文翰温雅，识量沉粹，寝疾困笃。光博营救疗，有外国道人罗叉，云能差资病，光喜，给赐甚丰。什知叉诳诈，告资曰："叉不能为益，徒烦费耳。冥运虽隐，可以事试也。乃以五色丝作绳结之，烧为灰末，投水中。灰若出水还成绳者，病不可愈。"须臾灰聚浮出②，复绳本形。既而叉治无效，少日资亡。顷之，吕光卒③，纂袭伪位。咸宁二年（400），有猪生子，一身三头。龙出东厢井中，到殿前蟠卧，比旦失之。纂以为美瑞，号大殿为龙翔殿。俄而有黑龙升于当阳九宫门，纂改九宫门为龙兴门。什奏曰："比日潜龙出游，豕妖表异。龙者阴类，出入有时，而今屡见，则为灾害。必有下人谋上之变。宜克己修德，以答天戒④。"纂不纳。与什博，戏杀綦曰："斫胡奴头。"什辄答曰："不能斫胡奴头，胡奴将斫人头。"此言有旨，纂终不悟。后纂从弟超，小字胡奴，果杀纂斩首。其预睹征兆，皆此类也。

停凉积年，吕光父子既不弘道，故韫其经法，无所宣化。苻坚已亡，竟不相见。姚苌闻其高名，虚心要请，到晋隆安二年（398）⑤，吕隆始听什东。既至姑臧，会苌卒⑥，子兴立，遣使迎什。弘始三年（401），有树连理生于朝庭⑦，逍遥园葱变为薤⑧。到其年十月二十日，什至长安，兴待以国师之礼，甚见优宠。（第530—533页）

---

① 不宜淹留，"宜"字宋本、碛砂本、元本、明本作"可"，兹从丽本及《智昇录》四引。
② 须臾灰聚浮出，"聚"字丽本、宋本作"散"，兹从碛砂本、元本、明本。
③ 吕光卒，"卒"字丽本作"亡"，兹从宋本、碛砂本、元本、明本。
④ 以答天戒，"戒"字宋本、碛砂本、元本、明本作"威"，兹从丽本。
⑤ 编者按：晋隆安二年，吕光尚在，吕隆未继位，时间不确，当作隆安五年（401）。
⑥ 会苌卒，"卒"字丽本作"崩"，兹从宋本、碛砂本、元本、明本。
⑦ 有树连理生于朝庭，"庭"字宋本、碛砂本、元本、明本作"廷"，兹从丽本。
⑧ 逍遥园葱变为薤，"薤"字宋本及《梁传》二本传、《智昇录》四引作"茝"，兹从丽本、碛砂本、元本、明本。

### 佛陀耶舍传第二

佛陀耶舍，齐言觉明[①]，罽宾人也。……二十七，方受具戒。以读诵为务，手不释牒，每端坐思义，不觉虚中而过。其专精如此。

后至沙勒国，时太子达摩弗多，齐言法子[②]，见其容服端雅[③]，问所从来。耶舍酬对清辩，太子悦之。仍请宫内供养，待遇隆厚。罗什后至，从其受学《阿毗昙》、《十诵律》，甚相尊敬。什随母东归，耶舍留止。顷之，王薨，太子即位，王孙为太子。时苻坚遣吕光攻龟兹，龟兹王急，求救于沙勒，王自率兵救之，使耶舍留辅太子，委以后任。救军未至而龟兹已败。王归，具说罗什为光所执，乃叹曰："我与罗什相遇虽久，未尽怀抱，其忽羁虏，相见何期。"停十余年，王薨，因至龟兹，法化甚盛。

时什在姑臧，遣信要之。……行达姑臧，而什已入长安……（第536—537页）

---

① 齐言觉明，"齐"字宋本、碛砂本、元本、明本作"秦"，兹从丽本。
② 齐言法子，"齐"字宋本、碛砂本、元本、明本作"秦"，兹从丽本。
③ 见其容服端雅，"服"字丽本作"貌"，兹从宋本、碛砂本、元本、明本及《梁传》二本传。

# 三、《法苑珠林》后凉史料

［唐］释道世撰，周叔迦、苏晋仁校注《法苑珠林校注》，北京：中华书局，2003年。

## 卷五

### 第二人道部·感应缘·吕光长八尺四寸

《凉记》曰：吕光，字世明。连结豪贤，施与待士。身长八尺四寸，目重瞳子，左肘生肉印。性沉重质略，宽大有度量。时人莫之识，唯王猛布衣时异之曰："此非凡人。"① （第160页）

## 卷二十五

### 见解篇第十七·感应缘·晋沙门竺鸠摩罗什

晋长安有鸠摩罗什，此云童寿，天竺人也。……［罗］什既道流西域，名被东川②。时苻坚伪号关中，有外国前部王及龟兹王弟并来朝坚，坚引见。二王说坚云："西域多产珍奇，请兵往定，以求内附。"至坚建元十三年（377）岁次丁丑正月，太史奏云："有星见外国分野，当有大德智人入辅中国。"坚曰："朕闻西域有鸠摩罗什，襄阳有沙门道安，将非此邪？"即遣使求之。至十七年（381）二月，鄯鄯王、前部王等又说坚，请兵西伐。十八年（382）九月，坚遣骁骑将军吕光、陵江将军姜飞将前部王及车师王等，率兵七万，西伐龟兹及焉耆③诸国。临

---

① 见《太平御览》卷三七七引《凉州记》。
② "川"字原作"州"，据高丽藏本、碛砂藏本、南藏本、嘉兴藏本改。
③ 编者注：原作"乌耆"，"乌"当为"焉"之讹误。

发，坚饯光于建章宫，谓光曰："夫帝王应天而治，以子①爱苍生为本，岂贪其地而伐之！正以怀道之人故也。朕闻西国有鸠摩罗什，深解法相，善闲阴阳，为后学之宗，朕甚思之。贤哲者，国之大宝，若克龟兹，即驰驿送什②。"光军未至，什谓龟兹王白纯曰："国运衰矣，当有勍敌。日下人从东方来，宜恭承之，勿抗其锋。"纯不从而战，光遂破龟兹，杀纯，立纯弟震为主。光既获什，未测其智量。见其年齿尚少，乃凡人戏之。光还中路，置军于山下，将士已休。什曰："不可，在此必见狼狈，宜徙军陇上。"光不纳谏。至夜果大雨，洪潦暴起，水深数丈，死者数千。光始密而异之。什谓光曰："此凶亡之地，不宜淹留。推运揆数，应速言归，中路必有福地可居。"光从之。至凉州，闻苻坚已为姚苌所害。光三军缟素，大临城南，于是窃号关外，称年太安。太安二年（387）正月，姑臧大风，什曰："不祥之风，当有奸叛，然不劳自定也。"后方验什之言也。什停凉积年，吕光父子既不弘道，故蕴其深解，无所宣化。苻坚已亡，竟不相见。及姚苌僭有关中，亦挹其高名，虚心要请。吕［光］③以什智计多解，恐为姚谋，不许东入。及苌卒，子兴袭位，复遣敦请。兴弘始三年（401）三月，有树连理，生于庙庭，逍遥园葱变为薤。以为美瑞，谓智人应入。至五月，兴遣陇西公硕德西伐吕隆④，隆军大破。至九月，隆上表归降，方得迎什入关。以其年十月二十日至于长安。兴待以国师之礼，甚见优宠。（第798—803页）

---

① 编者注：《高僧传》卷二《晋鸠摩罗什传》作"予"。
② "驰"字原脱，据高丽藏本补。
③ 编者注："吕"字后原夺"光"，今补。
④ "硕"字原作"破"，据高丽藏本、碛砂藏本、南藏本、嘉兴藏本改。

# 四、《肇论疏》后凉史料

［唐］释元康《肇论疏》，大正新
修大藏经刊行会《大正新修大藏
经·诸宗部二》45册。

## 卷中

### 般若无知论

前秦主符坚①，建元十三年（377）正月，太史奏："有星见外国分
野，当有大德智人，入辅中国。"坚曰："朕闻西域有鸠摩罗什，襄阳有
释道安，将非此耶？"即遣使求之。至十八年②（382）九月，坚遣骁骑
将军吕光、凌江将军姜飞率兵七万，西伐龟兹。临发，饯光于建章宫，
谓光曰："复帝王应天而治，以子爱苍生为本，岂贪其地而伐之，正以
怀道之人故也。朕闻西域有鸠摩罗什，深解法相，朕甚思之。贤哲者国
之大宝，若克龟兹，可驰驿送什。"光果克龟兹，将什东返。行至凉
州，闻符坚为姚苌所害，光乃窃号关外。光死，子绍袭位。光庶子纂，
杀绍自立。光侄超，杀纂立其兄隆。总经十八年。吕光父子不弘正道故
也。……《三十国春秋》云：吕隆惧南凉、北凉之逼，表奏请迎。隆迁
于秦，吕光之嗣于是乎绝。此乃吕隆入秦国，非是八国也。《高僧传》
云：弘始三年（401）三月，有树连理生于庙庭，逍遥园葱变为薤。以
为美瑞，谓至人③应入国。至五月，兴遣陇西公硕德，西伐吕隆。隆军
大败。至九月，隆上表归降，方得迎什入关。（第176页）

---

① 编者注：符坚，当作"苻坚"，下同。
② 编者注：十八年，当作"十九年"。
③ 编者注：至人，《高僧传》作"智人"。

# 五、《续集古今佛道论衡》后凉史料

［唐］释智昇《续集古今佛道论衡》,大正新修大藏经刊行会《大正新修大藏经·史传部四》52册。

案《后凉书》:秦主符坚①建元十九年（383）,遣征西将军、酒泉公吕光西讨龟兹国,得沙门鸠摩罗什,是龟兹国大承相之长子。吕光至凉州,闻秦主（符坚为）姚苌所害②,光遂称帝,凉治姑臧。罗什在凉州译出《大华严经》,以自玩适。至秦主姚苌子兴弘始二年③（400）,至长安译出众经。佛法尔时大盛。（第402页）

---

① 编者注:符坚,当作"苻坚"。
② 编者注:闻秦主姚苌所害,中间夺"符坚为"三字,今补。
③ 编者注:弘始二年,当作"三年"。

# 六、《佛说称扬诸佛功德经》后凉史料

韩理洲等辑校编年《全三国两晋南朝文补遗》，西安：三秦出版社，2013年。

麟嘉六年（394）六月二十日，于龟兹国金华祠演出此经，译梵音为晋言。昙摩跋檀者，通阿毗昙，畅诸经义，又加究尽摩诃衍事，辩说深法，于龟兹国博解第一。林即请命出此经，檀手自执梵本，衍为龟兹语经。当如是时，道俗欢喜，叹未曾有，竞共讽诵，美其功德。沙门慧海者，通龟兹语，善解晋音，林复命使译龟兹语为晋音，林自笔受。章句鄙拙，为辞不雅，贵存本而已。其闻此经，欢喜信乐，一心恭敬。受持讽诵诸佛名字，兴显赞扬如来功德，广加宣传，得不退转，疾成无上正真之道。无数天魔，不能毁坏无上道心。所生之处，严净佛刹，常得值遇诸佛世尊。端正殊妙，颜容光泽，常能解了无量智慧。得无碍辩，常为众生阐扬大法。于大众中，最为上首。后成佛时，刹土清净，于诸佛国，最尊第一。愿使十方无量众生，普令讽持。解了如来无碍之慧，功德巍巍，亦当如此诸佛世尊。（第170页）

# 七、《优填王所造旃檀释迦瑞像历记》①后凉史料

［五代·后周］楚南撰《优填王所造旃檀释迦瑞像历记》，（日）高楠顺次郎编《大日本佛教全书》第14册，京都清凉寺藏本，东京：共同印刷株式会社，1931年。

夫旃檀佛者,即释迦牟尼佛真容也……后鸠摩罗炎法师，背负其像，来自中天（竺）。昼即僧负像，夜乃像负僧。远涉艰难，无劳险阻。至于龟兹国，缘师有儿，王纳为驸马，而有遗体子，即鸠摩罗什也。后秦主苻坚，拜吕光为将，讨获西域，破龟兹国，夺像并师罗什，同归东土。后至隋炀帝驾幸扬州，迁于开元寺，建阁供养。（第309页）

---

① 编者注:优填王旃檀瑞像进入中国及其流传情况，参见尚永琪《优填王旃檀瑞像流布中国考》,《历史研究》2012年第2期。

第六章

类书类

# 一、《艺文类聚》后凉史料

［唐］欧阳询撰，汪绍楹校：《艺文类聚》（全二册），上海：上海古籍出版社，1982年。

## 卷四十四·乐部四

### 箫

段龟龙《凉州记》曰：吕纂咸宁三年（401），胡人发张骏冢得玉箫。（第791页）

### 笛

段龟龙《凉州记》曰：吕纂时，胡人发张骏冢，得玉笛。（第794页）

## 卷八十三·宝玉部上

### 玉

《凉州记》曰：吕慕本书八十四玛瑙篇、《太平御览》五百八十一作"纂"咸宁二年（400），有盗发张骏陵，得白玉樽、玉箫、玉笛。（第1429页）

## 卷八十四·宝玉部下

### 玛瑙

《凉州记》曰：吕纂咸宁二年（400），盗发张骏陵，得玛瑙钟槛。（第1441页）

## 卷八十六·果部上

### 梨

段龟龙《凉州记》曰：吕光时，敦煌太守献同心梨。（第1473页）

## 卷九十二·鸟部下

### 燕

段龟龙《凉州记》曰：吕光大安三年（388），白燕游酒泉郡，黑燕列从。（第1597页）

## 卷九十八·祥瑞部上

### 麟

《凉州记》曰：吕光时，张掖金泽有麟见，群兽皆从，改年麟嘉。（第1706页）

## 卷九十九·祥瑞部下

### 雀

段龟龙《凉州记》曰：吕光太安三年（388），白雀巢阳川令盖敏室。（第1712页）

## 卷一百·灾异部

### 蝗

《凉记》曰：凉王吕光麟嘉二年（390），以且渠罗仇为西宁太守。往年蝗虫所到之处，产子地中，是月尽生，或一顷二顷，覆地跳跃，宿昔变异。王乃躬临扑虫，幸扬川潒水北，大驾所到，虫寻除尽，是以麦苗损耗无几。（第1731—1732页）

# 二、《初学记》后凉史料

［唐］徐坚等撰：《初学记》（全二册），北京：中华书局，1962年。

## 卷十五·乐部上

### 雅乐第一

萧方等《三十国春秋》曰：凉州人发凉王张骏墓，得赤玉箫、紫玉笛。（下册第370页）

## 卷十六·乐部下

### 箫第八

萧方等《三十国春秋》曰：凉州人胡安据盗发掠州人张骏墓，见骏貌如生，得赤玉箫、紫玉笛。（下册第400–401页）

## 卷十八·人中部

### 讽谏第三

段龟龙《西凉记》曰：吕纂斩驰游猎，或马奔于沟堑之间，殿中侍御史王回控马谏曰："陛下宜忆袁盎揽辔之言。"（下册第439页）

## 卷二十·理政部

### 贡献第三

段龟龙《凉州记》曰：吕光时，敦煌太守宋歆献同心梨。（下册第475页）

## 卷二十二·武部

### 鞭第九

《凉州记》曰：咸宁二年（400），发张骏陵，得鞭，饰以珊瑚。（下册第540页）

# 三、《北堂书钞》后凉史料

〔唐〕虞世南编纂，〔清〕孔广陶校注：《北堂书钞》（全二册），北京：学苑出版社，1998年。

## 卷一百一十一·乐部七

### 箫一八

段龟龙《凉州记》：吕纂咸宁二年（400），时胡人发张骏冢，得玉箫。（第202页）

### 笛一九

段龟龙《凉州记》云：吕纂时，胡人发张骏冢，得玉笛。（第204页）

## 卷一百二十六·武功部十四

### 马鞭六十一

《凉州记》云：咸宁二年（400），发张骏陵，得马鞭饰以珊瑚。（第307页）

## 卷一百三十一·仪饰部下

### 玺十三

段龟龙《凉州记》云：吕光时，陈仲得玉玺，博三寸，长四寸，直看无文字，向日视之，字在腹里，有三十四字，言光当王云。（第350页）

## 卷一百三十二·服饰部一

### 帘十

吕纂明光宫在渐台西，以金玉珠玑为帘箔。（第360页）

## 卷一百五十八·地部二

### 穴篇一三

《凉州记》云：吕光太安二年（387）春正月，大风折木，从申至辰，遣中郎房暑至晋昌，祀风穴。（第578页）

# 四、《册府元龟》后凉史料

[宋] 王钦若等撰:《册府元龟》,
北京:中华书局,1960年。

## 卷二一九·僭伪部一

### 姓系

后凉吕光字世明,略阳氏人也。其先吕文和,汉文帝初,自沛避难徙焉,世为酋豪。父婆楼,佐命符坚①,官至太尉。光仕符坚为都督五门巴西诸军事②、安西将军、西域校尉。坚为姚苌所害,光于是自称使持节、侍中、中外大都督、督陇右河西诸军事、大将军,领护匈奴中郎将、凉州牧、酒泉公。晋孝武大元③十四年(389),僭即三河王位。二十一年(396),僭即天王位。在位十年,年六十。嫡子绍嗣伪位,为庶长子纂所杀。纂字永绪,僭即天王位,在位三年,为吕起④所杀,立光弟宝之子隆嗣伪位。隆字永基,为姚兴所灭。始光以孝武太元十三年(388)定凉州⑤,十五年(390)⑥僭立,至隆凡十有三载⑦。(第2626页)

---

① 编者注:符坚,应作"苻坚"。下同。凡引文标点,均为笔者所加。
② 编者注:都督五门巴西诸军事,《晋书》卷一二二《吕光载记》作"都督玉门已西诸军事"。
③ 编者注:大元,应作"太元"。
④ 编者注:吕起,应作"吕超"。
⑤ 编者注:吕光于东晋太元十年(385)九月,败梁熙,入主姑臧,自称凉州刺史;十一年(386)十月改元太安,十二月自称凉州牧、酒泉公;十三年(388)平定诸乱,凉州始安。
⑥ 编者注:十五年,《资治通鉴》卷一〇七作"十四年"。
⑦ 编者注:至隆凡十有三载,不当有此说法。按,自东晋太元十年(385)九月吕光入主姑臧,至元兴二年(403)八月吕隆投降后秦,凡19年;若以太元十一年(386)十二月吕光称酒泉公计,则18年;若以太元十四年(389)二月吕光称三河王计,凡15年。

### 年号

后凉吕光，初为符坚安西将军，既入姑臧，自领凉州刺史。晋太元十年（385）坚死，光于是大赦境内，建元曰太安，自称凉州牧、酒泉公。是时，麟见金泽县，百兽从之。光以为己瑞，以晋孝武大（太）元十四年（389）僭即三河王位，置百官自丞郎已下，赦其境内，年号麟嘉。太元二十一年（396）僭即天王位，改元龙飞。在位十年<sup>麟嘉七年，</sup>龙飞三年，太安不预，因疾甚，立太子绍为天王，自号太上皇帝。

吕绍嗣伪位数月，为庶兄纂所杀，无年号。

吕纂，晋隆安四年（400）僭即天王位①，改元为咸宁，在位三年，为番禾太守吕超所杀。

吕隆，光弟宝之子，与吕超同杀纂。隆既僭即位，超先于番禾得小鼎，以为神瑞，大赦，改元为神鼎。在位四年②，为姚兴所灭。（第2633页）

## 卷二二〇·僭伪部二

### 形貌

后凉吕光字世期③，身长八尺四寸，目重瞳子，左肘有肉印。

吕隆字永基，美姿貌，善骑射。（第2637页）

### 聪识

后凉吕光，年十岁，与诸童儿游戏邑里，为战阵之法，侪类咸推为主。部分详平，群童叹服。（第2639页）

### 令德

南凉秃发傉檀僭号凉王，姚兴凉州刺史王尚遣主簿宗敞来聘。敞父燮，吕光时自湟河太守入为尚书郎，见傉檀于广武，执其手曰："君神爽宏拔，逸气凌云，命世之杰也，必当克清世难。恨吾年老不及见耳，以敞兄弟托君。"（第2644页）

---

① 编者注：晋隆安四年僭即天王位，《资治通鉴》卷一〇七记吕纂嗣位在东晋隆安三年（399）十二月。

② 编者注：在位四年，当作"三年（401—403）"。

③ 编者注：世期，当作"世明"。

### 才艺

后凉吕篡①，少便弓马，好鹰犬。

吕隆，善骑射。（第2645页）

## 卷二二二·僭伪部四

### 勋伐第二

后凉吕光，略阳底②人。初仕符坚，举贤良，除美阳令，夷夏爱服。迁鹰扬将军。从坚征张平，战于铜壁，刺平养子蚝，中之，自是威名大著。又从王猛灭慕容晖，封都亭侯。苻重之镇洛阳，以光为长（史）③。入为太子右率。蜀人李马④聚众二万，攻逼益州。坚乃以光为破虏将军，率兵讨灭之，迁步兵校尉。符洛反，光入击平之，拜骁骑将军。

坚既平山东，士马强盛，遂有图西域之志。乃授光使持节、都督西讨诸军事，率将军姜飞、彭晃、杜进、康盛等总兵七万，铁骑五千，以讨西域。以陇西董方、冯翊郭抱、武威贾虔、弘农杨颖为西府⑤佐将。〔将〕行，坚太子宏执光手曰："君器相非尝⑥，必有大福，宜深保爱。"光行至高昌，闻坚寇晋，光欲更须后命。部将杜进曰："节下受任金方，赴机宜速，有何不了，而更留乎？"光乃进及流沙，三百余里无水，将士失色。光曰：吾闻李广利精诚玄感，飞泉涌出，吾等岂独无感致乎！皇天必将有济，诸军⑦不足忧也。"俄而大雨，平地三尺。进兵至焉耆，其王泥流率其旁国请降。龟兹王帛纯拒光，光军其城南，五里为一营，深沟高垒，广设疑兵，以木为人，被之以甲，罗之垒上。帛纯驰徙城外人入于城中，附庸侯王各婴城自守。光攻城既急，帛纯乃倾国财宝请救狯胡。狯胡弟呐龙、侯将馗率骑二十万，并温宿、尉头等国王，合七十余万以救之。胡便弓马，善矛矟，铠如连锁，射不可入，以革索

---

① 编者注：吕篡，当作"吕纂"。
② 编者注：底，当作"氏"。
③ 编者注：原文只有"长"，缺"史"字，今补。
④ 编者注：李马，《晋书》卷一二二《吕光载记》作"李焉"。
⑤ 编者注：西府，《晋书》卷一二二《吕光载记》作"四府"。
⑥ 编者注：非尝，当作"非常"。
⑦ 编者注：诸军，《晋书》卷一二二《吕光载记》作"诸君"。

为绢，策马掷人，多有中者。众甚惮之。诸将咸欲每营结阵，案兵以拒之。光曰："彼众我寡，营又相远，势分力散，非良策也。"于是迁营相接阵，为勾锁之状①，精骑为游军，弥缝其阙。战于城西，大败之，斩万余级。帛纯收其珍宝而走，王侯降者三十余国。光入其城，诸国惮光威名，贡款属路，乃立帛纯弟震为王以安之。光抚宁西域，威恩甚著，桀黠胡王昔所未宾者，不远万里皆来归附，上汉所赐节传，光皆表而易之。

坚闻光平西域，以为使持节、散骑常侍、都督玉门巴②西诸军事、安西将军、西域校尉，道绝不通。光既平龟兹，有驼二万余头致外国珍宝及奇伎异戏、殊禽怪兽千余品，骏马万余匹而（还）。符坚高昌太守杨翰说其凉州刺史梁熙距守高桐、伊吾二关，熙不从。光至高昌，翰以郡迎降。及玉门，梁熙传檄责光擅命还使③，遣子胤④与振威姚皓、别驾卫翰率众五万，拒光于酒泉。光报檄凉州，责熙无赴难之诚，数其遏归师之罪。遣彭晃、杜进、姜飞等为前锋，击胤⑤，大败。胤⑥轻将麾下数百骑东奔，杜进追擒之。于是，四山胡夷皆来款附，武威太守彭济执熙请降。光入姑臧，自领凉州刺史、护羌校尉，表杜进为辅国将军、武威太守，封武师侯⑦，其余封拜各有差。以主簿尉祐为宁远将军、金城太守，祐自允吾袭据外城以叛，祐从弟随据鹯阴以应之。光遣其将魏真讨之，随败，奔祐。光将姜飞又击败祐众，祐奔据兴城，扇动百姓，夷夏多从之。飞司马张象、参军郭雅谋杀飞应祐，发觉，逃奔。

初，符坚之败，张天锡南奔，其世子大豫为长水校尉王穆所匿。及坚还长安，穆将大豫奔秃发思复鞬，思复鞬送之魏安。是月，魏安人焦松、齐肃、张济等起兵数千，迎大豫于揖次⑧，陷昌松郡。光遣其将杜进讨之，为大豫所败。大豫遂进逼姑臧，求决胜负，王穆谏曰："吕光粮丰城固，甲兵精锐，逼之非利。不如席卷岭西，厉兵积粟，东向而

---

① 编者注：状，《晋书》卷一二二《吕光载记》作"法"。
② 编者注：巴，《晋书》卷一二二《吕光载记》作"已"。
③ 编者注：使，《晋书》卷一二二《吕光载记》作"师"。
④ 编者注：胤，《晋书》卷一二二《吕光载记》作"胤"，盖避宋太祖赵匡胤之讳。下同。
⑤ 编者注：胤，《晋书》卷一二二《吕光载记》作"胤"。
⑥ 编者注：胤，《晋书》卷一二二《吕光载记》作"胤"。
⑦ 编者注：武师侯，《晋书》卷一二二《吕光载记》作"武始侯"。
⑧ 编者注：揖次，《晋书》卷一二二《吕光载记》作"揖次"。

争，不及期年，可以平也。"大豫不从，乃遣穆求救于岭西诸郡，建康太守李隰、祁连都尉严纯及阎袭起兵应之。大豫进屯城西，王穆率众三万及思复鞬子奚于等阵于城南。光出击，破之，斩奚于等二万余级。光谓诸将曰："大豫若用王穆之言，恐未可平也。"诸将曰："大豫岂不及此耶！皇天欲赞成明公八百之业，故令大豫迷于良算尔。"光大悦，赐金帛有差。大豫自西郡诣临洮，驱略百姓五千余户，保据俱城。光将彭晃、徐裔①攻破之，大豫奔广武，穆奔建康。黄②武人执大豫，送之，斩于姑藏③市。光至是始闻符坚为姚苌所害，乃建元曰太安，自称使持节、侍中、中外大都督、督陇右河西诸军事、大将军、领护匈奴中郎将、凉州牧、酒泉公。（第2663—2664页）

## 卷二二四·僭伪部六

### 奉先

后凉吕光既僭即三河王位，以太庙新成，追尊其高祖为敬公，曾祖为恭公，祖为桓公，父婆楼为景昭王，母曰昭烈妃。其中书侍郎杨颖上疏，请依三代故事追尊吕望为始祖，永为不迁之庙，从之。

吕绍嗣父光位，伪谥光为懿武皇帝，庙号太祖，墓曰高陵。

吕隆嗣兄纂僭即天王位，伪谥纂灵皇帝，墓曰（白）石陵④。（第2675—2676页）

### 宗族

后凉吕光僭即三河王位，以其子左将军他⑤、武贲中郎将纂讨北虏。及僭即帝位，诸子弟为公侯者二十人。时群议以高昌虽在西垂，地居形胜，外接胡虏，易生翻覆，宜遣子弟镇之。光以子覆为使持节、镇西将军、都督玉门巴⑥西诸军事、西域大都护，镇高昌，命大臣子弟随之。其后，光疾甚，立其太子绍为天王，以吕纂为太尉，吕纂为司徒。

---

①编者注：徐裔，《晋书》卷一二二《吕光载记》作"徐炅"，盖避宋太宗赵光义（即位后改名赵炅）之讳。

②编者注：黄，当作"广"。

③编者注：藏，当作"臧"。

④编者注：石陵，《晋书》卷一二二《吕光载记》作"白石陵"。

⑤编者注：吕他为吕光之弟，非子也。

⑥编者注：巴，《晋书》卷一二二《吕光载记》作"已"。

谓绍曰："吾疾病唯增，恐将不济。三寇窥窬，迭伺国隙。吾终之后，使纂统六军，弘管朝政，汝恭已无为，委重二兄，庶可以济。若内相猜贰，衅起萧墙，则晋赵之变旦夕至矣。"又谓纂、弘曰："永业〔绍字〕才非拨乱，直以正嫡有常，猥居元首。今外有强寇，人心未宁，汝兄弟缉穆，则贻厥万世。若内自相图，则祸不旋踵。"纂、弘泣曰："不敢有二心。"

吕纂既僭立，以弟弘为使持节、侍中、大都督、都督中外诸军事、大司马、车骑大将军、司隶校尉、录尚书事，改封番禾郡公。

吕隆僭称天王，以弟超有佐命之勋，拜使持节、侍中、都督中外诸军事、辅国大将军、司隶校尉、录尚书事，封安定公。（第2681—2682页）

## 卷二二五·僭伪部七

### 世子

后凉吕光僭即三河王位，立子绍为世子，既僭天王，遂立为太子。后光疾甚，以绍为天王，自号为太上皇帝。光死，绍即位，为庶兄纂所纂，自杀。（第2691页）

## 卷二二六·僭伪部八

### 恩宥

后凉吕光，晋太元十三年（388），入姑臧，自称凉州牧、酒泉公，大赦境内。①十四年（389），僭即三河王位，赦其境内。二十一年（396），僭即天王位，大赦境内。

纂，光之子。晋隆安四年（400）②，僭即天王位，大赦境内。

隆，光弟宝之子。晋元兴元年（402）③，僭即天王位，大赦。（第2699页）

---

① 编者注：后凉吕光入主姑臧，在东晋太元十年（385）九月，自称凉州刺史、护羌校尉；十一年（386）十二月，自称凉州牧、酒泉公。

② 编者注：吕纂废吕绍自立，在东晋隆安三年（399）十二月。

③ 编者注：吕隆废杀吕纂自立，在东晋隆安五年（401）二月。

## 卷二二七·僭伪部九

### 谋略

后凉吕光初仕苻登[1]为鹰扬将军，会符双反于秦州，坚将杨世成为双将荀兴[2]所败。光与王鉴［讨之，鉴］欲速战，光曰："兴初破世成，奸气渐张，宜持重以待其弊。兴乘胜轻来，粮竭必退，退而击之，可以破也。"二旬而兴退，诸将不知所为，光曰："摈其奸计，必攻榆眉。若得榆眉，据城断路，资储复赡，非国之利也，宜速进师。若兴攻城，尤须赴救。如其奔也，彼粮既尽，可以灭之。"鉴从焉，果败兴军。（第2706页）

乞伏乾归自称大将军、河南王，为吕光所伐，咸劝其东奔成纪。乾归不从，谓诸将曰："昔曹孟德败袁本初于官渡，陆伯言摧刘玄德于白帝，皆以权略取之，岂在众乎！光虽举全州之军，无经远之算，不足惮也。且其精卒尽在吕延，延虽勇而愚，易以奇策制之。延军若败，光亦遁还，乘胜追奔，可以得志。"众咸曰："非所及也。"隆安元年（397），光遣其子纂伐乾归，使吕延为前锋。乾归泣谓众曰："今事势穷蹙，逃命无所，死中求生，正在今日。凉军虽四面而至，然相去辽远，山河既沮[3]，力不周接，败其一军而众军自退。"乃纵反间，称秦王乾归众溃，东奔成纪。延信之，引师轻进，为乾归所败，遂斩之。（第2706页）

## 卷二二八·僭伪部十

### 好文

后凉吕光既破龟兹，入其城，大飨将士，赋诗言志。见其宫室壮丽，命参军京兆段业著《龟兹宫赋》以讥之。（第2717页）

## 卷二二九·僭伪部十一

### 听纳

后凉吕光宴群僚，酒酣，语及政事。时刑法峻重，参军段业进曰：

---

① 编者注：苻登，当为"苻坚"。
② 编者注：荀兴，《晋书》卷一二二《吕光载记》作"苟兴"。
③ 编者注：沮，《晋书》卷一二五《乞伏乾归载记》作"阻"。

"严刑重宪，非明王之义也。"光曰："商鞅之法至峻而兼诸侯，吴起之术无亲而荆蛮以霸，何也？"业曰："明公受天眷命，方君临四海，景行尧、舜，犹惧有弊，奈何欲以商、申之末法，临道义之神州，岂此州士女所望于明公哉？"光改容谢之。于是，下令责躬，乃崇宽简之政。（第2729页）

## 卷二三○·僭伪部十二

### 褒赏

后凉吕隆既僭即位，以弟超有佐命之勋，拜使持节、侍中、都督中外诸军事、辅国大将军、司隶校尉、录尚书事，封安定公。（第2732—2733页）

### 庆赐

后凉吕纂僭即天王位，大赦境内，封拜有差。（第2734页）

### 饮宴

后梁①吕光攻龟兹，其王帛纯出奔，光乃入城，大飨将士，赋诗言志。及僭位，改为麟嘉元年（389）。其妻石氏、子绍、弟德世至自仇池，光迎于城东，大飨群臣。因立石氏为王妃，子绍为世子，宴其群臣于内苑新堂。（第2735页）

### 交好

时吕光率众十万，将伐乾归，左辅密贵周、左卫莫者羖羝言于乾归曰："光旦夕将至，陛下以命世雄姿，开业逃罕，克翦群凶，威振遐迩，将鼓淳风于东夏，建八百之鸿庆。不忍小屈，与奸竖竞于一时，若机事不捷，非国家利也。宜遣爱子以退之。"乾归乃称藩于光，遣子敕勃为质。既而悔之，遂诛周等。

南凉秃发乌孤嗣位，务农桑，修邻好。吕光遣使署为假节、冠军大将军、河西鲜卑大都统、广武县侯。乌孤谓诸将曰："吕氏远来假授，当可受不？"众咸曰："吾士众不少，何故属人？"乌孤将从之，其将石真善留②曰："今本根未固，理宜随时。光德刑修明，境内无虞，若致死于我者，大小不敌，后虽悔之，无所及也。不如受而遵养之，以待其

---

① 编者注：后梁，当作"后凉"。
② 编者注：石真善留，当作"石真若留"。

衅。"乌孤乃受之。

秃发傉檀僭称号凉王，姚兴遣使拜傉檀车骑将军、广武公。又加散骑常侍，傉檀大城乐都。兴遣将齐难率众迎吕隆于姑臧，傉檀摄昌松、魏安二戍以避之。（第2736—2737页）

### 怀附

后凉吕光，郭黁既叛，推后将军杨轨为盟主。黁推后将军杨轨为盟主，轨自称大将军、凉州牧。光遗杨轨书曰："自羌胡不靖，郭黁叛逆，南藩安否，音问两绝。行人风传，云卿拥逼百姓，为黁唇齿。卿雅志忠贞，有史鱼之操，鉴察成败，远侔古人，岂宜听纳奸邪，以亏大美！陵霜不凋者松柏也，临难不移者君子也，何图松柏凋于微霜，鸡鸣已于风雨！郭黁巫卜小数，时或误中，考之大理，率多虚谬。朕宰化寡方，泽不逮远，致世事纷纭，百城离叛。戮力一心，同济巨海者，望之于卿也。今中仓积粟数百千万，东人战士一当百，余入则言笑晏晏，出则虎步凉州，吞黁咀业，绰有余暇。但与卿形虽君臣，心过父子，欲全卿名节，不使贻笑将来。"轨不答。（第2743页）

## 卷二三一·僭伪部十三

### 征伐

会符双据上邽、符柳据蒲坂叛于符坚，［符］庾据陕、符武据安定并应之，将兵伐长安。坚遣使谕之，各啮梨以为信，皆不受坚命，阻兵自守。坚遣后禁将军杨成世、左将军毛嵩等讨双、武，王猛、邓羌攻蒲坂，杨安、张蚝攻陕城。成世、毛嵩为双、武所败，坚又遣其武卫王鉴、宁朔吕光等率中外精锐以讨之，左卫符雄①、左禁窦冲率羽林骑七千继发。双、武乘胜至于榆眉，鉴等击败之，斩获万五千人。武弃安定，随双奔上邽，鉴等攻之。……鉴等攻上邽，克之，斩双、武。猛又寻破蒲坂，斩柳及其妻子，传首长安。猛屯蒲坂，遣邓羌与王鉴等攻陷陕城，克之，送庾于长安，杀之。（第2747—2748页）

姚硕德、姚穆率步骑六万伐吕陆②隆于姑臧，大败之，俘斩一万。

---

① 编者注：符雄，《晋书》卷一一三《符坚载记上》作"符雅"。
② 编者注：吕陆，当作"吕隆"。

隆将吕佗①等率众二万五千，以东苑来降兴。（第2750页）

后凉吕光僭即三河王位，遣其子左将军佗②、武贲中郎将纂讨北虏匹勒于三岩山，大破之。南羌彭奚念入攻白土，都尉孙峙退奔兴城。光遣其南中郎将吕方及其弟右将军吕宝、振威杨范、强弩窦苟讨乞伏乾归于金城。方屯河北，宝进师济河，为乾归所败。光亲讨乾归、奚念，遣扬武杨轨、建忠沮渠罗仇、建武梁恭军于左南。奚念大惧，于白土津累石为隄，以水自固，遣精兵一万距守河津。光遣将军王宝潜趣上津，夜渡湟河。济自石隄，攻克枹罕，奚念单骑奔甘松，光振旅而还。（第2751页）

吕纂僭即天王位，伐秃发利鹿孤，围张掖，略地建康，闻傉檀寇姑臧，乃还。（第2751—2752页）

南凉秃伐乌孤僭称大单于、西平王。曜兵广武，攻克金城。吕光遣将军窦苟来伐，战于街亭，大败之。降光乐都、湟河、浇河三郡。（第2752页）

秃发利鹿孤袭其兄乌孤伪位，吕纂来伐，使弟傉檀距之。与纂战，败之，斩首二千余级。纂西击段业，傉檀率骑一万乘虚袭姑臧，纂弟纬守南北城以自固。傉檀耀兵于青阳门，虏八千余户而归。其后僭称河西王，率师伐吕隆，大败之。又遣傉檀攻吕隆昌松太守孟祎于显美，克之。（第2752—2753页）

## 卷二三三·僭伪部十五

### 失策

后凉吕纂既僭位，将伐秃发利鹿孤，中书令杨颖谏曰："夫起师动众，必参之天人，苟非其时，圣贤所不为。秃发利鹿孤上下用命，国未有衅，不可以伐。宜缮甲养锐，劝课农殖，待可乘之机，然后一举荡灭。比年多事，公私馨竭，不深根固本，恐为患将来，愿抑赫斯之怒，思万全之算。"纂不从，度浩亹河，为［利］鹿孤弟傉檀所败。（第2777页）

---

① 编者注：吕佗，《晋书》卷一一七《姚兴载记上》作"吕他"。
② 编者注：吕佗，《晋书》卷一二二《吕光载记》作"吕他"。

## 卷二三四·僭伪部十六

### 兵败

后凉吕隆僭即天王位，魏安人焦郎[1]遣使说姚兴将姚硕德伐之。硕德遂率众至姑臧，隆遣弟辅国吕超出战，大败，遁还。隆收集离散，婴城固守，于是群臣表求与姚兴通好。隆从之，伏请降于硕德。（第2783页）

## 卷三七一·将帅部三十二

### 忠第二

周虓字孟威，为西夷校尉，领梓潼太守。宁康初，苻坚将杨安寇梓潼，虓固守涪城，遣步骑数千，送母妻从汉水将抵江陵，为坚将朱彤邀而获之，虓遂降于安。……及吕光征西域，坚出饯之，戎士二十万，旌旗数百里，又问虓曰："朕众力何如？"虓曰："戎狄已来，未之有也。"（第4412页）

## 卷四二四·将帅部八十五

### 死事

后梁[2]垒澄，仕吕光为酒泉太守。时沮渠蒙逊叛，蒙逊从兄男成先为将军守晋昌，闻蒙逊起兵，逃奔赀虏，扇动诸夷，众至数千，进攻禄福、建安。宁戎护军赵策击败之，男成退屯乐涫。澄率将军赵策、赵陵步骑万余，讨男成于乐涫，战败，澄、策死之。（第5050—5051页）

---

① 编者注：焦郎，当作"焦朗"。
② 编者注：后梁，当作"后凉"。

# 五、《太平御览》后凉史料

［宋］李昉撰，夏剑秋等校点：
《太平御览》（全八卷），石家庄：
河北教育出版社，1994年。

## 卷第十五·天部十五

### 雾

段龟龙《凉州记》曰：吕光幸天渊池，时天清朗，忽然起雾，有五
色云在光上。（第一卷139页）

## 卷第五十·地部十五

### 祁连山

《凉州记》曰：祁连山，张掖、酒泉二界之上，东西二百里，南北
百余里，山中冬温夏凉，宜牧，牛乳酪浓好，夏写酪不用器物，刈草著
其上不散，酥特好，酪一斛得升余酥。又有仙人树，行人山中饥渴者，
辄食之饱，不得持去，平居不可见。（第一卷457页）

### 焉支山

《凉州记》曰：焉支山，在西郡界，东西百余里，南北二十里，有
松柏五木，其水草茂美，宜畜牧与祁连同。一［名］删丹山。（第一卷
457页）

## 卷第一百二十二·偏霸部六

### 前秦符[1]丕

［太安元年，385］是（九）月，安西吕光自西（城）［域］还师。（第二卷190页）

［太安二年，386］（正）［五］月，丕以吕光为车骑将军、梁州牧[2]、酒泉公。（第二卷190页）

## 卷第一百二十三·偏霸部七

### 后秦姚兴

［弘始］四年（402）[3]五月，遣大将军、陇西王硕德率步骑六万伐吕隆于凉州。先是，吐蕃傉檀[4]内没切据西平，沮渠蒙逊据张掖，李暠据敦煌，各制方域，共相侵伐。硕德从金城济河，直趣广武，径苍松，至隆城下。隆遣弟辅国超、龙骧邈等率众拒硕德。硕德大破之，生擒邈。傉檀、蒙逊、李暠等各修表奉献。九月，隆奉表请降，兴答报嘉美，以隆为镇西将军、凉州刺史、建康公。十一月，鸠摩罗什至长安。（第二卷195页）

## 卷第一百二十四·偏霸部八

### 西凉李暠古老切

后凉龙飞二年（397），建康太守段业自称凉州牧，号神玺元年（398），拜暠效谷令。（第二卷206页）

### 北凉沮渠蒙逊

崔鸿《十六国春秋·北凉录》曰：沮渠蒙逊，临松卢水胡人。……后凉龙飞二年（397），逊伯父罗仇、麹粥从吕光征河南，光前军大败，皆为光所煞[5]，宗部会葬者万余人。逊哭谓众曰："昔汉祚中微，吾之乃祖，翼奖窦融，保宁河右。吕王耄荒，虐民无道，岂可坐观成败，不上

---

① 编者注：符，当作"苻"。下同。
② 编者注：梁州牧，当作"凉州牧"。
③ 编者注：弘始四年，《晋书》《资治通鉴》作"三年"。
④ 编者注：吐蕃傉檀，《晋书》《资治通鉴》作"秃发傉檀"。
⑤ 编者注：煞，当作"杀"。

继先祖安民之志，下使二父有恨黄泉！"众咸称万岁，遂立盟约，一旬之间，众至万余，与从兄男成推建康太守段业为凉州牧，(建)康公①，改龙飞二年为神玺元年。(第二卷207—208页)

正始②元年（412）冬十月，迁都姑臧。十月，僭即河西王位于谦光殿，大赦，改元，置百官，始如吕光为三河王故事。(第二卷208页)

## 卷第一百二十五·偏霸部九

### 后凉吕光

崔鸿《十六国春秋·后凉录》曰：吕光，字世明，洛阳③人。其先自沛迁洛阳④，因家焉，世为氏酋。父婆楼，字广平，佐命前秦，官至太尉。光以赵建武中生于方头⑤，夜有神光之异，故名焉。年十岁，与诸童儿游戏邑里，为战阵之法，童儿咸推为主。长而身长八尺四寸，目重童⑥子，左肘有肉印。沉粹⑦凝重，宽简有大量。人莫之识，惟王猛异之，曰："此非常人。"言之符⑧坚，举贤良，除美阳令，民夷惮爱，邻境肃清。迁鹰扬将军，以功赐爵关内侯。

建元十九年（383），以光为使持节、[都督]西讨诸军[事]，率将军姜飞、彭晃、杜进、等步骑七万讨西域。十二月，至龟兹，龟兹王帛纯捍命不降。光军其城南，五里为一营，深沟高垒，广设疑兵，以木被甲，罗之垒上，以为持久计。二十五年⑨五月，帛纯乃倾国财宝，请救于狯胡。狯胡王遣弟率二十余万救之。胡便弓马，善矛矟，铠如连锁，射不可入，以革索为（骨）[羂]，策马掷人，多有中者。众甚惮之。姑默、宿、尉头等国及诸胡外内七十万人。光迁营相接，阵为勾锁之法，精骑为游军，弥缝其阙。秋七月，战于城西，大败之。帛纯逃奔，王侯降者三十余国。进入其城，城有三重，广轮与长安地等。城中塔庙千

---

① 编者注：(建)康公，原脱"建"字，今补。
② 编者注：正始，当作"玄始"。
③ 编者注：洛阳，《晋书》卷一二二《吕光载记》作"略阳"。
④ 编者注：同上。
⑤ 编者注：方头，《晋书》卷一二二《吕光载记》作"枋头"。
⑥ 编者注：童，《晋书》卷一二二《吕光载记》作"瞳"。
⑦ 编者注：粹，《晋书》卷一二二《吕光载记》作"毅"。
⑧ 编者注：符，当作"苻"。下同。
⑨ 编者注：二十五年，当作"二十年"，"五"为衍字。

数，帛纯宫室壮丽，焕若神居。胡人奢侈，富于生养，家有蒲桃酒至千斛，经十年不败，士卒沦没酒藏者相继。诸国贡款属路，立帛纯弟震为王以安之。

光抚宁西域，威恩甚著，秦以光为使持节、散骑常侍、[都督]玉门已西诸军事、安西将军、西域校尉，进封顺乡侯。二十一年（385）正月，大飨文武，博议进止。众咸请还，光从之。三月，引还，以驼二万余头致外国珍异千余品、骏马万余匹而还。九月，光入姑臧，自领凉州刺史、护羌校尉。太安元年（386），符丕以光为车骑大将军、凉州牧，领护西域大都[督]、酒泉公。

光始闻符坚为姚苌所害，奋袂哀怒，三军缟素，大临于城南。传檄诸州，期孟冬大举。谥坚曰文昭皇帝。十月，大赦境内，改建元为太安。十一月，群僚劝进曰："长蛇未殄，方扫清国难，宜进位元台。"十二月，上光为侍中、中外都督陇右诸军、大将军、凉州牧、酒泉公。三年（388）八月，甘露降逍遥园，白燕翔于酒泉，众燕成列而从之。麟嘉元年（389）正月，麟见金泽县，百兽从之。于是群僚奉请崇进名号，光从之。二月，僭即王位于南郊，大赦，改元。置官司，丞郎已下犹摄州县事。三年（391）九月，太庙新成，追尊父为景昭王，祖为宣公，曾祖为恭公，高祖为敬公。

龙飞元年（396），五龙见于浩亹，群臣咸贺，劝光称号。六月，僭即天王位于南郊。大赦，改年。备置群司，立世子绍为太子。四年（399）九月，光寝疾。十二月，疾甚，立太子绍为天王，光自号太上皇帝，以子纂为太尉，弘为司徒，诏曰："吾疾病不济，吾终之后，使纂统六军，弘管朝政，汝恭己无为，委重二兄，庶可以济。今外有强寇，民心为宁，汝兄弟辑睦，则贻厥万世。若相内图，则祸不旋踵。"纂、弘泣曰："不敢有二心。"薨，葬高陵。谥懿武皇帝，庙号太祖。

### 吕纂

崔鸿《十六国春秋·后凉录》曰：吕纂，字永绪，光之长庶子[①]也。母赵淑媛。少便弓马，不好书。大安元年（386），至于姑臧。光临薨，执手戒之曰："汝性粗武，深为吾忧。开基既难，守成不易。善辅

---

① 编者注：长庶子，《晋书》卷一二二《吕纂载记》作"庶长子"。

永业，勿听谗言。"光薨，绍秘不发丧，纂排阁入哭，尽哀而出。绍惧，以位让之曰："兄功高年长，宜承大统。"纂曰："臣虽长，陛下国家之嫡，不可以私爱而乱大伦。"骁骑吕超谓绍曰："纂临丧不哀，步高视远，观其举止，恐成大变，宜早除之。"纂闻超谋，遂率壮士数百，逾北城，攻广夏门，入自青角门，升谦光殿。绍登紫阁自杀，吕超出奔广武。纂遂僭即天王位，大赦，改龙飞四年为咸宁元年（399）。谥绍为隐王。

纂游田无度，荒耽酒色，常与左右因醉驰猎于坑涧之间，殿中侍御史王回扣马谏，不纳。番和[1]太守吕超擅伐鲜卑思盘。思盘诉超于纂，纂召超入朝，怒曰："卿恃兄弟桓桓，欲欺吾也，要当斩卿，然后天下可定。"超顿首曰："不敢。"纂引诸臣宴于内殿，吕隆屡劝纂酒，已至昏醉，乘步挽车将超等游于内。至琨华堂东阁，车不得过，纂亲将窦川、骆腾倚剑于壁，推车过阁。超取剑击纂，纂下车擒超，超刺纂洞胸，奔于宣德堂。将军魏益[2]入，斩纂首以徇。隆既篡位，谥纂灵帝，葬白石陵。

## 吕隆

崔鸿《十六国春秋·后凉录》曰：吕隆，字永基，光弟宝之子。既杀纂，遂僭即王位。大赦，改咸宁三年为神鼎元年（401）。二月，追尊父宝为文皇帝。超有佐命之勋，拜侍中、都督中外诸军事、辅国大将军、录尚书事，封安定公。二年（402），秦遣鸿胪恒敦拜征北大将军、[都督]河西诸军事、凉州牧、建康公。

三年（403），隆以二凉之逼，遣超赍珍宝请迎于秦。[秦]尚书左仆射齐难等步骑四万来迎。隆率户一万随难东迁。既至长安，秦以隆为散骑常侍，尚书、公如故，超为安定太守。其后坐与（兆）[姚]兴少子广平公弼谋反，诛。吕光以乙酉岁据凉州，至于是岁，岁在癸卯，凡一十九年。（第二卷210—212页）

---

① 编者注：番和，《晋书》卷一二二《吕纂载记》作"番禾"。
② 编者注：魏益，后夺"多"字，《晋书》卷一二二《吕纂载记》作"魏益多"。

## 卷第一百二十六·偏霸部十

### 南凉秃发乌孤

崔鸿《十六国春秋·南凉录》曰：秃发乌孤，河西鲜卑人也。八世祖疋孤，率其部自塞北迁于河西。孤卒，子寿阗立。阗孙机能，壮果多谋略。……能死，从弟务丸代立。丸死，孙推斤立。斤死，子思复鞬立，部众转盛，遂据凉土。鞬卒，子乌孤袭位，养民务农，修结邻好。吕光进封乌孤广武郡公、益州牧、左贤王。（第二卷218页）

### 南燕慕容超

崔鸿《十六国春秋·南燕录》曰：慕容超字祖明，德兄北海王纳之子，秦灭燕，以纳为广武太守。数岁，去官，与母公孙太妃就弟德家于张掖。德从苻坚南征，留金刀，辞母而去。及垂起兵山东，张掖太守符昌诛纳及德之诸子，公孙太妃以耄不合刑，纳妻段氏以怀妊未决，执于郡狱。狱掾呼延平，德之故吏也，将公孙、段氏逃于羌中，而生超焉。公孙氏临卒，授超金刀，曰："闻汝伯已兴于邺都，吾朽病将没，相见理绝，汝脱得东归，可以此刀还汝叔也。"后因吕隆归秦，徙凉州民于长安。超因而东归，母谓超曰："母子得全济者，呼延氏之力也。惠而不报，天不佑人。平今虽死，吾欲为汝纳其女，以答厚惠。"于是纳之。超至长安，佯狂行乞，由是往来无禁。（第二卷222—223页）

## 卷第一百二十七·偏霸部十一

### 西秦乞伏乾归

［太初］八年（395），吕光来伐，归乃称蕃，遣子勃勃[1]为质，既而悔之。（第二卷225页）

## 卷第二百八十六·兵部十七

### 机略五

又［崔鸿《十六国春秋》］曰：后凉吕光遣将吕延伐西秦乞伏乾归，大败之。乾归因大泣，叹曰："死中求生，正在今日也。"乃纵反

---

[1] 编者注：勃勃，《晋书》卷一二五《乞伏乾归载记》作"敕勃"。

间，称乾归东奔成纪。吕延信之，引师轻进。延司马耿稚谏曰："乾归雄勇过人，权略难测，破王广，克杨定，皆羸师以诱之，虽蕞尔小国，亦不可轻也。困兽犹斗，况乾归而可睹风自散乎？今宜部阵而前，步骑相接，徐俟诸军大集，可一举灭之。"延不从，战败，死之。（第三卷612—613页）

## 卷第二百九十二·兵部二三

### 用间

崔鸿《十六国春秋》曰：后凉吕光将吕延伐乞伏乾归，大败之。乾归乃纵反间，称众溃东奔成纪。吕延信而追之。延司马耿稚谏曰："告者视高而色动，必有奸计，不可从。"相遇，战败死之。（第三卷653页）

## 卷第三百九·兵部四十

### 战中

崔鸿《十六国春秋》曰：前秦符坚遣将吕光领兵伐龟兹。光军其城南五里为营，深沟高垒，广设疑兵，以木为人，被之以甲，罗之垒上。龟兹王帛纯婴城自守，乃倾国财宝，请诸国来救。温宿、尉头等国王，合七十余万以救之。胡便弓马，善矛矟，铠如连锁，射不可入，众甚惮之。诸将咸欲每营结阵按兵以拒之。光曰："彼众我寡，众营又相远，势分力散，非良策也。"于是迁营相接，阵为勾锁之法，精骑为游军，弥缝其阙。战于城西，大败之。纯遁走，王侯降者三十余国。（第三卷778页）

## 卷第三百一十四·兵部四十五

### 追奔

又〔崔鸿《十六国春秋》〕曰：后凉吕弘攻段业于张掖，不胜，将东走。业议欲击之，其将沮渠蒙逊谏曰："归师勿遏，穷寇弗追，此兵家之戒也，不如纵之以为后图。"业曰："一日纵敌，悔将无及。"遂率众追之，为弘所败。业叹曰："孤不能用子房之言，以至于此。"（第三卷818页）

## 卷第三百三十六·兵部六十七

### 攻具上

崔鸿《后凉录》曰：将军窦苟从吕光攻龟兹，每登云梯，入地道，坠落，苏而复上。（第三卷987页）

## 卷第三百四十六·兵部七十七

### 刀下

［陶弘景《刀剑录》］又曰：后凉吕光麟嘉元年（389）造一刀，铭曰"背麟"，长三尺六寸。（第三卷1068页）

## 卷第三百五十九·兵部九十

### 鞭

崔鸿《后梁[1]录》曰：咸宁二年（400），盗发张骏墓，得珠帘、琉璃、珊瑚马鞭。（第三卷1179页）

## 卷第三百六十九·人事部十

### 肘

段龟龙《凉州记》曰：吕光左肘生肉印。及征西域，印内隐起文字曰"巨霸"也。（第四卷85页）

## 卷第三百七十二·人事部十三

### 髀股

段龟龙《凉州记》曰：隐王张美人，年色壮艳，出家为道。吕隆逼之。张自投门楼，双股顿折。口诵经，色自若，俄而死。（第四卷107页）

## 卷第三百七十六·人事部十七

### 肝

崔鸿《十六国春秋·北凉录》曰：马权兄为凉将綦母诩所杀。权后

---

① 编者注：梁，当作"凉"。

杀诩，食其肝。（第四卷147页）

## 卷第三百七十七·人事部十八

### 长中国人

《凉州记》曰：吕光字世明，连接豪贤，好施待士，身长八尺四寸，目重瞳子，左肘生肉印。性沉重，质略宽大，有度量。时人莫之识，唯王猛布衣时异之，曰："此非凡人。"（第四卷156页）

## 卷第三百八十·人事部二十一

### 美妇人上

《三十国春秋》曰：后（梁）［凉］吕超杀其君纂，后杨氏有国色，超将妻焉。谓其父（恒）［桓］曰："后若自杀，祸及卿宗。"（恒）［桓］以此言告后，后曰："大人本卖女与氏羌，以图富贵，一之已甚，其可再乎？"（恒）［桓］不能强，乃自杀。（第四卷183页）

## 卷第三百八十一·人事部二十二

### 美妇人下

段龟龙《凉州记》曰：隐王美人张氏，色艳，出家为道。乃自投门楼，双股频折，口诵经，颜色自若，俄而死。（第四卷186页）

## 卷第三百八十五·人事部二十六

### 幼智下

《凉州记》曰：武王吕光，字世明，以石氏建武四年（338）生，夜有光辉，举舍异之，因名曰光。年十岁，与诸兄弟于里巷阙军戏，群童咸推为主，割土处中，部分行伍，乡党皆称之。（第四卷225页）

## 卷第四百三十九·人事部八十

### 贞女上

崔鸿《后凉录》曰：建中将军、辽东太守吕宪[1]妻苻氏，年十五，

---

[1] 编者注：吕宪事，又见清光绪年间陕西省咸阳市出土《后秦吕宪墓表》。

有姿色，宪率①自杀。（第四卷644页）

《后凉录》曰：初，吕绍之死也，美人敦煌张氏，年十四，为沙门，清辨，有姿色，吕隆见而悦之，遣中书郎裴敏说之。张氏善言理，敏为之屈。隆亲逼之，张氏曰："钦乐至法，故投身道门，且一辱于人，誓不改节，今逼如此，岂非命也。"升门楼自投于地，二胫俱折，口诵佛经，俄而卒。（第四卷644页）

又［《后凉录》］曰：吕超杀纂，纂后［杨］氏及侍婢数人，殡纂于城西，超问杨氏玉玺何在？杨氏怒曰"尽坏之矣"。杨氏，国色也，超将妻之，谓父桓曰："后若自杀，祸及卿宗。"桓以言告杨氏，杨氏曰："大人本卖女与氏以图富贵，一之已甚，复使女辱于二氏乎？"桓不能强，乃自杀。（第四卷644—645页）

## 卷第四百五十四·人事部九十五

### 谏诤四

段龟龙《梁②记》曰："太常卿杨颖上疏谏吕纂饮酒过度，出入无恒。"纂曰："不有直亮之臣，谁匡邪僻之君也。"纂虽有此言，终不能改。

又曰：吕光龙飞二年（397），太常麋反叛，麋以笺书招诱杨轨，推为盟主。轨性直，不虑麋之倾危。西河太守程肇谏轨曰："将军之与吕主，可谓臭味是同，今欲释同，心托异类，背龙头，寻蛇尾，非将军之高算也。"（第四卷764页）

## 卷第四百七十四·人事部一百一十五

### 礼贤

崔鸿《前秦录》曰：苻坚要结英王景略、吕婆楼、强汪、梁平老等，皆有王佐之才。坚并倾身礼之，以为股肱羽翼。（第四卷916页）

---

① 编者注：率，当作"卒"。
② 编者注：梁，当作"凉"。

## 卷第四百九十二·人事部一百三十三

### 虐

《凉州记》曰：郭黁奴昆切略地之际，王孙八人年幼，悉随乳母。先在东苑，黁遂尽投王孙于锋刃之上，或枝分节解，饮血盟众。睹者无不掩目寒心，而黁意气悠然。（第四卷1055页）

## 卷第五百八十一·乐部十九

### 箫

《凉州记》曰：吕纂咸宁二年（400），有盗发张骏墓，得白玉樽、玉笛、紫玉箫。（第五卷581页）

## 卷第六百八十二·仪式部三

### 玺

段龟龙《凉州记》曰：吕光时，州人陈冲得玉玺，广三寸，长四寸，直看无文字，向日视之，字在腹里，言"光当王"。（第六卷350页）

## 卷第七百·服用部二

### 帘

《凉州记》曰：吕纂时，胡人发张骏冢，得白珠薄帘。（第六卷486页）

## 卷第七百一·服用部三

### 屏风

段龟龙《凉州记》曰：有人发张骏墓，得真珠帘箔，云母屏风。（第六卷497页）

## 卷第七百五十二·工艺部九

### 巧

《凉州记》曰：吕光时，有任射者，自匿为王欣家奴。发觉，应

死。躬①有奇巧，王尔、鲁班之俦也，故赦之。凉风门及大殿岁久倾败，躬②运巧致思，木土俱正。（第七卷64页）

## 卷第七百五十四·工艺部十一

### 博

《秦记》曰：吕光破龟兹，始获鸠摩罗什。光死，子缵③立，戏弄罗什，或共棋博，乃杀子，云"斫胡奴头"。什曰："不斫胡奴头，其胡奴斫人头。"后缵弟越④字胡奴，果斩篡缵头。

《凉州记》曰：吕光太安二年（387），龟兹国使至，献宝货、奇珍、汗血马。光临正殿，设会文武博戏。（第七卷77页）

## 卷第七百六十一·器物部六

### 钟

《凉州记》曰：胡安据等发张骏冢，得玛瑙钟。（第七卷137页）

### 樽

《凉州记》曰：胡安据等发张骏陵，得白玉樽，受三升。（第七卷140页）

### 榼

《凉州记》曰：胡安据等发张骏陵，得流离榼。（第七卷141页）

## 卷第七百六十五·器物部十

### 斛

崔鸿《十六国春秋·后凉录》曰：吕光与龟兹王战，大败之。故大奢侈⑤，富于［生］养⑥。家有蒲桃酒，或千斛，经十年不败，士卒沦没酒藏者相继。（第七卷169页）

---

① 编者注：躬，当作"射"。
② 编者注：同上。
③ 编者注：缵，当作"篡"。下同。
④ 编者注：越，当作"超"。
⑤ 编者注：故大奢侈，屠乔孙《十六国春秋》作"胡人奢侈"。
⑥ 编者注：富于养，"于"字后夺"生"字，《十六国春秋·后凉录》作"富于生养"。

梯

崔鸿《十六国春秋·后凉录》曰：窦苟，洛阳[①]人也。以壮勇知名。从吕光攻龟兹，登云梯，入地道。或时堕落，苏而复上。光深奇之。（第七卷172页）

## 卷第八百二·珍宝部三

玉上

又［崔鸿《十六国春秋》］曰：初吕光之称王也，遣市六玺玉于于阗。六月，玉至也。（第七卷494页）

## 卷第八百五·珍宝部四

玉下

《凉州记》曰：盗发张骏陵，得玉樽、玉箫、玉笛。（第七卷502页）

## 卷第八百八·珍宝部七

玛瑙

《凉州记》曰：吕纂咸和[②]二年（400），盗发张骏陵，得玛瑙钟槛。（第七卷524页）

## 卷第八百七十四·咎征部一

天崩

崔鸿《十六国春秋》曰：后凉麟嘉五年（393），天崩，有声若雷，久之乃止。（第八卷5页）

## 卷第八百九十五·兽部七

马三

崔鸿《十六国春秋》曰：骁骑将军吕光封西域，平，上疏曰："惟龟兹据三十六国之中，制彼侯王之命。入其国城，天骥、龙麟、腰褭、

---

① 编者注：洛阳，当作"略阳"。
② 编者注：和，当作"宁"。

丹髦，万计盈厩。虽伯益①更生，卫赐复出，不能辨也。"（第八卷173页）

## 卷第八百九十六·兽部八

### 马四

《凉州记》曰：吕光麟嘉五年（393），疏勒王献火浣布、善舞马。（第八卷185页）

## 卷第九百二十二·羽族部九

### 白燕

《（京）［凉］州记》曰：吕光大安三年（388），白燕游酒泉郡，黑燕列从。（第八卷389页）

### 白雀

《凉州记》曰：吕光大安三年（388），白雀巢阳川令郭敏室。（第八卷393页）

## 卷第九百六十九·果部六

### 梨

段龟龙《凉州记》曰：吕光时，敦煌太守宋歆献同心梨。（第八卷766页）

## 卷第九百七十二·果部九

### 葡萄

又《后凉录》曰：建元二十年（384），吕光入龟兹城。胡人奢侈，富于生养，家有葡萄酒，或至千斛，经十年不败。（第八卷786页）

---

① 编者注：伯益，或作"伯乐"。

# 六、《太平广记》后凉史料

〔宋〕李昉等编:《太平广记》(全十册),北京:中华书局,1961年。

## 卷八十九

### 异僧三·鸠摩罗什

鸠摩罗什,此云童寿,天竺人也。善经律论,化行于西域。及东游龟兹,龟兹王为造金狮子座一处之。时苻坚僭号关中,有外国前部王及龟兹王弟并来朝坚。坚引见,二王说坚云:"西域多产珍奇,请兵往定,以求内附。"至坚建元十三年(377)正月,太史奏云:"有星见外国分野,当有大德智人入辅中国。"坚曰:"朕闻西戎有鸠摩罗什,襄阳有沙门道安,将非此耶?"即遣使求之。至十七年(381)二月,鄯善上①前部王等又说坚,请兵西伐。十八年②(382)九月,坚遣骁将③吕光、凌江将军姜飞将前部王及车师王等率兵七万西伐龟兹。临发,坚饯光于建章④,谓光曰:"夫帝王应天而治,以子爱苍生为本,岂贪其地而伐之,正以怀远之人故也。朕闻西域有鸠摩罗什,深解法相,善闲阴阳,为后学之宗,朕甚思之。贤哲者,国之大宝,若克龟兹,即驰驿送什。"光军未至,什谓龟兹王白纯⑤曰:"国运衰矣,尚有勍敌从东方来,宜恭承之,勿抗其锋。"纯不从而战,光遂破龟兹,杀纯,立纯弟震为主。光既获什,未测其智量,见年齿尚少,及以凡人戏之。强妻以

---

① 编者注:鄯善上,"上"《高僧传》作"王"。
② 编者注:十八年,《高僧传》亦是,当作"十九年"。
③ 编者注:骁将,《高僧传》作"骁骑将军"。
④ 编者注:建章,后夺"宫"字,《高僧传》作"建章宫"。
⑤ 编者注:白纯,《高僧传》亦是,一作"帛纯"。

龟兹王女，什拒而不受，辞甚苦至。光曰："道士之操，不逾先父，何所因辞？"乃饮以醇酒，同闭密室。什被逼既至，遂亏其节。或令骑牛及乘恶马，欲使堕落。什常怀忍辱，曾无异色，光惭愧而已。光还中路，置军于山下，将士已休。什曰："不可在此，必见狼狈，宜徙军陇上。"光不纳。至夜，果有大雨，洪潦暴起，水深数丈，死者数千。光始密而异之。什谓光曰："此凶亡之地，不宜淹留，推迁揆数①，应速言归，中路必有福土可居。"光从之。至凉州，闻苻坚已为姚苌所害，光三军缟素，大临城南。于是窃号关外，年称太安。太安二年（387）正月，姑臧大风。什曰："不祥之风，当有奸叛，然不劳自定也。"俄尔梁谦②、彭晃相系而反，寻亦殄灭。至光龙飞二年（397），张掖临松卢水胡沮渠男成及从弟蒙逊反，推建康太守段业为主。遣庶子秦州刺史太原公纂，率众五万讨之。时论谓业等乌合，纂有威声，势必全克。光以访什，什曰："观察此行，未见其利。"既而纂败绩于合黎。俄有郭廮作乱，纂委大军轻还，为廮所败，仅以身免。光中书监张资，文翰温雅。光甚器之。资病，光博营救疗。有外国道人罗叉，云能差资疾，光喜，给赐甚重。什知叉诳诈，告资曰："叉不能为，徒烦费耳。冥运虽隐，可以事试也。"乃以五色丝作绳，结之，烧为灰末投水中，灰若出水还成绳者，病不可愈。须臾，灰聚浮出，复绳本形。既叉治无效，少日资亡。顷之，光又卒，子绍袭位。数日，光庶子纂杀绍自立，称元咸宁。咸宁二年（400），猪生子，一身三头，龙出东箱③井中，到殿前蟠卧，比旦失之。纂以为美瑞，号大殿为龙翔殿。俄而有黑龙升于当阳九宫门，纂改为龙兴门。什奏曰："此日潜龙出游，豕妖来异。龙者阴类，出入有时，而今屡见，则为灾眚。必有下人谋上之变，宜克己修德，以答天戒。"纂不纳，与什博戏，杀棊曰："斫胡奴头。"什曰："不能斫胡奴头，胡奴将斫④人头。"此言有旨，而纂终不悟也。光弟保⑤，有子名超，超小字胡奴。后果杀纂斩首，立其兄隆为主，时人方验什之言也。

什住凉积年，吕光父子既不弘道教，故蕴其深解，无所宣化。苻坚

---

① 编者注：推迁揆数，"迁"《高僧传》作"运"。
② 编者注：梁谦，《高僧传》亦是。
③ 编者注：东箱，"箱"《高僧传》作"厢"。
④ 编者注：斫，《高僧传》作"斫"。
⑤ 编者注：光弟保，"保"《高僧传》亦是，当作"宝"。

已亡，竟不相见。及姚苌僭有关中，亦挹其高名，虚心要请。吕①以什智计多解，恐为姚谋，不许东入。及苌卒，子兴袭位，复遣敦请。兴弘始三年（401）三月，有树连理，生于庙庭逍遥园，葱变为茝，以为美瑞，谓智人应入。至五月，兴遣陇西公硕德西伐吕隆，隆军大破。至九月，隆上表归降，方得迎什入关，以其年十二月二十日至于长安。兴待以国师之礼，甚见优宠。（第二册585—587页）

## 卷二百七十六

### 梦一·王穆

洛阳②王穆起兵酒泉，西伐索嘏。长史郭瑀谏，不从。夜梦乘青龙上天，至屋而止。觉叹曰："屋字，尸至也。龙飞屋上至尸，吾其死也。"后果验。出《前凉录》（第六册2179页）

## 卷三百二十一

### 鬼六·吕光

吕光承康元年③，有鬼叫于都街曰："兄弟相灭百姓弊。"徼吏寻视之，则无所见。其年光死，子绍代立。五日，绍庶兄篡④，杀绍自立。出《述异记》（第七册2549页）

---

① 编者注：吕，《高僧传》作"诸吕"。
② 编者注：洛阳，当作"略阳"。
③ 编者注：吕光承康元年，吕光"承康"年号，仅此一见，其他史籍无。
④ 编者注：篡，当作"纂"。

# 七、《事类赋》后凉史料

［宋］吴淑撰注，冀勤、王秀梅、马蓉点校：《事类赋注》，北京：中华书局，2021年。

## 卷八·地部三

井

《凉州记》曰：慕容氏[①]，咸宁二年（400），夜见龙出东箱井中，行大殿前蟠卧。旦见其鳞甲、足迹，尚有湿处。（第154页）

## 卷二十一·兽部二

马

《南秦录》[②]曰：吕光讨西域，平。上疏曰："惟龟兹据三十六国之中，入其国城，天骥龙麟、騄駬、丹髦万计盈厩，虽伯益[③]更生，卫赐复出，不能辨也。"（第435页）

## 卷九·宝货部一

玉

《前凉杂录》[④]曰：吕光称王，遣使市六玺于于阗。（第181页）

---

① 编者注：慕容氏，当作"吕氏"。
② 编者注：《南秦录》，当作《前秦录》。
③ 编者注：伯益，一作"伯乐"。
④ 编者注：《前凉杂录》，按吕光遣使于阗市玺，为后凉之事，疑作《后凉杂录》为是。

# 第七章

## 其他史籍

# 一、《通典》后凉史料

［唐］杜佑撰，王文锦等校点：《通典》（全十二册），北京：中华书局，2016年。

## 卷第一百四十二·乐二

### 历代沿革下

北齐文宣初，尚未改旧章。宫悬各设十二镈钟，于其辰位，四面并设编钟编磬各一笋簴，合二十架。设建鼓于四隅。郊庙朝会同用之。其后将有创革，尚药典御祖珽上书曰："魏氏来自云、朔，未移其俗。至道武破慕容宝于中山，获晋乐器，不知采用，皆委弃之。天兴初，吏部郎邓彦海奏上庙乐，创制宫悬，而钟管不备。乐章既阙，杂以《簸逻回歌》。初用八佾，作皇始之舞。至太武帝平河西，得沮渠蒙逊之伎，宾嘉大礼，皆杂用焉。此声所兴，盖苻坚之末，吕光平西域得胡戎之乐，因又改变，杂以秦声，所谓《秦汉乐》也……"（第八册3603页）

## 卷第一百四十六·乐六

### 四方乐

《龟兹乐》者，起自吕光破龟兹，因得其声。吕氏亡，其乐分散，后魏平中原，复获之。（第九册3713页）

### 前代杂乐

《西凉乐》者，起苻氏之末，吕光、沮渠蒙逊等据有凉州，变龟兹声为之，号为《秦汉伎》。后魏太武既平河西，得之，谓之《西凉乐》。（第九册3718页）

## 卷第一百五十一·兵四

### 间谍

十六国后凉吕光将吕延伐乞伏乾归，大败之。乾归乃纵反间，称众溃，东奔成纪。延信而追之。延司马耿稚曰："告者视高而色动，必有奸计，不可。"延不从，相遇，战败，死之。（第九册3847—3848页）

## 卷第一百五十四·兵七

### 声言退诱敌破之

十六国后凉吕光遣将吕延，伐西秦乞伏乾归，大败之。乾归因大泣叹曰："死中复生，正在今日也。"乃纵反间，称乾归东奔成纪。吕延信之，引师轻进。延司马耿雅①谏曰："乾归雄勇过人，权略难测，破王广，克杨定，皆赢师以诱之，虽蕞尔小国，蕞，左外反。②亦不可轻也。困兽犹斗，况乾归而可睹风自散乎！今宜部阵而前，步骑相接，徐俟诸军大集，可以一举灭之。"延不从，战败，死之。（第九册3929页）

## 卷第一百五十八·兵十一

### 力少分军必败

十六国前秦苻坚遣将吕光领军伐龟兹。光军其城南，五里为一营③，深沟高垒，广设疑兵，以木为人，被之以甲，罗之垒上。龟兹王帛纯婴城自守，乃倾国财宝，请诸国来救。温宿、尉头等国王④，合七十余万众以救之。胡便弓马，善矛稍，铠如连锁，射不可入，众甚惮之。诸将咸欲每营结阵，按兵拒之。光曰："彼众我寡，营又相远，势分力散，非良策也。"于是迁营相接阵，为勾锁之法，精骑为游军，弥缝其阙。战于城西，大败之，纯遁走，王侯降者三十余国。吕光悟之而胜。（第九册4052页）

---

① 耿雅，《御览》卷二八六同，《晋书吕光载记》三〇六一页作"耿稚"。

② 蕞，左外反，"左"原讹"本"，据诸本改。

③ 五里为一营，"一"原脱，据《晋书吕光载记》三〇五四页补。

④ 尉头等国王，"尉"原讹"卫"，据《晋书吕光载记》三〇五五页改。

## 卷第一百五十九·兵十二

### 死地勿攻

十六国后凉吕光遣二子绍、纂伐段业，南凉秃发乌孤遣其弟鹿孤[①]及杨轨救业。绍以业等军盛，欲从三门关挟山而东[②]。纂曰："挟山示弱，取败之道，不如结阵冲之，彼必惮我而不战也。"绍乃引军而南。业将击之，其将沮渠蒙逊谏曰："杨轨恃虏骑之强，有窥觎之志[③]。绍、纂兵在死地，必决战求生。不战则有太山之安[④]，战则有累卵之危。"业曰："卿言是也。"乃按兵不战。绍亦难之，各引兵归。段业悟而不败。（第九册4073页）

## 卷第一百六十二·兵十五

### 归师勿遏

十六国后凉吕弘攻段业于张掖，不胜，将东走，业议欲击之。其将沮渠蒙逊谏曰："归师勿遏，穷寇勿追，此兵家之戒也。不如纵之，以为后图。"业曰："一日纵敌，悔将无及。"遂率众追之，为弘所败。业叹曰："不能用子房之言，以至于此。"（第九册4157页）

## 卷第一百七十四·州郡四

### 武威郡<sub>凉州</sub>

凉州<sub>今理姑臧县</sub>。周时为狄地[⑤]。秦兴，匈奴既失甘泉[⑥]，<sub>甘泉在今云阳县</sub>。又使休屠、浑邪王居其地。<sub>此河西五郡皆是，不止于武威也。休音许虬反。屠音除</sub>。汉武帝开之，置武威郡。<sub>汉武初开置张掖、酒泉、敦煌、武威、金城，谓之河</sub>

---

① 编者注：鹿孤，当作"利鹿孤"。

② 欲从三门关挟山而东，"从"原脱，据《晋书沮渠蒙逊载记》三一九〇页补。

③ 有窥觎之志，"窥"原讹"颛"，后人擅改，今据北宋本、明抄本、明刻本改回。按：《晋书沮渠蒙逊载记》三一九〇页即作"窥"。

④ 不战则有太山之安，"不"原误在"安"下，据《晋书沮渠蒙逊载记》三一九〇页移上。

⑤ 周时为狄地，傅本校、明刻本、朝鲜本"时"作"衰"。

⑥ 匈奴既失甘泉，傅本校、明刻本"失"作"室"。

西五郡①，地势西北邪出，南隔西羌，通西域，于时号为断匈奴右臂。后汉、魏、晋皆因之，魏、晋并置凉州。领郡八，理于此。前凉张轨、后凉吕光并据之。至张天锡，为苻坚所灭。至吕崇讳②，为姚兴所灭。北凉沮渠蒙逊亦迁都于此。至沮渠茂虔，为后魏所灭。后魏亦为武威郡。隋炀帝初，复置。大唐初，李轨改焉，据之。及克平，置凉州，或为武威郡。（第十册4540页）

昌松汉苍松县。吕光改为昌松。汉允街县故城在今县东南③，城临丽水，一名丽水城。允音沿。街亭故城，沮渠蒙逊所筑，地势险隘。（第十册4541页）

# 卷第一百九十一·边防七

### 西戎三·车师高昌附

晋以交河城为高昌郡④。盖因其地高敞、人庶昌盛立名。或云昔汉武帝遣兵西讨，师旅顿弊⑤者因住焉，有汉时高昌垒故也。张轨、吕光、沮渠蒙逊在河西，皆置太守以统之。（第十二册5190页）

# 卷第一百九十二·边防八

### 西戎四·焉耆

其后张骏遣沙州刺史杨宣率众疆理西域⑥，宣以部将张植为前锋，军次其国，进屯铁门，未至十余里，熙又率众先要之于遮留谷。植将至，或曰："汉祖畏于柏人，岑彭死于彭亡，谷名遮留，殆将有伏。"单骑尝之，果有伏发，植击败之，进据尉犁，熙降于宣。吕光僭位，熙遣子入侍。（第十二册5210页）

---

① 汉武初开置张掖、酒泉、敦煌、武威、金城，谓之河西五郡，据《汉书昭帝纪》二二四页、《地理志下》一六一〇页、《西域传上》三八七三页载，张掖、酒泉、敦煌、武威四郡为汉武帝所置，而金城郡则系汉昭帝始元六年置。

② 至吕崇讳，《晋书》卷一二二（三〇六九页）作"吕隆"，《通典》避玄宗讳，改作"吕崇"。

③ 汉允街县故城在今县东南，"允街"原讹"允衡"，据《太平寰宇记》卷一五一"凉州昌松"条改正。按：《后汉书明帝纪》李贤注九八页云"允街，县名也。在今凉州昌松县东南，城临丽水，一名丽水城。"又云："允吾，县名，故城在今兰州广武县西南。"吾衡同。允衡、允街皆汉县名。允衡故城在唐兰州境内，而允街故城在唐凉州境内。

④ 晋以交河城为高昌郡，"晋"上原有"及"，清人擅增者。今据北宋本、明刻本、吴王本删。

⑤ 师旅顿弊，"弊"原讹"敝"，据北宋本、明刻本、吴王本及《北史西域传》三二一二页改。

⑥ 疆理西域，"疆"原作"经"，据北宋本、明抄本、明刻本及《晋书四夷传》二五四二页改。

# 二、《元和姓纂》后凉史料

[唐] 林宝撰，岑仲勉校记，郁贤皓、陶敏整理，孙望审订：《元和姓纂（附四校记）》，北京：中华书局，1994年。

## 卷九 孟姓

【武威】后梁①孟祎。（第1339页）

## 卷十 鹿姓

【济阴】后梁有乐郡太守鹿蕴，见《十六国春秋》。②（第1440页）

---

① 编者注：后梁，当为"后凉"之讹。
② 〔岑校〕后梁有乐郡太守鹿蕴见十六国春秋，曰"十六国"知"后梁"者，"后凉"之讹也。据《十六国疆域志》一〇，后凉有乐都郡，此外各郡无带"乐"字者，则"乐郡"为乐都郡之夺。

# 三、《白孔六帖》后凉史料

［唐］白居易原本，［宋］孔传续撰：《白孔六帖》，影印文渊阁四库全书，第892册，台北：台湾商务印书馆，1986年。

## 卷六十二

### 箫十一

《三十国春秋》曰：凉州胡安盗晋文王张骏墓，见骏貌如生，得赤玉箫、紫玉笛。（第60页下栏）

# 四、《古今姓氏书辩证》后凉史料

［宋］邓名世撰，王力平点校：《古今姓氏书辩证》，南昌：江西人民出版社，2006年。

## 卷十　谯姓

后凉吕纂将谯辩[1]。（第148页）

## 卷十三　姜姓

后凉吕光部将姜飞，将军姜显。（第192页）

## 卷十六　彭姓

后凉张掖太守彭晃。（第229页）

## 卷十九　金姓

后凉吕光将金石生。（第286页）

## 卷二十　阎/严姓

后凉有祁连都尉阎袭[2]。又吕隆遣母弟、爱子、文武旧臣阎松等五十余家，质于长安。（第296页）

后凉有祁连都尉严纯。（第299页）

---

① 编者注：谯辩，《晋书》卷一二二《吕纂载记》作"焦辩"。

② 编者注：后凉有祁连都尉阎袭，《晋书》卷一二二《吕纂载记》云："建康太守李隰、祁连都尉严纯及阎袭起兵应之［张大豫］。"按，任后凉祁连都尉者严纯，非阎袭也。

## 卷二十一 董/史姓

后凉吕光以陇西董光①为军佐，以讨西域。（第303页）

后凉吕隆以文武旧臣史难等五十余家，质于长安。（第312—313页）

## 卷二十四 杜姓

后凉吕光部将杜进。殿中监杜尚。（第362页）

## 卷二十七 井姓

后凉有临松令井祥。（第414页）

## 卷二十九 尉姓

后凉有宁远将军、金城太守尉祐。（442页）

## 卷三十 傅姓

后凉张掖督邮傅曜，为丘池令尹兴所杀。（第449页）

## 卷三十二 段姓

后凉建康太守段业。（第493页）

## 卷三十四 窦姓

后凉强弩将军窦苟。吕纂亲将窦川。（第530页）

## 卷三十六 密贵姓

《西秦录》：乾归有左辅密贵周，劝归称藩纳质于凉，既而悔之，遂诛周等。（第569页）

---

① 编者注：董光，《晋书》卷一二二《吕光载记》作"董方"。

## 卷三十八　骆姓

后凉吕纂亲将骆膁[1]。（第598页）

## 卷三十九　石姓

后凉有西安太守石元良。（第616页）

---

[1] 编者注：骆膁，《晋书》卷一二二《吕纂载记》作"骆腾"。

# 五、《说郛》后凉史料

〔明〕陶宗仪等编:《说郛三种》,
上海:上海古籍出版社,1988
年。

## 卷四·默娥漫录

《凉州记》:吕纂咸宁三年(401),胡人发张骏冢,得玉箫、玉尊、玉笛、玛瑙钟槛。(第69页)

# 六、《后凉百官表》

［清］缪荃孙撰:《后凉百官表》，
二十五史刊行委员会编《二十五
史补编（三）》，北京：中华书
局，1998年，第4065—4067页。

## 序

后凉吕光奉命出师平定西域，龟兹甫克，即怀异图。率乘胜之师，挟思归之志，三军踊跃，万马腾骧。夫岂杨翰、梁熙之谋，高桐、伊吾之距所能遏其锋也。迩时参佐则有董方、郭抱、贾虔、杨颖，将督则有姜飞、彭晃、杜进、康隆，文武具备，锵锵济济。苻祚既陨，中原糜烂，夙抱风尘之志。适值鼎沸之时，远则蹈窦融之长策，保五郡以自娱；近则效张轨之成规，贻数世之留后，欲成大业，类有明征，择福地之可居，非叛乱之挺险矣！夫光武定鼎，图寇、邓于云台；琅邪渡江，倚顾、周之巨室。上既加之青眼，臣亦报以赤心，后先奔走之劳、舟楫盐海之寄，斩荆披棘，乃萧曹之。故人附翼攀鳞，尽栾却之；世族带砺千秋，本支百世，立国之道，莫过于斯。而乃听石聪之言而害良佐，信尉祐之谮而除名士，遂致内外离心，上下解体。藏弓何急，拔薤非时，功之不成抑亦未尽。夫人谋未可全归诸天道也，而况乞伏建麾于陇右，沮渠牧马于金山，乌孤、李暠各据疆土。卧榻之侧，酣睡有人；萧墙之内，干戈自动。身既老病，子又孱弱，弟兄发难，民众土崩。是则谭、尚阋墙，冀土因之沦陷；光、僚推刃，吴宗终致覆亡。既无绍统之才，遂贻衔璧之辱，国之不祀，亡也忽焉。今择其可考者，列之于表。

**《后凉百官表》　江阴缪荃孙撰**

**丙戌太安元年（386）**　十二月，光自称使持节、侍中、中外大都督、陇右河西诸军事、大将军，领护匈奴中郎将、凉州牧、酒泉公，改元。

〔大司马〕

〔录尚书事〕

〔大将军〕

〔太尉〕

〔司徒〕

〔尚书左仆射〕

〔尚书右仆射〕

〔中书监〕

〔中书令〕

〔侍中〕（侍郎附）

〔辅国将军〕杜进

〔司隶校尉〕

〔太守〕（令、护军附）

〔武威太守〕杜进

〔西平太守〕康宁

〔湟河太守〕强禧

〔张掖太守〕彭晃

〔建康太守〕李隰

〔参军〕段业

**丁亥二年（387）** 彭晃、徐炅破张大豫，王穆据酒泉。十月，康宁杀强禧以叛，彭晃亦叛，未几，斩王穆又斩晃。

〔辅国将军〕进

〔将军〕徐炅

〔武威太守〕进

〔西平太守〕宁，叛

〔湟河太守〕禧，为宁所杀　宗蘷①

〔张掖太守〕晃，叛

---

① 编者注：《晋书》卷一二六《秃发傉檀载记》记宗蘷"吕光时自湟河太守入为尚书郎"，其任尚书郎为何时，史无明载。缪氏系之太安二年（387）下，未知何据。

〔驿马令〕郭文

〔祁连都尉〕严纯，应张大豫

〔参军〕业

〔太常卿〕宗燮[1]

**戊子三年（388）**

〔辅国将军〕进，被杀

〔武威太守〕进

〔敦煌太守〕宋歆

**己丑麟嘉元年（389）** 二月，光自称三河王，改元，置百官。

〔左将军〕吕他

〔虎贲中郎将〕吕纂，封太原公[2]

**庚寅二年（390）**

〔中书侍郎〕杨颖

〔西海太守〕王祯，叛

〔邱池令〕尹兴

〔西宁太守〕沮渠罗仇　按《类聚》引《凉记》云"麟嘉二年（390）以沮渠罗仇为西宁太守"，西宁疑当作西平。

〔虎贲中郎将〕纂

〔张掖都邮〕傅曜

〔左丞〕吕宝[3]

**辛卯三年（391）**

〔宁远将军〕尉祐[4]

〔建康太守〕段业

〔西宁太守〕罗仇

---

① 编者注：此时吕光止称酒泉公，尚未创立王朝官僚体制，且其奉用苻丕太安年号，凉州名义上仍为前秦地方政权，宗燮之任太常卿当非此时。

② 编者注：《晋书》卷一二二《吕光载记》记"（吕）光于是以（东晋）太元二十一年（396）僭即天王位，大赦境内，改年龙飞。立世子绍为太子，诸子弟为公侯者二十人"，吕纂受封太原公当在此时，为"诸子弟为公侯者二十人"之一。

③ 编者注：吕宝任左丞，见《晋书》卷九五《郭黁传》，而"左丞"为"尚书左丞"简称。

④ 编者注：吕光任参军尉祐为宁远将军、金城太守，见《晋书》卷一二二《吕光载记》，在吕光初据凉州之时，《通鉴》卷一百六系于东晋孝武帝太元十年（385）十二月。

〔金城太守〕尉祐①

〔虎贲中郎将〕纂

〔著作郎〕段业

〔白土都尉〕孙峤

**壬辰四年（392）** 七月，击乞伏乾归，又讨彭奚〔念〕②。

〔右将军〕吕宝，败死

〔振威将军〕杨范

〔强弩将军〕窦苟

〔扬武将军〕杨轨

〔建忠将军〕沮渠罗仇

〔建武将军〕梁恭 王宝③

〔建康太守〕业

〔西宁太守〕罗仇

〔虎贲中郎将〕纂

〔南中郎将〕吕方

**癸巳五年（393）**

〔建忠将军〕吕宪④

〔强弩将军〕苟

〔扬武将军〕轨

〔建武将军〕恭 宝

〔辽东太守〕吕宪，见《御览》四百三十九，惟后凉无辽东郡，未知何郡之讹。⑤

〔建康太守〕业

〔西宁太守〕罗仇

---

① 编者注：同上。

② 编者注：吕光讨西秦彭奚念，见《晋书》卷一二二《吕光载记》，缪氏作"彭奚"，夺"念"字。

③ 编者注：吕光遣王宝讨西秦彭奚念，见《晋书》卷一二二《吕光载记》，止称"将军"，缪氏作"建武将军"，未知何据。下同。

④ 编者注：明屠乔孙、项琳辑《十六国春秋》卷八四《后凉录四》记"吕宪，纂之从叔也，为建节将军、辽东太守"，其任建节将军为何时，史无明载。缪氏系之麟嘉五年（393）下，未知何据。

⑤ 编者注：清光绪年间陕西省咸阳市出土《后秦吕宪墓表》云"弘始四年（402）十二月乙未朔廿七日辛酉，秦故辽东太守略阳吕宪葬于常安北陵去城廿里"，盖吕宪任辽东太守在其归降后秦之后，《十六国春秋》卷八四《后凉录四》记吕宪任建节将军一职，疑亦后秦授之。

〔虎贲中郎将〕纂

**甲午六年（394）** 七月，以子覆都督玉门以西诸军事、西域大都护，镇高昌。

〔强弩将军〕苟

〔扬武将军〕轨

〔建武将军〕恭 宝

〔镇西将军〕吕覆

〔建康太守〕业

〔西宁太守〕罗仇

〔虎贲中郎将〕纂

**乙未七年（395）**

〔中书令〕王详

〔强弩将军〕苟

〔扬武将军〕轨

〔建武将军〕恭 宝

〔建康太守〕业

〔西宁太守〕罗仇

〔虎贲中郎将〕纂

**丙申龙飞元年（396）** 六月，即天王位，改元。

〔尚书左仆射〕王详

〔尚书仆射〕段业 沮渠罗仇①

〔强弩将军〕苟

〔后将军〕杨轨

〔建武将军〕恭 宝

〔三河太守〕沮渠麹粥

〔虎贲中郎将〕纂

**丁酉二年（397）** 伐乾归，天水公延败死，秃发乌孤自称西平王。四月，蒙逊反。八月，王详、郭䐣反。

---

① 编者注：《晋书》卷一二二《吕光载记》云"段业等五人为尚书"，缪氏作"尚书仆射"，未知何据。

〔尚书仆射〕罗仇，被杀①

〔尚书左仆射〕详，八月反，被杀

〔侍中〕房晷

〔散骑常侍〕郭黁

〔强弩将军〕苟

〔后将军〕轨，②与郭黁同叛

〔建武将军〕恭 宝

〔将军〕金石生 徐炅 姜显 沮渠男成 赵策 赵陵 程肇

〔秦州刺史〕没奕干

〔三河太守〕麹粥，被杀

〔中田护军〕马邃，为蒙逊所杀

〔晋昌太守〕沮渠男成③

〔宁戎护军〕赵策

〔酒泉太守〕裴垒澄，④败死 段业⑤

〔西安太守〕石元良

〔临松令〕井祥

〔太史令〕贾曜

〔司马〕耿稚⑥

〔太常令〕郭黁，八月反

〔司马〕杨统⑦

**戊戌三年（398）** 四月，破杨轨、郭黁。

〔侍中〕晷

〔建武将军〕李鸾，十月降南凉

〔西郡太守〕吕纯，为段业所执

---

① 编者注：《晋书》卷一二二《吕光载记》云"光荒耄信谗，杀尚书沮渠罗仇、三河太守沮渠麹粥"，沮渠罗仇官职止称"尚书"，而缪氏作"尚书仆射"，未知何据。

② 编者注：后将军杨轨，《晋书》卷十《安帝纪》又作"（尚书）仆射杨轨"。

③ 编者注：沮渠男成所任官职名称，《宋书》卷九八《氐胡传》、《晋书》卷一二二《吕光载记》作"晋昌守将"，《魏书》卷九九《沮渠蒙逊传》、《北史》卷九三《沮渠蒙逊传》作"晋昌太守"。

④ 编者注：酒泉太守裴垒澄，《晋书》卷一二二《吕光载记》作"垒澄"。

⑤ 编者注：段业任"建康太守"非"酒泉太守"，缪氏误。

⑥ 编者注：耿稚，任吕延司马。

⑦ 编者注：杨统，任吕纂司马。

〔北部护军〕吕隆

〔晋昌太守〕王德

〔敦煌太守〕孟敏，均降段业

〔乐都太守〕田瑶

〔湟河太守〕张祸

〔浇河太守〕王稚，皆降南凉，《御览》作"王推"

**己亥咸宁元年（399）** 十二月，立太子绍为天王，自号太上皇，帝俎，篡杀绍自立，改元。

〔大司马〕吕弘，使持节、侍中、大都督、都督中外诸军事、大司马、车骑大将军、录尚书事，改封番禾郡公

〔太尉〕吕纂，十二月即位

〔司徒〕吕弘

〔尚书仆射〕姜纪①

〔侍中〕晷

〔中书监〕张资，《罗什传》

〔骠骑将军〕吕超②

〔左卫将军〕齐从

〔征东将军〕吕方

〔司隶校尉〕吕弘

〔虎贲中郎将〕吕开

**庚子二年（400）** 伐南凉败绩。

〔司徒〕弘，伏诛

〔尚书左仆射〕杨桓，兼凉都尹，封金城侯

〔尚书仆射〕纪

〔散骑常侍〕杨桓

〔侍中〕晷

〔中书令〕杨颖

〔骠骑将军〕超

---

① 编者注：尚书仆射姜纪，《晋书》卷一二二《吕纂载记》作"尚书"。下同。

② 编者注：骠骑将军吕超，《通鉴》卷一百一十一、《晋书》卷一二二《吕纂载记》作"骁骑将军"。下同。

〔征东将军〕方，九月降秦

〔将军〕焦辨

〔将〕綦毋翊

**辛丑神鼎元年（401）** 二月，超杀纂立隆，即天王位、改元。八月，秦将姚硕德攻隆，请降，硕德表隆为镇西大将军、凉州刺史、建康公。

〔录尚书事〕吕超，使持节侍中、都督中外诸军事、辅国大将军、录尚书事、封安定公

〔尚书右仆射〕杨桓，二月奔南凉

〔尚书仆射〕纪，奔南凉

〔中书郎〕裴敏

〔中书侍郎〕王儒

〔骠骑将军〕超

〔将军〕魏益多

〔中领军〕吕隆，二月即位

〔龙骧将军〕吕邈，为秦禽（擒）

〔中垒将军〕王集

〔广武将军〕荀安国①

〔宁远将军〕石可

〔番禾太守〕吕超

〔昌松太守〕孟祎

〔太常〕杨颖

〔殿中侍御史〕王回

〔殿中监〕杜尚

〔将〕窦川 骆腾

**壬寅二年（402）** 秦拜隆为征北大将军、都督河西诸军事、凉州牧、建康公。

〔番禾太守〕超

〔昌松太守〕祎，为南凉所执

---

① 编者注：广武将军荀安国，《通鉴》卷一百一十二作"荀安国"。

**癸卯三年（403）**　八月迁于长安，凉亡。

〔金城太守〕张质（出《北史》）

〔阳川令〕盖敏（《类聚》引《凉州记》）

# 第八章

## 出土文献

# 一、敦煌吐鲁番文书所见后凉史料

敦煌文书，是指20世纪初在敦煌莫高窟藏经洞（编号17窟）发现的十六国晚期至北宋初期的以写本为主的古代文献。敦煌文书涉及后凉史料共2件，包括后凉麟嘉五年王相高写《维摩诘经》题记、P.2005《沙州都督府图经》。吐鲁番文书，是指20世纪以来历次在新疆吐鲁番阿斯塔那和哈拉和卓墓地发现的西晋至唐代的各种墓葬文献。吐鲁番文书涉及后凉史料仅1件，即《前秦建元廿二年正月刘弘妃随葬衣物疏》。

**1.前秦建元廿二年（386）正月刘弘妃随葬衣物疏**[①]

◎基本信息：1912年，日本橘瑞超在吐鲁番挖掘，尺寸24×35厘米。

◎释文：

1 故白绢卌匹，故杂色𫄧四匹，

2 故黄金千两，

3 故兔豪百束，故结绯头拮发三枚，

4 故本有头舜一勾，白绢手巾用裹，

5 故黄丹一裹，故胡粉一裹，

6 故色系一勾，故班筲一枚，

---

[①] 编者注：日本橘瑞超在吐鲁番掘获《刘弘妃随葬衣物疏》，据"建元廿二年正月癸卯朔廿二日甲子"知是前秦苻坚纪年。前秦建元年号行用至二十一年（385）九月苻坚被姚苌所杀为止，十月，苻丕在晋阳称帝改年号曰"太安"，建元廿二年纪年出现在吐鲁番文书系特殊现象。吕光自建元二十一年（385）九月入主姑臧自称凉州刺史起，在凉州的统治已然建立，因打出前秦旗号而进行奉用建元年号，至建元廿二年（386）十月方知苻坚已死，遂改奉苻丕太安年号。由是，《刘弘妃随葬衣物疏》虽系前秦纪年文书，但实为吕光统治凉州期间的产物，故收录在兹。

7 故糸缕絮缕一裹并针一枚。

8 建元廿二年（386）正月癸卯朔廿二日甲子，大

9 女刘弘妃随身衣裳杂物，人

10 不得名。时见左青龙，右白虎。

11 书手券疏纪季时知。

◎著录情况

图版：［日］小笠原宣秀《吐鲁番出土的宗教生活文书》，载西域文化研究会编《西域文化研究》第三卷"敦煌吐鲁番社会经济资料"（下），日本法藏馆1960年，图版31，第255页。

录文：侯灿、吴美琳《吐鲁番出土砖志集注》，巴蜀书社2003年，第698页。

**2.后凉麟嘉五年（393）六月王相高写《维摩诘经》卷上题记**

◎基本信息：敦煌莫高窟藏经洞出，纸质，墨书，全一行，二十字。现收藏于上海市博物馆。

◎释文：

麟嘉五年（393）六月九日，王相高写竟。疏拙，见者莫笑也。

◎著录情况

图版：上海博物馆、香港中文大学文物馆《敦煌吐鲁番文物》，香港鲍思高印刷公司1987年，第17页；［日］池田温编《中国古代写本识语集录》No.46，图3，东京大学东洋文化研究所1990年。

录文：上海博物馆、香港中文大学文物馆《敦煌吐鲁番文物》，香港鲍思高印刷公司1987年，第12页；［日］池田温《中国古代写本识语集录》No.46，东京大学东洋文化研究所1990年，第78页；王素、李方《魏晋南北朝敦煌文献编年》，新文丰出版公司1997年，第102—103页；韩理洲等辑校编年《全三国两晋南朝文补遗》，三秦出版社2013年，第170页。

**3.P.2005《沙州都督府图经》**

◎基本信息：敦煌文书P.2005《沙州都督府图经》，现藏于法国巴黎国家图书馆，首尾俱残。其记唐代敦煌有"七所渠"，其中"孟授渠"为后凉敦煌太守孟敏所开通。又"廿祥瑞"记后凉敦煌太守宋歆贡同心梨事。

◎释文：

七所渠

孟授渠，长廿里。

右据《西凉录》，敦煌太守赵郡孟敏于州西南十

八里于甘泉都乡斗门上开渠溉田，百姓蒙赖，

因以为号。

……

廿祥瑞

同心梨

右《后凉录》，吕光麟庆（嘉）元年（389）敦煌献同心梨。

◎著录情况

图版：唐耕耦、陆宏基编《敦煌社会经济文献真迹释录》第一辑，书目文献出版社1986年，第2—23页；上海古籍出版社、法国国家图书馆《法藏敦煌西域文献》第一册，上海古籍出版社1995年，第43—64页；李正宇《古本敦煌乡土志八种笺证》，甘肃人民出版社2008年，第13—41页。

录文：唐耕耦、陆宏基编《敦煌社会经济文献真迹释录》第一辑，书目文献出版社1986年，第2—33页；郑炳林《敦煌地理文书汇辑校注》，甘肃教育出版社1989年，第5—20页；李正宇《古本敦煌乡土志八种笺证》，甘肃人民出版社2008年，第42—144页。

研究：罗振玉编《敦煌石室遗书》，宣统元年（1909）十二月诵芬室排印本，收入黄永武主编《敦煌丛刊初集》第六册，新文丰出版公司1985年，第19—92页；［法］伯希和著，冯承均译《沙州都督府图经及蒲昌海之康居聚落》，《西域南海史地考证译丛》第七编，商务印书馆1957年，第25—29页；王重民《巴黎敦煌残卷叙录》，北平图书馆1936年刊印，收入黄永武主编《敦煌丛刊初集》第九册，新文丰出版公司1985年，第138—140页；［日］池田温《沙州图经略考》，《榎博士还历纪念东洋史论丛》，山川出版社1975年，第31—101页；饶宗颐《敦煌书法丛刊》第十二卷《经史十》，二玄社，1984年；李并成《唐代敦煌绿洲水系考——对〈沙州都督府图经〉等写卷的研究》，《中国史研究》1986年第1期；李并成《唐代图经蠡测——对〈沙州都督府图经〉的研

究》,《西北师院学报·敦煌学研究》1986年；周绍良《读〈沙州图经〉卷子》,《敦煌研究》1987年第2期；阎文儒《〈沙州都督府图经〉残卷释文》,《辽海文物学刊》1990年第2期；李并成《敦煌石窟所出〈沙州都督府图经〉》,《阳关》1990年第2期；王仲荦《敦煌石室出〈沙州都督府图经〉残卷考释》,《中国历史地理论丛》1992年第1期；周丕显《甘肃现存最古老的一部地方志〈沙州都督府图经〉》,《图书与情报》1992年第2期；朱悦梅、李并成《〈沙州都督府图经〉纂修年代及相关问题考》,《敦煌研究》2003年5期；李宗俊《〈沙州都督府图经〉撰修年代新探》,《敦煌学辑刊》2004年第1期。

# 二、河西墓葬文献所见后凉史料

河西墓葬文献，是指甘肃省河西走廊各地魏晋十六国墓葬中发现的以镇墓文、墓券和衣物疏为主的古代文献。河西墓葬文献涉及后凉史料共6件，包括敦煌出土的镇墓文4件，即《麟嘉六年二月钟满镇墓文（一、二）》《麟嘉八年姬女训镇墓文（一、二）》；玉门出土的衣物疏2件，即《麟嘉七年某人随葬衣物疏》《麟嘉十五年黄平随葬衣物疏》。

**1.麟嘉六年（394）二月钟满镇墓文（一）**

◎基本信息：2015年，敦煌佛爷庙湾2015DFXⅡM72：27镇墓瓶，陶质，色灰，斜平沿，圆唇，直领，折肩，斜直腹，平底，最大径在肩部。口径3.8厘米、底径4.8厘米、高6.2厘米。颈、肩腹部朱书镇墓文一周，底部墨书"钟满"二字。

◎释文：

麟加［嘉］六年二月丙辰朔十［原"九"］日乙丑，敦煌郡敦煌县都乡里民钟满，命绝身死，今下斗瓶、铅人、五谷、谷当，地上□□□□□□□□□□□（之罚，用死者自受赚咎，生死各异）①路，不得相主［注］忤，便利生人，如律令！

◎著录情况

图版：甘肃省文物考古所《甘肃敦煌佛爷庙湾墓群2014年发掘简报》，《文物》2019年第9期。

录文：甘肃省文物考古所《甘肃敦煌佛爷庙湾墓群2014年发掘简

---

① "之罚，用死者自受赚咎，生死各异"，根据同墓出土2015DFXⅡM72：28镇墓文增补。

报》,《文物》2019年第9期;贾小军、武鑫《魏晋十六国河西镇墓文、墓券整理研究》,中国社会科学出版社2022年,第244—245页。

### 2.麟嘉六年(394)二月钟满镇墓文(二)

◎基本信息:2015年,敦煌佛爷庙湾2015DFXⅡM72:28镇墓瓶,陶质,色灰,斜平沿,圆唇,直领,折肩,斜直腹,平底,最大径在肩部。口径3.6厘米、底径4.8厘米、高6厘米。颈、肩腹部朱书镇墓文一周,底部墨书"钟满"二字。

◎释文:

麟加[嘉]六年二月丙辰朔十日乙丑,敦煌郡敦煌县都乡里民钟满,命绝身死,今下斗瓶、铅人、五谷、谷当。地上之罚,用死者自受赚咎。生死各异路,不得相主午[注忤],便利生人,如律令!

◎著录情况

图版:甘肃省文物考古所《甘肃敦煌佛爷庙湾墓群2014年发掘简报》,《文物》2019年第9期。

录文:甘肃省文物考古所《甘肃敦煌佛爷庙湾墓群2014年发掘简报》,《文物》2019年第9期;贾小军、武鑫《魏晋十六国河西镇墓文、墓券整理研究》,中国社会科学出版社2022年,第245页。

### 3.麟嘉七年(395)四月某人随葬衣物疏

◎基本信息:2002年毕家滩墓群M38墓葬出土,木牍形制,松木质,长23.5厘米、宽5.3厘米、厚0.1~0.7厘米,扭曲变形,现收藏于甘肃省文物考古研究所。正背两面均有文字,墨书,字体不详。

◎释文:

正面:

青□□二枚,……绵一斤。

面衣一枚,……

故布□一枚。

故……

背面:

□嘉七年四月廿七日,□□□□□□□□□□

物故,从南山买□棺一口,顾钱□九万□□。

左青龙,右白虎,前朱雀

……听遣，不得□□。

◎著录情况：

录文：张俊民《甘肃玉门毕家滩出土的衣物疏初探》，《湖南省博物馆馆刊》第七辑，岳麓书社2010年，第403页；吴浩军《河西衣物疏丛考——敦煌墓葬文献研究系列之三》，载张德芳主编《甘肃省第二届简牍学国际学术研讨会论文集》，上海古籍出版社2012年，第323页；吴浩军《河西墓葬文献研究》，上海古籍出版社2019年，第179—181页；赵宁《散见汉晋简牍的搜集与整理》，吉林大学硕士学位论文2014年，第391页；窦磊《汉晋衣物疏集校及相关问题考察》，武汉大学博士学位论文2016年，第177—178页；贾小军、武鑫《魏晋十六国河西镇墓文、墓券整理研究》，中国社会科学出版社2022年，第102页。

研究：张俊民《甘肃玉门毕家滩出土的衣物疏初探》，《湖南省博物馆馆刊》第七辑，岳麓书社2010年，第400—407页；吴浩军《河西衣物疏丛考——敦煌墓葬文献研究系列之三》，载张德芳主编《甘肃省第二届简牍学国际学术研讨会论文集》，上海古籍出版社2012年，第323页；窦磊《毕家滩出土衣物疏补释》，《考古与文物》2013年第2期；吴浩军《河西墓葬文献研究》，上海古籍出版社2019年，第179—181页；魏军刚《玉门市出土十六国文献述论》，载高启安、王璞主编《玉门、玉门关与丝绸之路历史文化研究文集》，甘肃人民出版社2021年。

**4.麟嘉八年（396）闰月姬女训镇墓文（一）**

◎基本信息：1980年5月敦煌佛爷庙湾80DFM3：6镇墓瓶，颈、肩腹部朱书镇墓文13行，现收藏于敦煌市博物馆。

◎释文：

麟加八年闰甲辰朔六日己酉直执，姬□（女）训身死。自往应之，□□□□□□□□□□□□□□生人前行，死人却步，道异不得相撞，□如律令！

◎著录情况：

录文：敦煌市博物馆《敦煌佛爷庙湾五凉时期墓葬发掘简报》，《文物》1983年第10期；［日］关尾史郎、町田隆吉编《敦煌出土四~五世纪陶罐、陶钵铭集成（Ⅰ）》，吐鲁番出土文物研究会《吐鲁番出土文物研究会会报》第28号，1990年，第5页；王素、李方《魏晋南北朝

敦煌文献编年》，新文丰出版公司1997年，第103页；［日］关尾史郎编
《中国西北地域出土镇墓文集成（稿）》，新潟大学"大域的文化システ
ムの再构成に关する资料学的研究"プロジェクト，2005年，第67
页；张勋燎、白彬《中国道教考古》，线装书局2006年，第452页；韩
理洲等辑校编年《全三国两晋南朝文补遗》，三秦出版社2013年，第
170页；吴浩军《河西镇墓文丛考（四）——敦煌墓葬文献研究系列之
五》，《敦煌学辑刊》2015年第3期；吴浩军《河西墓葬文献研究》，上
海古籍出版社2019年，第111—112页；贾小军、武鑫《魏晋十六国河
西镇墓文、墓券整理研究》，中国社会科学出版社2022年，第45页。

研究：［日］关尾史郎《前凉"升平"始终—〈吐鲁番出土文书〉
札记（二）—》，《集刊东洋学》第53号，1985年，第114页；侯灿
《晋至北朝前期高昌奉行年号证补》，《南都学坛》1988年第4期；［日］
关尾史郎《吐鲁番文书にみえゐ四、五世纪の元号再论（下）—侯灿
〈晋至北朝前期高昌奉行年号证补〉を续む—》，《吐鲁番出文物研究会
会报》第43号，1990年，第1页。刘昭瑞《谈考古发现的道教解注
文》，《敦煌研究》1991年第4期。

### 5.麟嘉八年（396）闰月姬女训镇墓文（二）

◎基本信息：1980年5月敦煌佛爷庙湾80DFM3：6镇墓瓶，高7厘
米，腹径5厘米。颈、肩腹部朱书镇墓文10行，现收藏于敦煌市博物
馆。

◎释文：

麟加八年闰月甲辰朔六日己酉直执，姬女训身死。自注应之。今厌
解天注、地注、岁注、月注、日注、时注，生人前行，死人却步，生死
道异，不得相撞，急急如律令！

◎著录情况：

图版：敦煌市博物馆《敦煌佛爷庙湾五凉时期墓葬发掘简报》，《文
物》1983年第10期；敦煌市博物馆编《敦煌文物》，甘肃人民出版社
2002年，第93页；杨永生主编《酒泉宝鉴——馆藏文物精选》，甘肃文
化出版社2012年，第53页。

录文：敦煌市博物馆《敦煌佛爷庙湾五凉时期墓葬发掘简报》，《文
物》1983年第10期；［日］关尾史郎、町田隆吉编《敦煌出土四~五世

纪陶罐、陶钵铭集成（Ⅰ）》，吐鲁番出土文物研究会《吐鲁番出土文物研究会会报》第28号，1990年，第5—6页；王素、李方《魏晋南北朝敦煌文献编年》，新文丰出版公司1997年，第103—104页；［日］关尾史郎编《中国西北地域出土镇墓文集成（稿）》，新潟大学"大域的文化システムの再构成に关する资料学的研究"プロジェクト，2005年，第68页；张勋燎、白彬《中国道教考古》，线装书局2006年，第450—452页；韩理洲等辑校编年《全三国两晋南朝文补遗》，三秦出版社2013年，第170页；吴浩军《河西镇墓文丛考（四）——敦煌墓葬文献研究系列之五》，《敦煌学辑刊》2015年第3期；吴浩军《河西墓葬文献研究》，上海古籍出版社2019年，第111—112页；贾小军、武鑫《魏晋十六国河西镇墓文、墓券整理研究》，中国社会科学出版社2022年，第45—46页。

研究：［日］关尾史郎《前凉"升平"始终—〈吐鲁番出土文书〉札记（二）—》，《集刊东洋学》第53号，1985年，第114页；［日］町田隆吉《敦煌出土四、五世纪陶罐等铭文について—中国古代における葬送习俗に关する觉え书き—》，《东京学艺大学附属高等学校大泉校舍研究纪要》第10集，1986年，第104—105页；侯灿《晋至北朝前期高昌奉行年号证补》，《南都学坛》1988年第4期；［日］关尾史郎《吐鲁番文书にみえゐ四、五世纪の元号再论（下）—侯灿〈晋至北朝前期高昌奉行年号证补〉を续む—》，《吐鲁番出文物研究会会报》第43号，1990年，第1页；刘昭瑞《谈考古发现的道教解注文》，《敦煌研究》1991年第4期。

### 6.麟嘉十五年（403）三月黄平随葬衣物疏

◎基本信息：2002年毕家滩墓群M20出土，木牍形制，松木质，长24.6厘米、宽3.5~4.7厘米、厚0.6厘米，有残损，现收藏于甘肃省文物考古研究所。正背两面均有文字，墨书，字体不详。

◎释文：

正面

故绛头一枚，故练缛一领，故练内衣一量，故丝履一量，

故绮头一枚，故练衫一领，故缠绵一斤，故布被一具，

故练延一枚，故练□□一领，故杂彩把一具，故布裙一具，

故练面衣一枚，故练绔一具，故练发一具，杂彩□，

故绢□裙□，故练裤一□。

**背面**

麟嘉十五年三月十□日，西乡黄平命终。从

南山买松柏器一口，顾钱九万九千九百九十。时知见：左青龙，右白虎。□□□□□□

◎著录情况：

释文：张俊民《甘肃玉门毕家滩出土的衣物疏初探》，《湖南省博物馆馆刊》第七辑，岳麓书社2010年，第403页；吴浩军《河西衣物疏丛考——敦煌墓葬文献研究系列之三》，载张德芳主编《甘肃省第二届简牍学国际学术研讨会论文集》，上海古籍出版社2012年，第323—324页；吴浩军《河西墓葬文献研究》，上海古籍出版社2019年，第181—182页；赵宁《散见汉晋简牍的搜集与整理》，吉林大学硕士学位论文2014年，第388—389页；窦磊《汉晋衣物疏集校及相关问题考察》，武汉大学博士学位论文，2016年，第178页；贾小军、武鑫《魏晋十六国河西镇墓文、墓券整理研究》，中国社会科学出版社2022年，第102—103页。

研究：张俊民《甘肃玉门毕家滩出土的衣物疏初探》，《湖南省博物馆馆刊》第七辑，岳麓书社2010年，第400—407页；吴浩军《河西衣物疏丛考——敦煌墓葬文献研究系列之三》，载张德芳主编《甘肃省第二届简牍学国际学术研讨会论文集》，上海古籍出版社2012年，第323—324页；窦磊《毕家滩出土衣物疏补释》，《考古与文物》2013年第2期；吴浩军《河西墓葬文献研究》，上海古籍出版社2019年，第181—182页；魏军刚《玉门市出土十六国文献述论》，载高启安、王璞主编《玉门、玉门关与丝绸之路历史文化研究文集》，甘肃人民出版社2021年。

# 三、石刻文献所见后凉史料

石刻文献类型丰富、形式多样，主要有碑刻、墓志、碑碣、摩崖以及造像记等。石刻文献涉及后凉史料共13件，包括《后秦吕宪墓表》《后秦吕他墓表》《北魏杨顺妻吕氏墓志》《北魏吕达墓志》《北魏吕通墓志》《北魏吕仁墓志》《东魏王茂墓志》《北齐吕祥墓志》《北周建崇寺造像碑》《隋吕瑞墓志》《隋吕武墓志》《隋吕胡则冢宅铭》《唐吕言墓志》。

**1. 后秦弘始四年（402）十二月吕宪墓表**

◎基本信息：清光绪年间出土于陕西省咸阳市，初为端方所藏，后流入日本，归江藤氏，现收藏于日本书道博物馆。墓表圆首碑形，拓片高47厘米，宽32厘米，志文6行，满行6字，共计34字，隶书。

◎释文：

墓表

弘始四年（402）十二/月乙未朔廿七/日辛酉，秦故辽/东太守略阳吕/宪葬于常安北陵/去城廿里。

◎著录情况

图版：北京图书馆金石组编《北京图书馆藏中国历代石刻拓本汇编》第二册，中州古籍出版社1989年，第124页；路远《后秦〈吕他墓表〉与〈吕宪墓表〉》，《文博》2001年第5期；毛远明《汉魏六朝碑刻校注》第三册，线装书局2008年，第81页；张铭心《十六国碑形墓志源流考》，《文史》2008年第2辑。

录文：（清）陆增祥《八琼室金石补正》，文物出版社1985年，第55页；罗新、叶炜《新出魏晋南北朝墓志疏证》，中华书局2005年，第

29页；毛远明《汉魏六朝碑刻校注》第三册，线装书局2008年，第82页；李新宇、周海婴主编《鲁迅辑校石刻手稿墓志（上）》，《鲁迅大全集·学术编》第二十七卷，长江文艺出版社2011年，第12页；韩理洲等辑校编年《全三国两晋南朝文补遗》，三秦出版社2013年，第167页。

　　研究：李朝阳《吕他墓表考述》，《文物》1997年10期；路远《后秦〈吕他墓表〉与〈吕宪墓表〉》，《文博》2001年第5期；［日］兼平充明《书道博物馆藏「后秦吕宪墓表」について》，《明大アジア史论集》第7号，2002年，第63—81页；李新宇、周海婴主编《鲁迅辑校石刻手稿墓志（上）》，《鲁迅大全集·学术编》第二十七卷，长江文艺出版社2011年，第12—15页。

　　**2. 后秦弘始四年（402）十二月吕他墓表**

　　◎基本信息：20世纪70年代出土于陕西咸阳市渭城区密店镇东北原畔，1998年入藏西安碑林博物馆。墓表圆首碑形，砂石质，带座。志石高65厘米，宽32.5~34厘米，碑额隶属"墓表"二字。志文5行，满行7字，共计35字，隶书，有界格线。

　　◎释文：

　　墓表

　　弘始四年（402）十二月乙/未朔廿七日辛/酉，秦故幽州刺史/略阳吕他葬于常/安北陵去城廿里。

　　◎著录情况

　　图版：李朝阳《吕他墓表考述》，《文物》1997年10期；王友怀主编《咸阳碑刻》，三秦出版社2003年，第4页；赵力光《西安碑林博物馆新藏墓志汇编》上册，线装书局2007年，第3页；毛远明《汉魏六朝碑刻校注》第三册，线装书局2008年，第83页；张铭心《十六国碑形墓志源流考》，《文史》2008年第2辑。

　　录文：李朝阳《吕他墓表考述》，《文物》1997年10期；王友怀主编《咸阳碑刻》，三秦出版社2003年，第382页；罗新、叶炜《新出魏晋南北朝墓志疏证》，中华书局2005年，第28页；赵力光《西安碑林博物馆新藏墓志汇编》上册，线装书局2007年，第4页；毛远明《汉魏六朝碑刻校注》第三册，线装书局2008年，第84页；韩理洲等辑校编年《全三国两晋南朝文补遗》，三秦出版社2013年，第166页。

研究：李朝阳《吕他墓表考述》，《文物》1997年10期；路远《后秦〈吕他墓表〉与〈吕宪墓表〉》，《文博》2001年第5期；张铭心《十六国碑形墓志源流考》，《文史》2008年第2辑。

### 3.北魏正光四年（523）九月杨顺妻天水吕氏墓志

◎基本信息：1993年陕西省华阴县五方村杨氏家族墓茔出土，现藏于华山西岳庙。志石方形，宽、高均33厘米。有志盖（覆斗型）。志文24行，满行23字，楷书，有界格线。

◎释文：

【志盖】故恒农简公第四子妇吕夫墓志盖

【志文】魏故洛州刺史恒农简公杨/懿之第四子妇天水吕夫人/之殡志

大魏正光四年（523）岁次癸卯九/月甲申朔廿二日乙巳，夫人/讳法胜，字春儿，寝疾，终于家，/时春秋六十有一。廿六日己/酉，权殡于本邑华阴之潼乡/习仙里家宅之西庚地。

◎著录情况

目录：〔日〕梶山智史《北朝隋代墓志所在综合目录》，汲古书院2013年，第48页；胡海帆、汤燕、陶诚《北京大学图书馆藏历代石刻拓片目录》，上海古籍出版社2013年，第30页。

图版：张江涛《华山碑石》，三秦出版社1995年，第12页；高峡《西安碑林全集》第一九五册，广东经济出版社1999年，第882页；毛远明《汉魏六朝碑刻校注》第五册，线装书局2008年，第222页。

录文：罗新、叶炜《新出魏晋南北朝墓志疏证》，中华书局2005年，第100页；毛远明《汉魏六朝碑刻校注》第五册，线装书局2008年，第223页；韩理洲等辑校编年《全北魏东魏西魏文补遗》，三秦出版社2010年，第185—186页；王连龙《南北朝墓志集成》上册，上海古籍出版社2021年，第216页。

### 4.北魏正光五年（524）十一月吕达墓志

◎基本信息：1987年8月，河南省洛阳市吉利区炼油厂编号C9M315的北魏墓葬中出土。志石（并盝顶型盖）编号C9M315：1，方形，高、宽74厘米。志文28行，满行28字，楷书，有界格线。

◎释文：

【志盖】阙

【志文】魏故威远将军积射将军宫舆令吕君之墓志铭

君讳达，字慈达，东平寿张清乡吉里人也。盖神农之苗裔。太公既以鹰扬/树绩，大风蔚于东海。吕叔亦以音徽踵烈，高声迈于南夏。衣冠之盛，历秦/汉而为极。蝉冕之隆，迄晋魏以为甚。等七叶而传辉，齐五宗以继曜，葳蕤/以之遐畅，听逖于是自远。曾祖父牛，凉侍中、骠骑将军、沙州刺史、西海侯。/英情秀逸，机悟如神，在世许其高大，月旦科以千里，故能制锦青蕃，栖蝉/绛阙，擅当官之誉，跨不世之名。祖父台，少以栖迟纳赏，高尚自居，盘桓川/泽，潜晦为心。虽鸣雁亟委，逸想弥隆，玉帛屡征，不以屑怀。乡部称以遐蹈，/州里言其远逝。虽子渊不群，君山独往，方之于此，尝何足喻。然君志绝笼/罩，声逸烟霞，器为时求，才勘世举。凉宁府君亦一时之英，自以才望既隆，/民物攸归，幸君屈辱，用裨共治，召为郡功曹。君秉节不移，执操弥固，非其/情也，遂不应命。父安，镇远将军、天水太守。器识渊华，才韵清远，妙解物情，/善于治政。抚莅未几，风化大行；接壤怀仁，邻乡愿附。虽浮虎清江，未足云/异，止蝗绿野，方之何奇。信所谓恺悌君子，民之父母。君禀气天地，承灵川/岳，踵奕世之风，继累叶之轨，贞情峻邈，逸想冲云，黄中显于岐日，通理彰/于卯岁。故能出龙闱以衣朱，入虎门而委珮，去来九重之中，往还二宫之/里。淑慎虔恭之节，每郁沃于帝心。清贞肃穆之操，亦留涟于圣旨。方/当藉兹宠会，用阶尺木，击水上腾，抟飚九万，而川流一往，逝景不追。以正/光五年（524）四月辛巳朔一日辛巳，春秋六十有四，遘疾卒于洛阳之承华里/舍。粤以十一月丁未朔三日己酉迁殡于河阳城北岭山之下。小子仁，惧/世代之迁贸，恐峻谷之易处，询硕彦以镌志，庶流芳于泉户，乃作铭志，其/词曰：

惟天降祉，惟地纳灵，笃生若人，命世为英。虔恭结誉，淑慎流声，栖迟百氏，/优游六经。方抟九万，击水上征。如何不淑，早世沦倾。哀云晓坠，悲风夜惊。/一归蒿里，长秘泉庭。圆长方久，路迥川平。萧萧垄树，蔚蔚松青。敬敷徽猷，/式照玄铭。

正光五年岁次甲辰十一月丁未朔三日己酉志。/夫人天水尹氏，父育，沙州刺史。

◎著录情况

目录：洛阳市文物管理局、洛阳市文物工作队《洛阳出土墓志目录》，朝华出版社2001年，第21页；〔日〕梶山智史《北朝隋代墓志所在综合目录》，汲古书院2013年，第50页。

图版：洛阳市文物工作队《洛阳出土历代墓志辑绳》，中国社会科学出版社1991年，第40页；洛阳市文物工作队《河南洛阳市吉利区两座北魏墓的发掘》，《考古》2011年第9期；谢虎军、张剑《洛阳纪年墓研究》，大象出版社2013年，第117页；张永华、赵文成、赵君平《秦晋豫新出墓志搜佚三编》第一册，国家图书馆出版社2020年，第62页。

录文：朱亮《洛阳出土北魏墓志选编》，科学出版社2001年，第201页；张蕾《读北魏吕达、吕仁墓志》，《淮阴师范学院学报》2012年第5期；谢虎军、张剑《洛阳纪年墓研究》，大象出版社2013年，第118页；王连龙《南北朝墓志集成》上册，上海古籍出版社2021年，第241—242页。

研究：张蕾《读北魏吕达、吕仁墓志》，《淮阴师范学院学报》2012年第5期；赵耀辉《〈吕达墓志〉的真伪及其书法》，《青少年书法》2017年第5期。

**5.北魏正光五年（524）十一月吕通墓志**[①]

◎基本信息：1987年8月，河南省洛阳市吉利区炼油厂编号C9M315的北魏墓葬中出土。志石编号C9M315∶50，方形，高、宽56厘米。志文28行，满行28字，楷书，有界格线。

◎释文：

【志文】魏故辅国将军博陵太守吕公之墓志铭

君讳通，字慈达，东平寿张清乡吉里人也。盖神农之苗裔。太公既以鹰扬/树绩，大风蔚于东海。吕叔亦以徽音踵烈，高声迈于南夏。衣冠之盛，历秦/汉而为极；蝉冕之隆，逮晋魏以为甚。等七叶而传辉，齐五宗以继曜，葳蕤/以之遄畅，听游于是自远。曾祖父牛，凉侍中、骠骑将军、沙州刺史、西海侯。/英情秀逸，机悟如神，在世许其高

---

① 编者注∶按，《北魏吕通墓志》《北魏吕达墓志》出自同一墓葬（编号C9M315）。除二者名讳和官职不一致外，其他信息完全相同。名讳不同，当是误刻所致，从其子吕仁墓志记载看，吕达之称正确。官职不同，则因为《吕达墓志》记其生前职官，而《吕通墓志》或记其北魏赠官。

大，月旦科以千里。故能制锦青蕃，栖蝉/绛阙，擅当官之誉，跨不世之名。祖父台，少以栖迟纳赏，高尚自居，槃桓川，/潜晦为心，虽鸣雁亟委，逸想弥隆，玉帛屡征，不以屑怀。乡部称以遐蹈，州/里言其远逝。虽子渊不群，君山独往，方之于此，尝何足喻。然君志绝笼罩，/声逸烟霞，器为时求，才勘世举。凉宁府君亦一时之英，自以才望既隆，民/物攸归，幸君屈辱，用裨共治，召为郡功曹。君秉节不移，执操弥固，非其情/也，遂不应命。父安，镇远将军、天水太守。器识渊华，才韵清远，妙解物情，善/于治政。抚莅未几，风化大行，接壤怀仁，邻乡愿附。虽浮虎清江，未足云异，/止蝗绿野，方之何奇。信所谓恺悌君子，民之父母。君禀气天地，承灵川岳，/踵奕世之风，继累叶之轨。贞情峻邈，逸想冲深，黄中显于岐日，通理彰于/丱岁。故能出龙闱以衣朱，入虎门而委珮，去来九重之中，往还二宫之里。/淑慎虔恭之节，每郁沃于帝心。清贞肃穆之操，亦留涟于圣旨。方当/藉兹宠会，用阶尺木，击水中流，凭风九万。而川流一往，逝景不追。以正光/五年（524）四月辛巳朔一日辛巳，春秋六十有四，遘疾卒于洛阳之承华里舍。/天子哀悼，缙绅悲惜，赗吊之礼，有国常准。乃下诏追赠辅国将军、博陵/太守。考德立行，谥曰静，礼也。粤以十一月丁未朔三日己酉迁殡于河阳/城北岭山之下。小子仁，惧世代之迁贸，恐峻谷之易处，询硕彦以镌志，庶/流芳于泉户。乃作铭志。其词曰：

惟天降祉，惟地纳灵，笃生若人，命世为英。虔恭结誉，淑慎流声，栖迟百氏，/优游六经。方抟九万，击水上征。如何不淑，早世沦倾。哀云晓坠，悲风夜惊，/一归蒿里，长秘泉庭。圆长方久，路迥川平。萧萧垄树，蔚蔚松青。敬敷徽猷，/式照玄铭。

正光五年（524）岁次甲辰十一月丁未朔三日己酉志。夫人天水尹氏，父育，沙/州刺史。

◎著录情况

目录：洛阳市文物管理局、洛阳市文物工作队《洛阳出土墓志目录》，朝华出版社2001年，第22页；［日］梶山智史《北朝隋代墓志所在综合目录》，汲古书院2013年，第50页。

图版：洛阳市文物工作队《洛阳出土历代墓志辑绳》中国社会科学

出版社1991年，第41页；洛阳市文物工作队《河南洛阳市吉利区两座北魏墓的发掘》，《考古》2011年第9期；谢虎军、张剑《洛阳纪年墓研究》，大象出版社2013年，第117页。

录文：朱亮《洛阳出土北魏墓志选编》，科学出版社2001年，第79页；韩理洲等辑校编年《全北魏东魏西魏文补遗》，三秦出版社2010年，第201页；张蕾《读北魏吕达、吕仁墓志》，《淮阴师范学院学报》2012年第5期；谢虎军、张剑《洛阳纪年墓研究》，大象出版社2013年，第118页；王连龙《南北朝墓志集成》上册，上海古籍出版社2021年，第242—244页。

研究：张蕾《读北魏吕达、吕仁墓志》，《淮阴师范学院学报》2012年第5期。

### 6.北魏普泰二年（532）正月吕仁墓志①

◎ 基本信息：1987年8月，河南省洛阳市吉利区炼油厂编号C9M279的北魏墓葬中出土。志石（盝顶型盖）编号C9M279：40，方形，高、宽50厘米。志文28行，满行27字，楷书，有界格线。

◎释文：

【志盖】阙

【志文】魏故宁远将军吕君之有墓志铭

君讳仁，字屯仁，东平寿张清乡吉里人也。盖神农之苗裔。太公既以鹰/扬树绩，大风蔚于东海；吕叔亦以音徽踵烈，高声迈于南夏。衣冠之盛，/历秦汉而为极。蝉冕之隆，逯晋魏以为甚。等七叶而传辉，齐五宗以继/曜，葳蕤以之遐畅，听拔于是自远。曾祖父牛，凉侍中、骠骑将军、沙州刺/史、西海侯。英情秀逸，机悟如神，在世许其高大，月旦科以千里，故能制/锦青蕃，栖蝉绛阙，擅当官之誉，跨不世之名。祖父安，少以栖迟纳赏，高/尚自居，槃桓川泽，潜晦为心。虽鸣雁亟委，逸想弥隆，玉帛屡征，不以屑/怀。乡部称以遐蹈，州里言远逝。虽子渊不群，君山独往，方之此于，尝何/足喻。然君志绝笼

---

① 编者注：按《吕达墓志》《吕通墓志》《吕仁墓志》三方墓志，吕达（通）与吕仁为父子关系，但吕仁墓志书写先祖世系出现辈分"错位"和事迹"嫁接"现象。《吕达墓志》记录的家族世系是吕牛→吕台→吕安→吕达。《吕仁墓志》记录的家族世系是吕牛→吕安→吕达→吕仁。由是知，吕仁墓志似缺失吕台的辈分信息，但其所记吕安事迹，对比《吕达墓志》实属吕台。所以，实际上是将吕安之名误接了吕台事迹，导致世系辈分的缺失。

罩，逸烟霞，器为时求，才勘世举。凉宁府君亦一时之/英，自以才望既隆，民物攸归，幸君屈辱，用裨共治，以为郡功曹。君秉节/不移，执操弥固，非其情也，遂不应命。父达，辅国将军、博陵太守。器识渊/华，才韵清远。妙解物情，善于治政，抚莅未几，风化大行。接壤怀仁，邻乡/愿附。虽浮虎清江，未足云异，止蝗绿野，方之何奇。信所谓恺悌君子，民/之父母。君禀气天地，承灵川岳，踵奕世之风，继累叶之轨。贞情峻邈，逸/想冲云，黄中显于岐日，通理彰于卯岁。淑慎虔恭之节，每蔚沃于/帝心。清贞肃穆之操，亦留涟于/圣旨。方当藉兹宠会，用阶尺木，击水中流，凭风九万，而川流一往，逝影/不追。以永安二年五月乙丑朔八壬申，春秋卅二，遘卒于洛阳承华之/里舍。粤以正月丙寅朔十九日甲申迁殡于河阳城北岭山之下。小子/叶，惧世代之迁贸，恐峻谷之易处，询硕彦以镌志，庶流芳于泉户。乃作/铭志。其词曰：/

惟天降祉，惟地纳灵，笃生若人，命世为英。虔恭结誉，淑慎流声，栖迟百/氏，优游六经。方抟九万，击水上征。如何不叔，早世沦倾。哀云晓坠，悲风/夜惊，一归蒿里，长祗泉庭。圆长方久，路迥川平，萧萧垄树，蔚蔚松清。敬/敷徽猷，式照玄名。/

普泰二年（532）岁次壬子正月丙寅朔十九日甲申志。

◎著录情况

目录：洛阳市文物管理局、洛阳市文物工作队《洛阳出土墓志目录》，朝华出版社2001年，第37页；［日］梶山智史《北朝隋代墓志所在综合目录》，汲古书院2013年，第62页。

图版：洛阳市文物工作队《洛阳出土历代墓志辑绳》，中国社会科学出版社1991年，第53页；洛阳市文物工作队《河南洛阳市吉利区两座北魏墓的发掘》，《考古》2011年第9期；谢虎军、张剑《洛阳纪年墓研究》，大象出版社2013年，第148页。

录文：朱亮《洛阳出土北魏墓志选编》，科学出版社2001年，第208页；谢虎军、张剑《洛阳纪年墓研究》，大象出版社2013年，第149页；王连龙《南北朝墓志集成》上册，上海古籍出版社2021年，第418—419页。

研究：张蕾《读北魏吕达、吕仁墓志》，《淮阴师范学院学报》2012

年第5期。

### 7.东魏天平四年（538）正月王茂墓志①

◎基本信息：2009年底河南省洛阳西北廿里邙山出土，收藏信息不详。志石长方形，宽66厘米、高59厘米。志文24行，满行23字，楷书，有界格线。

◎释文：

【志文】魏故使持节抚军将军豳荆二州刺史王使君墓志铭

君讳茂，字龙兴，京兆霸陵人也。……父曦，镇南府长史。……母略阳吕氏。

◎著录情况

图版：谷国伟《新出土北魏〈王茂墓志〉》，《书法》2013年第11期；灏镛《新出土北魏〈王茂墓志〉》，《书法》2014年第8期；郭茂育、谷国伟、张新峰《新出土墓志精粹·北朝卷》，上海书画出版社2014年，第88页。

录文：［日］梶山智史《稀见北朝墓志辑录（三）》，明治大学东アジア石刻文物研究所《东アジア石刻研究》第7号，2017年；王连龙《南北朝墓志集成》上册，上海古籍出版社2021年，第479—480页。

研究：谷国伟《新出土北魏〈王茂墓志〉》，《书法》2013年第11期；灏镛《新出土北魏〈王茂墓志〉》，《书法》2014年第8期。

### 8.北齐皇建元年（560）十一月吕祥墓志

◎基本信息：出土信息不详，现藏于山西省大同市北朝艺术研究院。志石高41.5厘米、宽42厘米，志文19行，满行21字，凡362字，隶楷之间。有盝顶形盖，盖底长42.5厘米、高42厘米，盖顶长32.5厘米、高31.5厘米。

◎释文：

【志盖】齐故吕府君墓志铭

【志文】秦州吕府君墓志铭

---

① 编者注：东魏天平四年（538）正月廿五日《王茂墓志》记志主王茂卒于北魏永安二年（529），享年五十四岁，推其生年为孝文帝延兴六年（476）。1996年，河南省洛阳孟津出土北魏正光元年（520）九月十三日《王曦墓志》，志主王曦系王茂之父。按，志云"春秋六十七，正光元年太岁庚子九月十三日卒于京师"，逆推王曦生年为北魏文成帝兴安三年（454）。可知，父子相差22岁。《王曦墓志》没有提到夫人信息，据《王茂墓志》知其与略阳吕氏联姻。

君讳祥，字仲显，秦州天水古县人也。炎帝之苗裔，凉王/光之六世孙。冠冕周秦，荣流魏，载之良史，故可得如略/焉。祖演，云州大中正、平棘子，志性宽雅，钦贤敬德，诠品/人物，远近称之。薨，赠云州刺史。父虎，镇东将军，冯翊太/守，抚字黎元，实唯善政，豪右屏迹，奸邪敛手，风化远被，/特简帝心。薨，赠使持节、都督、济州刺史。君鉴识机明，又/善弓马，穿杨百中，驰射两鞬。勋讬南阳，功因丰沛。齐/献武皇帝信都起义，公预勋焉。释褐征虏将军、司徒/司马、胡泉县开国子。理物无怨，赞扬齐誉。俄除阎韩镇/将，边境肃清，羌戎畏服。寻除河阴、新安二郡太守。入境/敷仁，下车布政。灾蝗越境，乳虎浮河。虽广汉之治京兆，/延寿之临东海，比事伦贤，彼有惭德。春秋五十有九，以/大齐乾明元年（560）二月七日终于河阴郡。民庶哀号，臣僚/在疚。罢市去饰，讵能过也。以皇建元年（560）十一月十四/日葬于邺城西南廿里。臣子钦其风教，州间慕其仁厚，/乃作铭以志之。其词曰：/

忠清亮直，惠等春兰，拔荣不惧，出守阎韩。绥边静务，境/外归安，道兴由人，功名可观。

◎著录情况

图版：大同北朝艺术研究院《北朝艺术研究院藏品图录·墓志》，文物出版社2016年，第144页、146页。

录文：大同北朝艺术研究院《北朝艺术研究院藏品图录·墓志》，文物出版社2016年，第145页；王连龙《南北朝墓志集成》上册，上海古籍出版社2021年，第696页。

### 9.北周建德三年（574）二月建崇寺造像碑

◎基本信息：清光绪十四年（1888）甘肃省秦安县城南郑家川山出土，移入村庙中，1954年陕西省博物馆征集入藏，现藏于陕西省西安市碑林博物馆。圆首碑形，碑高110厘米，宽53厘米。碑额螭首圆顶两边二螭式，背面中间竖刻"建崇寺"三字。碑身正面为方形坐佛龛，作屋形楣拱，脊雕有鸱吻宝珠饰间以缘觉头四个。脊下为莲瓣式瓦纹两列，拱两端仰首鸟衔三珠吊磬穗形式柱。龛顶雕一列七佛小龛。主龛内为一佛二菩萨二罗汉，共计五尊像。龛下题铭建德三年记时。背面上部龛为尖拱端式，两旁各有供养人、飞天、一缘觉头二作饰。龛内为一佛二菩萨、二罗汉、二比丘式七尊佛。龛下为题名。

◎释文：

碑阳：

惟周建德三年（574）岁次甲午二月壬辰朔廿八日己未，佛弟子本姓吕，蒙太祖赐姓宇文建崇。夫灵象神容，遗形异品，毗伦赞道，敷五独之劫化，显扬设教，斯畴百代，聚沙起塔，欲崇虚之妙旨。崇实因业浅，又息别将法和，为国展效，募冲戎首，从柱国铫国公益州征讨，因阵身故，是以削竭家珍，兴越福邦，造浮图七级，石铭壹，立师子乙双。辄于冥积，采取将来之因。身骸分流，欲追之怀，寓于乙念之善。又愿帝祀永隆，万国来助，普济一切，旷劫师宗，六道众生，同登斯福。

碑阴：

亡祖秦州都酋长吕帛冰，女定羌女，/骠骑大将军、南道大行台、秦州刺史/显亲县开国伯亡伯兴成，伯母带神，/龙骧将军、都督、淅州刺史亡父兴进，/亡母元要，亡母男娥，亡母僧姿，/亡叔法成，叔双进，兄天猥，弟道伯，/亡姊李姿，姊男姿，妹伯男，/辅国将军、中散、都督、开国子宇文建，/辅国将军、中散、大都督宇文嵩，/弟进周，崇息雍周、法达，孙洪济，/崇妻王光容，息女含徽，□子明月，/息妻王花，侄季和，/侄子孝、子慎、子恭、保和、达和、善和。/伯母王阿松，佐阿男，兄妻仵思妙，/弟妻王还辉，/侄女仙辉、小辉，□女，/弟妇权帛妙，息□女，姊赤女。/佛弟子权法超，妹皂花，妹明光。/佛弟子王堪书。/佛弟子权仕宾。

◎著录情况

图版：北京图书馆金石组编《北京图书馆藏中国历代石刻拓本汇编》第八册，中州古籍出版社1989年，第164—165页；高峡《西安碑林全集》第一〇六册，广东经济出版社1999年，第135页；刘雁翔《天水金石文献辑录校注》，三秦出版社2017年，第368页。

录文：毛凤枝《关中石刻文字新编》卷一，民国二十四年（1935）会稽顾氏金佳石好楼石印本；张维《陇右金石录》，民国三十二年（1943）甘肃省文献征集委员会排印本，第50页；韩理洲等辑校编年《全北齐北周文补遗·全后周文补遗》，三秦出版社2008年，第103—

104页；朱遂《〈汉魏六朝碑刻校注〉未收北齐北周碑刻辑补》，西南大学硕士论文2014年，第93页；刘雁翔《天水金石文献辑录校注》，三秦出版社2017年，第368页、370页；魏宏利《北朝关中地区造像记整理与研究》，中国社会科学出版社2017年，第325页。

研究：［日］兼平充明《氐族苻氏、吕氏に关する石刻史料》，载气贺泽保规编《中国石刻资料とその社会—北朝隋唐を中心に—》，汲古书院2007年；刘雁翔《鲁迅对建崇寺造像碑的著录与研究》，《上海鲁迅研究》2021年第2期；张弛《甘肃甘谷叁交寺造像碑及上官洛炅造像碑考——兼论宇文建崇造像碑中的“铫国公”》，《石窟寺研究》2021年第1期。

**10.隋开皇八年（588）十一月吕瑞墓志**

◎基本信息：清朝光绪二十二年（1896）甘肃省天水丰盛川坪头砦山神庙（今麦积区石佛镇东）出土，志石今佚。

◎释文：

【志文】大隋车骑大将军左金紫光禄都督左八军属民复襄如二县令襄州鹿门县开国男吕公之墓志

公讳瑞，字连生，秦州天水人也。周太师吕望之胄□焉。因官食菜于秦陇，树德依仁，世踵名教。祖强卿，本郡功曹；考龙，本州西曹。惟公承积善之基，屡贤能之德，夙著风神，早茂锋颖。大统十三年（547），任柱国、河内公府水曹忝军，既美襟期，方申体国。魏后二年，转柱国、绥德公府兵曹，以申弼谐之奇。周元年（557），转二十四军判事，实伏维良之举。二年（558），从景国公讨洛阳，以先登力战，授车骑将军、左金紫光禄都督，封襄州鹿门县开国男，邑三百户。便闻井野之恩，遂河山之赋。天和二年（567）授左八军府属，方楙宠灵，日致旌赏。建德二年（573）任信州民复县令，布政以仁，字氓惟道。开皇元年（581）任隆州襄如县令，惠泽滂通，仁声载洽，曾□辅仁，行悲□化。春秋七十有二，奄见薨殒。以开皇八年（588）岁次戊申十一月丙寅朔七日壬申遂葬于伯阳县界兰渠乡三阳里，遗尘易永，泉穴方幽，匪寄镌题，熟传无朽，敢陈德行，乃为铭曰：

□岳其昌，祈启于姜。三齐建国，四复宾王。得荣得姓，度陇为乡。笃生夫子，玉振金相。登官受□，莅事含章。惟德之美，何年不长。昆峰委玉，桂畹陨芳。百年无几，千秋未央。

◎著录情况

目录：庄以绥修、贾缵绪纂《（民国）天水县志》卷一《地舆志·陵墓》，民国二十八年（1939）兰州国民印刷局排印，收入《中国地方志集成·甘肃府县志辑》第三十二册，凤凰出版社2008年，第75页。

图版：阙

录文：庄以绥修、贾缵绪纂《（民国）天水县志》卷十三《艺文志》，民国二十八年（1939）兰州国民印刷局排印，收入《中国地方志集成·甘肃府县志辑》第三十二册，凤凰出版社2008年，第549—550页；张维《陇右金石录》，民国三十二年（1943）甘肃省文献征集委员会排印本，第58—59页；王其祎、周晓薇《隋代墓志铭汇考》第一册，线装书局2007年，第246—247页；刘雁翔《天水金石文献辑录校注》，三秦出版社2017年，第329—330页。

### 11. 隋开皇十二年（592）十一月吕武墓志

◎基本信息：1957年陕西省西安市东郊韩森寨出土，现收藏于中国社会科学院考古研究所西安研究室。志石并盖（盝顶形）均方形，高、宽均45厘米，厚10厘米。志文28行，满行29字，正书，有界格线。

◎释文：

【志盖】大隋大都督左亲卫车骑将军吕君墓志

【志文】大隋大都督左亲卫车骑将军吕使君之墓志

公讳武，字仲礼，天水人也。九州启土，世著衣冠，百郡开基，家传轩冕。师尚秉/钺专征，不韦修书制礼，允文允武，其在兹乎。曾祖纥，征西将军、安阳镇将、敦/煌太守、凉州刺史。祖智，天水、南安二郡太守。父真，名溢丘园，声高乡国，使持/节、骠骑大将军、开府仪同三司、房子县开国公、洮阳、博陵等防诸军事，巴渠/通兆四州刺史，赠少司空。三公坐而论道，六卿阴阳燮理。惟公童汪之岁，抗/节戎行，贾谊之年，明经高第。解褐晋荡内亲信。建德之初，周武皇帝知公/毗赞之能，遣辅代王。后敕已不尽公才，令入勋胄，迁右侍、承御二上士。于时/三方鼎峙，四海犹分，公陷城野阵，韩原之战推轮；破敌摧凶，垓下之兵举旆。/但不遇朱门，未封青土。大象之末，周道沦亡。大相膺图，官依云瑞。文仗则/敷扬礼乐，武用复拔山扛鼎。公凤藏智略，久畜雄心，慷慨遇申于一时，壮节/逢展于明世。任右亲卫帅都督，功绩有彰，俄迁大都督。开皇之始，复转直斋。/三年（583），河间王奉辞伐罪，受律专征。公尔日蒙副委三军，管辖师旅，兼复检校/候正、仪同。四年（584），襃绩赏劳，转车骑将军，领右卫右一开府右仪同兵。十年（590），复/授左卫左亲卫骠骑府内车骑将军。爪牙之寄，实委腹心，御侮之资，亲之口/耳。位始分珪，荣同受脤。开皇十二年（592），奉诏使外。谁知遘疾于途，忽加瘿疹。/纵神仙和味，不解桑田之征；术法调汤，焉除竖子之祸。春秋卅有四，薨于行/所。奋戈侠戟，鱼鳞之阵无期；披裘寻篇，垂帷之志何日。然夫人宇文氏，大将/军东光之第二女，先亡。粤以其年岁次壬子十一月癸卯朔十九日辛酉，遂/乃合葬大兴县宁安乡。人啼马嘶，痛切心肝，鸟噪松枝，悲鸣哀断。年来岁往，/忽变四时，谷转陵移，俄销天地。故乃镌石镂功，庶使传之不朽。明德惟馨，乃/为铭曰：/

大哉至德，秉越升平，地封七百，门传六卿。辅匡帝室，翼赞皇京，世多雄略，代/足豪英。庙藏盛美，鼎镂深荣，如何一旦，无复逢迎。惟公天挺，幼著神童，文传/竹简，武表金钟。荷戈逐北，抱帙游东，谁知夏叶，雕落秋丛。孤坟露染，独垄霜/封，寒冰空奠，酹酒虚逢。洛阳五隐，侠客西周，高阳罢宴，金谷无游。低云如盖，/腾气成楼，泉分陇下，风起松头。昔时多叹，今日无愁，昏昏百岁，寂寂千秋。

世子乾苻，次子乾通，次子乾宗。

◎著录情况

图版：中国科学院考古研究所《西安郊区隋唐墓》，科学出版社1966年，第93页；王仁波《隋唐五代墓志汇编·陕西卷》第三册，天津古籍出版社1991年，第2页；王其祎、周晓薇《隋代墓志铭汇考》第二册，线装书局2007年，第99—100页；

录文：中国科学院考古研究所《西安郊区隋唐墓》，科学出版社1966年，第106—107页；韩理洲等辑校编年《全隋文补遗》，三秦出版社2004年，第145—146页；罗新、叶炜《新出魏晋南北朝墓志疏证》，中华书局2005年，第422—423页；王其祎、周晓薇《隋代墓志铭汇考》第二册，线装书局2007年，第101—102页。

研究：罗新、叶炜《新出魏晋南北朝墓志疏证》，中华书局2005年，第423—425页。

### 12.隋大业二年（606）十一月吕胡则冢宅砖铭

◎基本信息：20世纪80年代出土于甘肃省甘谷县金山乡吕家湾，现收藏于甏轩。砖质，长方形，高32.1厘米，宽16厘米，厚7厘米。铭文4行，满行8字，共计32字，楷隶阴刻，有方格界线。

◎释文：

大业二年（606）岁次丙寅/十一月辛亥朔十日庚/申，治秦州黄瓜县东/高乡正吕胡则冢宅。

◎著录情况

图版：张弛《新见陇右买地券辑考》，《陇右文博》2019年第1期。

录文：张弛《新见陇右买地券辑考》，《陇右文博》2019年第1期。

研究：张弛《新见陇右买地券辑考》，《陇右文博》2019年第1期。

### 13.唐先天二年（713）十二月吕言墓志

◎基本信息：2012年4月出土于山西省襄垣县新建西街中段路南，现收藏于襄垣县文博馆。志石方形，左边上下角残缺，高、宽均47厘米，厚10厘米。志文17行，满行17字，楷书，有方格界线。

◎释文：

大唐故吕君志铭并序

君讳言，字智，北/凉吕光之后。子孙迁播，故今襄垣县人也。原/夫后摄七年，地殷汉戚；王称四代，国启凉郊。/其后：布□戎戈，凶□董卓；蒙陈将策，业辅孙/权。弈叶英贤，攸光典籍。祖保、父买，并秀韵/冲和，灵襟□□。园田笑弄，每遗轩盖之荣；书/□谈谐，自遭宾用之乐。惟君早称英峙，长穆/温和。筑室疏园，固先□之□业；敦施好礼，贻/后嗣之依仁。何期天不慭留，山颓奄至，春秋/五十有六，以先天二年（713）十月十八日卒于家/第。夫人薛氏，匣中两钏，不忍离吟，野外孤魂，/何时同穴。嗣子思贞等，衰经□□，跃极高紫，/□思安措，礼终姬旦，即以其年十二月十三/日合葬县城西南二里平原。礼也！东望崇巖，/□□□岫；西泛□陆，烟幕遥村。厥命怀铭，式/□□□，其词曰：粤后凉兮启国，绍先人/□□□，□□涯兮已极，□泉门兮□□。

◎著录情况

图版：赵栓庆《三晋石刻大全·长治市襄垣县卷》，三晋出版社2015年，第36页。

录文：赵栓庆《三晋石刻大全·长治市襄垣县卷》，三晋出版社2015年，第36页。

# 参考文献

［北魏］崔鸿：《十六国春秋》，上海：商务印书馆，1937年。

［北魏］杨衒之撰，周祖谟校释：《洛阳伽蓝记校释》，北京：中华书局，2010年。

［南朝梁］沈约：《宋书》，北京：中华书局，1974年。

［南朝梁］释慧皎撰，汤用彤校注，汤一玄整理：《高僧传》，北京：中华书局，1992年。

［南朝梁］释僧祐撰，苏晋仁、萧炼子点校：《出三藏记集》，北京：中华书局，1995年。

［北齐］魏收：《魏书》，北京：中华书局，1974年。

［唐］房玄龄等：《晋书》，北京：中华书局，1974年。

［唐］姚思廉：《梁书》，北京：中华书局，1973年。

［唐］令狐德棻等：《周书》，北京：中华书局，1971年。

［唐］李延寿：《北史》，北京：中华书局，1974年。

［唐］魏徵、令狐德棻：《隋书》，北京：中华书局，1973年。

［唐］欧阳询撰，汪绍楹校：《艺文类聚》（全二册），上海：上海古籍出版社，1982年。

［唐］李吉甫撰，贺次君点校：《元和郡县图志》，北京：中华书局，1983年。

［唐］白居易原本，［宋］孔传续撰：《白孔六帖》，影印文渊阁四库全书，第892册，台北：台湾商务印书馆，1986年。

［唐］林宝撰，岑仲勉校记，郁贤皓、陶敏整理，孙望审订：《元和姓纂（附四校记）》，北京：中华书局，1994年。

［唐］虞世南编纂，［清］孔广陶校注：《北堂书钞》（全二册），北京：学苑出版社，1998年。

［唐］释道世撰，周叔迦、苏晋仁校注：《法苑珠林校注》，北京：中华书局，2003年。

［唐］释元康：《肇论疏》，大正新修大藏经刊行会《大正新修大藏经·诸宗部二》45册。

［唐］释智昇：《续集古今佛道论衡》，大正新修大藏经刊行会《大正新修大藏经·史传部四》52册。

［唐］徐坚等撰：《初学记》（全二册），北京：中华书局，1962年。

［唐］杜佑撰，王文锦等校点：《通典》（全十二册），北京：中华书局，2016年。

［五代后晋］刘昫等：《旧唐书》，北京：中华书局，1975年。

［五代·后周］楚南：《优填王所造栴檀释迦瑞像历记》，（日）高楠顺次郎编《大日本佛教全书》第14册，京都清凉寺藏本，东京：共同印刷株式会社，1931年。

［宋］王钦若等撰：《册府元龟》，北京：中华书局，1960年。

［宋］李昉等编：《太平广记》（全十册），北京：中华书局，1961年。

［宋］欧阳修、宋祁：《新唐书》，北京：中华书局，1975年。

［宋］邓名世撰,王力平点校：《古今姓氏书辩证》，南昌：江西人民出版社，2006年。

［宋］乐史撰，王文楚等点校：《太平寰宇记》，北京：中华书局，2007年。

［宋］李昉撰，夏剑秋等校点：《太平御览》（全八卷），石家庄：河北教育出版社，1994年。

［宋］司马光编纂，［元］胡三省注：《资治通鉴》，北京：中华书局，2011年。

［宋］吴淑撰注，冀勤、王秀梅、马蓉点校：《事类赋注》，北京：中华书局，2021年。

［明］陶宗仪等编：《说郛三种》，上海：上海古籍出版社，1988年。

［北魏］崔鸿撰，［明］屠乔孙、项琳辑：《十六国春秋》，影印文渊阁四库全书，第463册，台北：台湾商务印书馆，1986年。

［北魏］崔鸿撰，［清］汤球辑补，聂溦萌、罗新、华喆点校：《十六国春秋辑补》，北京：中华书局，2020年。

［清］洪亮吉撰：《十六国疆域志》，二十五史刊行委员会编《二十五史补编（三）》，北京：中华书局，1998年。

［清］缪荃孙撰：《后凉百官表》，二十五史刊行委员会编《二十五史补编（三）》，北京：中华书局，1998年。

韩理洲等辑校编年：《全三国两晋南朝文补遗》，西安：三秦出版社，2013年。